ultra
LIFE

*Tutte le illustrazioni sono di Giovanni Frasso*

I edizione: agosto 2022


Ultra è un marchio di Lit Edizioni s.a.s.
Sede operativa: via Isonzo 34, 00198 Roma
tel. 06.8412007 – fax 06.85358676
info@ultraedizioni.it
www.ultraedizioni.it

| ristampa | anno |
|---|---|
| 8 7 6 5 4 3 2 1 | 2022 2023 2024 2025 |

Lia Sabbadini
Mirella Zocchi

# SPENDING REVIEW DELLA VITA QUOTIDIANA

Piccola guida al risparmio leggero

ultra
LIFE

# INDICE

* *capitoli che contengono ricette*

I capitoli 1, 2, 3, 4, 7, 8, 9, 13, 14, 15, 19, 20, 21 sono a cura di Mirella. I capitoli 5, 6, 10, 11, 12, 16, 17, 18 sono a cura di Lia. La sezione finale è stata scritta a quattro mani.

Apro il cofanetto di metallo e prendo due fiorini, rimanendo così con soli undici scellini con cui sfamare Lady Montefiore. Dovrò fare un po' di elegante economia.

ANNABEL ABBS, *La cucina inglese di miss Elisa*

## LEGENDA

| | | | |
|---|---|---|---|
|  | Tagliare sulle spese, rinunciare |  | Condividere |
|  | Sostituire con qualcosa che cosa costa meno |  | Fatto in casa |
| 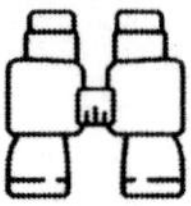 | Cercare offerte, luoghi, sconti, promozioni |  | Acquistare al momento giusto |
|  | Informarsi |  | Riciclare |

# SPENDING REVIEW DELLA VITA QUOTIDIANA: PERCHÉ E IN CHE MODO

In questo libro offriamo consigli per affrontare le principali tipologie di spesa della vita quotidiana e diamo suggerimenti pratici e concreti, ambito per ambito, per risparmiare su quasi tutti i tipi di acquisto e necessità. Risparmiare è secondo noi un'arte che implica creatività, fantasia, generosità, empatia, rispetto per l'ambiente. Lontane mille miglia dal proporre sempre e solo la via della rinuncia e del sacrificio, pensiamo che usare meglio il denaro sia un modo per mettere alla prova le proprie capacità, per trovare soluzioni nuove ai problemi della vita quotidiana e anche per conoscere sé stessi. Siamo convinte che di certe spese ci possiamo liberare, con vantaggio del nostro conto corrente e dell'ambiente. Inoltre, se riusciamo a risparmiare nella vita di tutti i giorni avremo più risorse da dedicare a quelle spese che rispondono ai nostri desideri personali e possono migliorare in misura significativa la nostra vita.

Scrivendo questa guida ci siamo trovate a percorrere due strade parallele: da un lato ci siamo chieste come spendere meno e meglio, riflettendo su cosa, come e dove comprare, dall'altro abbiamo dato indicazioni pratiche su molte necessità della vita domestica. I due piani si intrecciano continuamente, con il risultato che nessun capitolo è uguale a un altro. Ma del resto è comprensibile: gli argomenti trattati sono così diversi! In più, ogni capitolo è stato scritto da una di noi, ed ecco un altro motivo di varietà. A proposito: di tanto in tanto parleremo di noi in prima persona e faremo cenno a situazioni, persone, storie che abbiamo vissuto e che naturalmente hanno a che fare con spese e acquisti più o meno fortunati.

I nostri consigli sono distribuiti in cinque sezioni: Alimenti, Persona, Casa, Cultura, Flora e Fauna. Nella parte finale, invece, troverete indicazioni utili per le spese che sono rimaste escluse dalla trattazione sistematica e strumenti per la registrazione delle spese e il monitoraggio dei vostri progressi sulla via del risparmio.

La trattazione, lo vedrete, è piuttosto ampia. Nonostante ciò, alcuni argomenti sono citati solo fugacemente. Troverete poco sull'acquisto della casa e dell'auto, sulle assicurazioni, in generale sulle questioni di tipo finanziario e amministrativo, come anche sulla salute. Non è una dimenticanza. Tutt'altro: nel primo caso siamo consapevoli del fatto che per la gestione delle vostre finanze ci sono esperti molto più esperti di noi, nel secondo riconosciamo che la salute è troppo importante. Non ci permetteremmo mai di darvi consigli su come spendere meno in medicine, esami clinici o visite mediche!

A chi abbiamo pensato scrivendo questo libro? A voi, che – single, in coppia o in famiglia – siete alle prese con la complicata gestione dell'economia di casa. A chi pur abituato a una certa sicurezza deve improvvisamente fronteggiare una situazione difficile (quante volte e a quante persone è capitato negli ultimi anni!). E poi ai più giovani, che spesso mancano delle nozioni basilari di economia domestica e quando escono dal raggio protettivo della famiglia non riescono a destreggiarsi tra le necessità della vita quotidiana, a maggior ragione se il budget è ristretto. Ma anche a casalinghe e casalinghi di lungo corso, che proprio per la loro consolidata esperienza si sono forse adagiati in una routine ripetitiva, senza curiosità per il nuovo. Spendere e comprare, grazie alle tecnologie digitali, sono esperienze totalmente diverse rispetto anche solo a pochi anni fa. Chi non si trova a proprio agio con Internet e smartphone deve essere incoraggiato a utilizzare anche questi mezzi per migliorare la gestione della vita quotidiana. A lei o a lui è dedicata in modo speciale questa nostra guida.

Se poi, durante o dopo la lettura, vorrete condividere con noi impressioni e suggerimenti o raccontarci qualche bella storia di acquisti fortunati o di risparmio leggero, saremo ben felici di leggere i vostri messaggi.

Ci trovate all'indirizzo e-mail *mirellalia22@gmail.com* e su Instagram *@lia_e_mirella*.

# *Alimenti*

# I. FARE LA SPESA

> Attribuisco un'importanza sproporzionata all'organizzazione dei cassetti, do troppa acqua alle piante, e nel seminterrato ho una scorta di quarantadue rotoli di carta igienica, perché quasi sempre mi dimentico di togliere la spunta della lista della spesa che faccio online ogni quindici giorni.
>
> Ashley Audrain, *La spinta*

L'approvvigionamento dei prodotti che servono per la vita quotidiana, dal cibo ai detersivi, ciò che si definisce "fare la spesa", insomma, è una delle voci più pesanti del bilancio familiare. Sicuramente vi piacerebbe eliminarla in favore di viaggi, acquisti sfiziosi, serate al cinema o a teatro. Ahimè, non è possibile. È possibile però trovare il modo per ridurla, questa spesa, lasciando dei margini per consumi meno prosaici rispetto a gorgonzola, cipolle e candeggina.

In questo capitolo cercheremo di individuare le strategie di acquisto più vantaggiose. In *Revisione critica della spesa* vi suggeriremo come sostituire o eliminare del tutto alcuni acquisti per rendere la spesa alimentare più sostenibile. In *First in/first out, Amico freezer* e *Osare oltre la marmellata* troverete invece qualche indicazione per risparmiare, conservando in modo corretto ciò che avete acquistato e ricorrendo al fai da te, almeno per alcuni prodotti.

## LA LISTA, OVVERO IL VOSTRO NAVIGATORE TRA GLI SCAFFALI

La lista della spesa è un'occasione preziosa per controllare la dispensa e il frigorifero e per individuare ciò che manca o scarseggia, ma al tempo stesso è l'occasione per verificare le date di scadenza e dunque per decidere che cosa va messo urgentemente in tavola. Inoltre, o forse soprattutto, la lista deve diventare la mappa che seguirete con scrupolo, senza lasciarvi tentare dai tanti prodotti che per forza di cose dovrete costeggiare nel viaggio fra le corsie del supermercato. Vi è certamente capitato più di una volta di entrare per comprare tre cose e arrivare alla cassa con il carrello stracolmo, spesso di prodotti che non userete mai o che andranno ad accumularsi ad altri simili che avete già. Una serie di ricerche psico-sociologiche ha appurato che solo nel 19% dei casi gli acquisti sono esclusivamente quelli programmati e che più il cliente si ferma nel punto vendita, più compera: attenersi alla lista come alle indicazioni di un navigatore serve dunque anche ad abbreviare il tempo della vostra esposizione ai richiami dei prodotti.

Si può derogare dalla lista solo nel caso di offerte veramente speciali, ma da valutare con grande cura. Decidete per l'acquisto solo se siete sicuri di poter rispondere di sì a tutte le domande seguenti:

- **Il prodotto in offerta rientra davvero nei vostri consumi abituali?** Quattro confezioni di cipolline in agrodolce al prezzo di due possono essere un ottimo affare, ma solo se in famiglia ne andate pazzi.
- **È davvero un'offerta speciale?** Avete verificato che il prezzo sia davvero conveniente e scontato? A volte il venditore aumenta il prezzo di partenza, per cui lo sconto reale è molto minore di quanto appare. Se non ricordate il prezzo che aveva il prodotto prima di essere messo in offerta, rimandate l'acquisto (le offerte speciali durano sempre almeno una decina di giorni) per avere il tempo di fare una verifica.
- **Siete sicuri di saperlo/volerlo cucinare?** Il prodotto in offerta a volte richiede una preparazione lunga e complicata (e proprio per quello è in offerta). Pensate per esempio a un pesce da squamare, eviscerare e spinare. Non correte il rischio di lasciare inutilizzato l'acquisto, che alla fine andrà a male.
- **Il prodotto in offerta è a lunga scadenza?** Se comprate quattro confezioni pagandone due, ma poi una la dovete buttare, la convenienza non c'è più. A volte alcuni prodotti sono in offerta con il 30% di scon-

to proprio perché vicini alla scadenza (in genere riportano la scritta "Mangiami subito" o simili). È un'occasione per risparmiare, ma solo se si tratta di qualcosa che piace a tutta la famiglia e se *davvero* avete l'intenzione cucinarlo al più presto.

- **Avete lo spazio per lo stoccaggio?** Comprando un prodotto in grande quantità dovete avere chiaro se disponete di uno spazio per collocarlo, il che in un appartamento di città non è scontato. Quattro confezioni da 16 rotoli di carta igienica ciascuno al prezzo di due rappresentano un bel risparmio, ma se poi dovete metterle in cantina o nel box dove diventeranno umide e mollicce e in definitiva quasi inutilizzabili, invece di risparmiare avete sprecato.
- **Siete sicuri di non togliere una cifra troppo alta al vostro budget mensile?** A volte un punto vendita propone tutte insieme una serie di offerte molto allettanti e in linea con i vostri gusti e i vostri consumi. Però attenzione al rischio di investire troppo in prodotti che, di fatto, consumerete nelle settimane o addirittura nei mesi a venire, restando con pochi soldi a disposizione per le necessità del mese.
- **Siete sicuri che avere in casa grosse scorte non sia motivo di consumi incontrollati?** Avere mezza forma di grana può spingere a mangiare sempre grana, invece di alternarlo con formaggi meno pregiati e costosi. Un grande sacchetto di porcini secchi è una tentazione (se amate i funghi) e finite per metterli in abbondanza nelle frittate, nello spezzatino, sulle scaloppine e così via invece di riservarli alle occasioni speciali, come fate di solito. Una maxiconfezione di merendine può spingere i bambini di casa a farne delle scorpacciate. È chiaro che il "ce n'è tanto, ne mangio tanto" vanifica il risparmio fatto all'acquisto.

Per avere un quadro aggiornato delle offerte di tutti i supermercati, consultate siti come Promozioni 24 (www.promozioni24.it). Non solo saprete che cosa è in offerta e fino a quando, ma sarete informati anche delle occasioni vantaggiose relative a elettrodomestici, prodotti elettronici e informatici, abbigliamento e molto altro.

## DOVE COMPRARE

La scelta del punto di acquisto deve essere il risultato di una riflessione attenta e anche di una serie di indagini sul campo

### I supermercati

La scelta più diffusa sono i supermercati: ma quali supermercati? Come si sa, ci sono quelli di fascia alta, quelli di livello medio e infine i discount. Ovviamente con quelli di fascia alta si va sul sicuro: i prodotti, alimentari e non, sono di marchi molto noti, la disposizione dei prodotti sugli scaffali è ordinata e ben curata, gli spazi del negozio sono ampi e consentono di circolare comodamente con il carrello anche nelle ore di maggiore affollamento. In genere, però, i prezzi sono più elevati rispetto agli altri supermercati. Dunque vale la pena di avventurarsi anche nelle fasce più basse della distribuzione, sia per verificare se sono presenti, come spesso accade, prodotti di marca a prezzi minori, sia per sperimentare prodotti sconosciuti o quasi, dai costi decisamente più bassi dei loro corrispettivi più noti. Potreste restare delusi e quindi escludere un certo prodotto dai vostri acquisti futuri, ma potreste anche fare scoperte interessanti, da inserire stabilmente nella lista della spesa.

In ogni caso, non servitevi sempre nello stesso supermercato, top di gamma o discount che sia. La fedeltà assoluta non va bene nel rapporto di coppia, figuriamoci nel rapporto con il supermercato. Muoversi tra più fornitori, infatti, consente di confrontare i prezzi, valutare le offerte e scegliere il meglio di ciascuno.

Sono da tenere presenti anche quelli che potremmo definire *supermercati tematici*, cioè punti di grande distribuzione dedicati a una sola tipologia di prodotti, per esempio il pesce surgelato, i prodotti per l'igiene personale e la pulizia della casa, i prodotti per gli animali. Se ne avete nei dintorni di casa vostra, non mancate di farci una puntata esplorativa, perché la specializzazione del punto vendita fa sì che ci sia una grande scelta di prodotti, decisamente maggiore di quella del corrispondente reparto del supermercato. Quanto ai prezzi, è impossibile fare un discorso valido per tutte le situazioni: in alcuni casi i prezzi sono molto contenuti, allineati sul livello delle fasce medio-basse della grande distribuzione, in altri invece sono più alti. A me è capitato di trovare, nello stesso punto vendita, un prodotto a un prezzo inferiore a quello di un supermercato di fascia medio-alta e un altro prodotto, invece, a un prezzo superiore – si trattava di uno shampoo – a quello di una parafarmacia.

### I negozietti di alimentari

Fare la spesa nel negozietto di alimentari a due passi da casa può essere molto comodo. I punti vendita di questo tipo, però, oltre che presentare una scarsa scelta di prodotti, in genere hanno prezzi molto alti, come è inevitabile, perché non riescono a ottenere dai produttori le stesse condizioni della grande distribuzione e perché tutte le spese, dall'affitto all'energia elettrica, devono essere scaricate su un volume di affari molto limitato. L'acquisto nel negozietto va dunque riservato a qualche situazione di emergenza.

### Il mercato all'aperto

Il mercatino settimanale (in genere ce n'è uno in ogni quartiere) ha molti estimatori. Io non sono tra quelli, se non altro per ragioni igieniche: formaggi, dolci, salumi all'aria aperta! Ma forse sono troppo schizzinosa. Devo comunque ammettere che la frutta, la verdura, i fiori e le piante aromatiche sono in genere di ottima qualità, ma i prezzi non sono bassi. Però, in certi casi, specialmente i banchi delle merci più deperibili, come appunto la frutta e la verdura, lanciano delle offerte speciali a fine mattina: meglio vendere a poco che riportarsi via la merce è l'evidente ragionamento del venditore. Se siete pazienti e fortunati, potreste fare qualche buon affare. Merita un discorso a parte il mercato del pesce fresco nelle città di mare, dove spesso si possono fare ottimi acquisti per qualità e prezzo.

### I mercati stabili coperti

A differenza del mercatino settimanale, i banchi sono collocati all'interno di una struttura edilizia, in genere di proprietà del comune, e sono in attività tutti i giorni. Ce n'è almeno uno in ogni città di media grandezza e più di uno nelle città grandi. A Milano, per esempio, sono ventuno.

I mercati al coperto di alcune città estere, come il Markthal di Rotterdam, il Nagycsarnok di Budapest, il Saluhall di Stoccolma, per citarne solo alcuni, sono vere attrazioni turistiche per l'interesse architettonico degli edifici in cui si trovano e per la varietà e l'ottimo livello delle merci. Anche molti di quelli italiani stanno diventando sempre più modaioli, perdendo quel carattere popolare che avevano fino al secolo scorso. Non è un caso che a Milano sia stato inaugurato da poco il Mercato Centrale Milano. Si trova presso la Stazione Centrale, è molto "stiloso" ed è forse più adatto per passarci il sabato pomeriggio che per andare a comprare il pane tutti i giorni.

Fare la spesa al mercato coperto, curiosando da un banco all'altro, può essere divertente, certamente più che comprare al supermercato; inoltre, molti venditori stabiliscono un rapporto personale con i loro clienti più affezionati e li servono con un occhio di riguardo, come si dice. La pre-condizione, però, è avere molto tempo a disposizione. Una puntata ogni tanto vi consiglio di farla, magari anche senza comprare nulla: vi troverete in uno scenario vivace e colorito, certamente più gradevole di un asettico centro commerciale. In molti di questi mercati è possibile anche mangiare; anzi la ristorazione sta diventando il vero punto di forza di alcuni di essi, specie di quelli nati da poco.

### Il mercato ortofrutticolo all'ingrosso

In ogni città c'è un mercato ortofrutticolo all'ingrosso che, abitualmente riservato ai rivenditori, viene aperto anche ai privati per alcune ore in uno o più giorni della settimana. Per gli orari, rivolgetevi ai vigili urbani oppure cercate su Internet "Mercato ortofrutticolo all'ingrosso orari" e il nome della località in cui vivete. I prezzi sono interessanti, ma bisogna comprare confezioni molto grandi, come cassette di zucchini o di mele da 10 kg. Se non avete una famiglia numerosa c'è il rischio di sprecare. Inoltre dovete calcolare se la spedizione vale il tempo che richiede. Il mercato ortofrutticolo all'ingrosso, però, è quasi d'obbligo se avete intenzione di preparare marmellate, salsa di pomodoro, verdure sottaceto e simili (capitolo *Osare oltre la marmellata*).

### I piccoli produttori locali

In questi ultimi anni si sta affermando l'acquisto presso i piccoli produttori locali: è una scelta che ha indubbiamente molti aspetti positivi, perché sostiene il tessuto economico della zona. Naturalmente il ventaglio dei prodotti è limitato: frutta e verdura di stagione, uova, qualche volta latte (ma il latte non pastorizzato ha un gusto a cui non siamo più abituati). Inoltre bisogna tenere presente che le aziende agricole non sono proprio sotto casa. Insomma, il produttore locale può integrare i vostri fornitori abituali, ma difficilmente può sostituirli completamente. Però l'azienda agricola può essere la meta di una gita in campagna, e dunque l'occasione per abbinare svago e buoni acquisti.

Da tenere sott'occhio, se non ci si vuole muovere verso la campagna, i mercati in cui è la campagna che viene da noi, cioè quelli dedicati esclusivamente ai produttori locali. Si stanno diffondendo un po' ovunque, sia nelle grandi città che nei piccoli centri. Per verificare se ce n'è uno vicino a voi consultate i siti locali di Coldiretti, o il sito della Fondazione Campagna Amica, (www.campagnamica.it) che dal 2008 difende e promuove l'agricoltura italiana e valorizza i suoi prodotti. Al momento i mercati dei produttori locali che fanno parte del progetto sono più di quattrocento, la metà dei quali situati in un centro storico.

### Frutta e verdura in abbonamento

Un modo particolare per comprare dai piccoli produttori locali è l'abbonamento. Si può sottoscrivere per la frutta, per la verdura o per entrambe, con consegne settimanali o quindicinali, a scelta del cliente. Il box, cioè la cassetta che viene consegnata, può costare dai 15 ai 40 euro, sempre secondo il tipo di abbonamento che si sottoscrive. Il contenuto viene scelto di solito dal produttore tra la frutta e la verdura di stagione. Dico "di solito" perché le condizioni degli abbonamenti sono molto diverse. Se la cosa vi sembra interessante, cercate su Internet "Frutta e verdura in abbonamento" e potrete scegliere tra moltissime proposte: alcune presentate direttamente da piccoli produttori locali, altre da mediatori che raggruppano un certo numero di produttori scelti e organizzano la gestione degli abbonamenti. In ogni caso, non sottoscrivete un abbonamento se nel contratto non viene indicato chiaramente che avete il diritto di interrompere la fornitura in qualsiasi momento.

### I negozi dei "frutti brutti"

Forse non lo sapete, ma circa un terzo della produzione complessiva di frutta e ortaggi viene scartato al momento stesso della raccolta e diventa mangime per gli animali o concime, quando non è semplicemente gettato via senza alcun riutilizzo. Si tratta in realtà di prodotti ottimi per quanto riguarda il sapore e le proprietà nutrizionali. Assurdamente, il motivo della selezione è solo estetico: si tratta di frutti e ortaggi dalle forme irregolari oppure fuori calibro, cioè più piccoli rispetto alla misura standard richiesta, oppure con la buccia segnata dal vento o dalla grandine. All'estero la valorizzazione della *ugly fruit* (la "frutta brutta") è già iniziata da tempo e ora anche in Italia si stanno diffondendo punti vendita che propongono i prodotti imperfetti. Informatevi se ce ne sono nella vostra zona (cercate "Vendita frutta brutta/ugly fruit" e simili e/o puntate sul passaparola): rispetto alla frutta e agli ortaggi "belli" risparmierete attorno al 50%. Se volete sapere di più sull'argomento, curiosate nel sito di Bella Dentro (www.belladentro.org) oppure in quello del Fatto alimentare (www.ilfattoalimentare.it). Quest'ultimo è una vera bibbia su nutrizione, spesa sostenibile e sicurezza alimentare.

## CRITERI PER UNA BUONA SCELTA

Qualunque sia il punto vendita, è bene fare gli acquisti seguendo alcuni criteri di base.

### Frutta e verdura di stagione

Per quanto riguarda frutta e verdura, preferite sempre prodotti di stagione e coltivati in Italia, possibilmente nella vostra stessa zona. Farete un favore al bilancio familiare ma anche all'ambiente, se considerate lo spreco di combustibile per il riscaldamento delle serre e di carburante per trasporti, magari intercontinentali, oltre alle emissioni in atmosfera che ne derivano. Il vostro pranzo di Natale sarà un successo anche senza fragole e pomodori, e il picnic di Ferragosto può fare a meno delle arance. Detto questo, se una volta vi concedete una macedonia sfiziosa con ananas, mango e papaya, beh, non vi apparirò in sogno per rimproverarvi.

### Gli (spesso) inutili imballaggi

Sempre parlando di frutta e verdura, sceglietela e pesatela, invece di comprala preconfezionata nel vassoietto di cartoncino o di plastica: eviterete brutte sorprese, tipo la mela o il pomodoro marci dalla parte che non si vede; inoltre, ricordate che gli imballaggi concorrono pesantemente alla massa dei rifiuti da smaltire.

E a proposito di imballaggi, è bene preferire sempre confezioni non troppo elaborate e soprattutto non miste: quelle realizzate in più materiali (cartone, plastica, metallo) rendono difficile la raccolta differenziata. L'ideale sarebbe evitarli e servirsi dagli appositi erogatori, ovviamente per i prodotti che lo consentono. Ma sono ancora pochi i punti vendita che offrono questa opportunità. Stentano a decollare anche i cosiddetti negozi leggeri, dove si compra tutto alla spina, dai detersivi al caffè, dal riso al vino.

### Trovare la marca giusta

Per ogni prodotto potete scegliere tra più marche, con variazioni di prezzo a volte significative. Tenete presente che non sempre il prodotto più economico è quello che vi fa davvero risparmiare, così come non sempre il prodotto più caro è il migliore. Come ho già detto a proposito della scelta del punto di acquisto, bisogna sperimentare (*provando e riprovando*, diceva Galileo Galilei) fino a individuare i prodotti che fanno al caso vostro, per gusto e rapporto tra qualità e prezzo.

Non voglio certo fare pubblicità a questo o a quest'altro marchio, ma mi sembra giusto raccomandarvi i cosiddetti prodotti MDD (Marca Del Distributore), cioè quelli che le grandi catene commissionano direttamente ai produttori e mettono in vendita con il proprio marchio (Coop, Conad, Esselunga, ecc.). Si tratta di prodotti sempre di buona qualità (nessuna catena vuole rischiare di rovinarsi la fama di mercato con merce scadente) e a costi contenuti, grazie al fatto che si evita la filiera degli intermediari e si riducono le spese del marketing. Inoltre, i produttori degli MDD sono piccole o medie imprese, quasi sempre italiane. Insomma, gli MDD rappresentano anche un modo per sostenere la nostra economia e contrastare il dominio delle grandi multinazionali.

Prima di mettere un prodotto nel carrello, non guardate solo il prezzo della scatola o del barattolo ma anche e soprattutto il prezzo al chilogrammo o al litro (spesso è scritto in piccolo, ma non può mancare!): scoprirete che le confezioni grandi sono sempre decisamente più convenienti. Controllare il prezzo al chilogrammo o al litro serve anche per verificare che il produttore e/o il venditore non abbiano aumentato di fatto il prezzo diminuendo la quantità di prodotto nella confezione.

Molti prodotti sono immersi nel cosiddetto liquido di governo, che può essere acqua salata, aceto, olio, ecc. Per capire il vero costo del prodotto dovete considerare lo sgocciolato, non il peso complessivo. A volte avrete delle brutte sorprese.

Tenete presente che i dietologi, oggi, sconsigliano un consumo eccessivo di carne, soprattutto di carne rossa. Indicazione autorevole e in linea con la filosofia di questo libro: uova, carne bianca e legumi possono sostituire, almeno in parte, la carne bovina, unendo risparmio e difesa dell'ambiente (come noto, i bovini consumano mangimi che richiedono molta acqua e molto terremo agricolo dedicato).

Quanto al pesce, ricordate che è ottimo anche quello meno costoso, come l'acciuga, l'alaccia, la ricciola di mare.

### Come comprare

Comprare in presenza o riempire un carrello virtuale e farsi portare la spesa a casa? Forse non avevamo mai neppure considerato la seconda alternativa fino a quando il Covid non ci ha spinti a evitare o ridurre al minimo ogni occasione di contatto sociale.

Comprare in presenza ci consente un'attenta valutazione anche visiva dei prodotti e dunque scelte più ragionate, ma va detto che di solito i cataloghi, cartacei o virtuali, su cui si fanno gli ordini per la spesa online sono ricchi di illustrazioni e di informazioni molto chiare. Il punto di forza della spesa online è il risparmio di tempo, e io aggiungerei l'impossibilità di fare acquisti basati su quell'impulso del momento che spesso ci prende quando percorriamo le corsie del supermercato. Certo, la consegna ha un costo, che però negli ultimi tempi si è ridotto; inoltre, ci sono spesso offerte speciali anche sui costi di consegna: gratuiti o quasi per gli anziani, ridotti in certi giorni della settimana e così via. E se la consegna a casa costa, anche la benzina per andare al punto di vendita non è gratis. Del resto, se oggi non tutte le catene offrono questo servizio, in futuro la spesa online si imporrà sempre più, forse fino a soppiantare quasi del tutto la spesa in presenza.

### Unire le forze

E alla spesa condivisa non avete mai pensato? La spesa può essere utilmente condivisa in modo occasionale e spontaneo, per esempio andando al supermercato in più persone con una sola auto o facendo a metà di maxi-confezioni in offerta a un prezzo stracciato. Ma può essere condivisa anche in modo più organizzato: da molti anni si sono costituiti vari gruppi di acquisto, cioè gruppi di consumatori consorziati per comprare direttamente dai produttori, senza passare attraverso intermediari e grossisti, e dunque a prezzi contenuti. I più noti sono i GAS (Gruppi Acquisto Solidale): il loro scopo non è solo quello di consentire un risparmio ai consociati, ma anche di acquistare in modo eticamente corretto e dunque da aziende che rispettano l'ambiente, che non coltivano in serra, che rifiutano concimi e antiparassitari incompatibili con le scelte dell'agricoltura biologica; anche il trattamento dei dipendenti è un criterio basilare per la scelta dei fornitori. Nel caso decideste di entrare nei GAS o in altri gruppi di acquisto, ne avrete certamente un vantaggio economico, ma dovete essere consapevoli che l'adesione comporta tempo e impegno: la raccolta delle richieste degli associati, l'acquisto presso i produttori e il trasporto dei prodotti al luogo di stoccaggio, l'organizzazione per distribuire i prodotti acquistati agli associati che li hanno richiesti, i contatti con i fornitori e i pagamenti sono tutte operazioni che vengono fatte a turno dagli associati e alle quali, dunque, non potrete sottrarvi.

### Le tessere fedeltà

Non si può chiudere questo capitolo sulla spesa senza parlare delle cosiddette tessere fedeltà. Le più note e diffuse sono quelle dei supermercati, che caricano automaticamente dei punti in proporzione a quanto si spende. Dopo un tot di spesa, il cliente ha diritto a un tot di sconto, a un buono acquisto e/o a un omaggio. Il che è interessante, perché lo sconto può anche arrivare al 30% e gli omaggi, se non piacciono o non interessano, a volte possono essere convertiti in sconto. Al momento di scegliere tra omaggio o buono acquisto verificate bene qual è la scelta migliore: a volte può convenire un buono acquisto che vi fa risparmiare una cifra precisa, piuttosto che farvi "regalare" qualcosa di cui non avete bisogno. Tra l'altro, quasi tutti i supermercati offrono anche la possibilità di destinare la cifra accumulata a una associazione di utilità sociale; come il 5 per mille nella dichiarazione

#### Tre app molto utili

Nel fare la spesa possiamo contare anche sull'aiuto di alcune app, come quelle che seguono.

**Bring!** – App gratuita, Bring! serve per pianificare la spesa: trovate i prodotti alimentari e quelli per la pulizia della casa e l'igiene personale suddivisi in categorie: per formare la vostra lista dovete cliccare prima sulla categoria, poi sul prodotto di cui avete bisogno. Una lista può essere anche condivisa tra più persone, accorgimento molto comodo in famiglia o tra amici.

**Yuka** – Anche Yuka è una app gratuita; serve per valutare la qualità dei prodotti alimentari e dei cosmetici. Scansionando con lo smartphone il codice a barre del prodotto, la app lo valuta, indicando per gli alimenti la quantità di proteine, fibre, zuccheri, grassi saturi e calorie per ogni 100 g di prodotto, per i cosmetici il livello di pericolosità di ciascun ingrediente. Infine viene formulata una valutazione, sia in parole che in centesimi.

**Junker** – Gratuita come le due app precedenti, Junker non è una app per la spesa in senso stretto, ma mi sembra utile citarla, perché aiuta a smaltire in modo corretto i rifiuti. Digitato il comune in cui vi trovate (le norme per lo smaltimento dei rifiuti, infatti, possono essere diverse da zona a zona), scansionate il codice a barra del prodotto e saprete qual è la sua corretta destinazione come rifiuto.

dei redditi, per intenderci. In fondo l'opportunità migliore offerta dalle tessere, più che gli omaggi e i punti, è che a rotazione ci sono prodotti scontati solo per i titolari, che realizzano così un certo risparmio. Il mio consiglio è di fare la tessera di almeno tre supermercati (ricordate quanto si è detto prima sulla convenienza di essere infedeli?), naturalmente non troppo lontani dalla vostra abitazione. La tessera è gratuita o ha un costo solo simbolico, e se fornirete il vostro indirizzo mail riceverete periodicamente i volantini con l'elenco dei prodotti in offerta per tutti i clienti e di quelli scontati solo per i possessori della tessera. Avrete così una serie di informazioni molto utili per organizzare le vostre spedizioni spesa.

Sono ormai molti anche i negozi, perfino le farmacie, che danno le loro tessere ai clienti: sono in via di estinzione quelle cartacee, su cui si metteva un bollino o un timbro a ogni acquisto fino a quando, completata la tessera, il cliente aveva diritto a un premio; oggi si usano soprattutto le tessere in versione digitale, sulle quali, come su quelle dei supermercati, si caricano i punti in relazione alla spesa.

Certamente le tessere servono al venditore per attirare e fidelizzare il cliente e conoscerne le tendenze in fatto di consumi, ma possono essere un'opportunità anche per il cliente. È importante però non cedere alla tentazione di spese inutili solo per accumulare punti sulla propria tessera, debolezza su cui i venditori contano molto.

Se le tessere fedeltà diventano troppe e vi appesantiscono il portafogli, oppure vi capita spesso di dimenticare a casa proprio quella del negozio in cui state facendo acquisti, vi consiglio di scaricare una app, come per esempio Stocard, Fidme, CardPlus, per scansionare le tessere sullo smartphone.

## QUALCHE CONSIGLIO IN PIÙ

- Spesa piccola di frequente o "spesona" una volta alla settimana, dieci giorni? Io vi consiglio la seconda soluzione. Meglio perdere un po' di tempo a verificare attentamente ciò di cui si ha bisogno e quindi organizzare bene la spedizione per gli acquisti che perdere tempo in frequenti puntate nei negozi. Senza contare che la tentazione degli acquisti sconsiderati è sempre in agguato: meglio limitare le occasioni.

- Alcuni esperti consigliano di fare la spesa a stomaco pieno, in modo da non essere spinti dalla fame ad acquisti sconsiderati. Personalmente, lo ritengo solo un modo per giustificare un pranzo ipercalorico. Io uso un altro trucco: se devo comprare solo alcune cose non prendo il carrello ma il cestino, dove più di tanto non posso mettere.
- A volte nell'ora o mezz'ora che precede la chiusura del supermercato vengono messi in vendita a prezzi molto scontati alcuni prodotti, come il pesce decongelato o la carne trita, che sarebbe difficile conservare per il giorno seguente. (Ricordate quello che avete letto più sopra a proposito della frutta e della verdura nei mercatini?). Provate, qualche volta, a fare la spesa nel tardo pomeriggio o in prima serata (dato che l'orario di chiusura si protrae spesso fino alle 20,30 o anche alle 21): magari avrete l'occasione di un buon affare.
- All'insegna della lotta allo spreco e del risparmio, vi segnaliamo le app che permettono di conoscere in quali negozi vengono messi in vendita a fine giornata i prodotti freschi invenduti. Le più diffuse sono Toogoodtogo e Phenix. Garantiscono un risparmio di circa il 30%, ma non permettono di scegliere. Quello che si acquista è una confezione di prodotti che costano certamente meno, ma finché non la si è aperta non si può sapere cosa ci è capitato in sorte. Diffusa soprattutto per bar, panetterie e negozi di frutta e verdura.

## 2. REVISIONE CRITICA DELLA SPESA

> Appena le temperature raggiungevano la doppia cifra, i furgoncini dei gelati cominciavano ad aggirarsi per le strade del quartiere. La musichetta allegra, sparata a tutto volume, attraeva noi bambini che ci mettevano in coda sul marciapiede con la moneta da dieci pence per comprare coni gelato e ghiaccioli. Questa fuoriuscita di denaro non passò inosservata e nostra madre prese contromisure talmente astute che ancora mi riempiono di stupore e ammirazione. Prima di tutto convinse mio fratello e me che il gelato non era poi così buono. [...] Ce la siamo bevuta e questo spianò la strada alla seconda parte del suo piano diabolico. [...] Quando comparvero in lontananza le luci colorate accompagnate dalle musichette, e noi ci precipitammo dalla mamma per chiederle i soldi, lei ci rispose che aveva da darci qualcosa di meglio. Ci fece cenno di seguirla in cucina e, continuando a ripeterci quanto eravamo fortunati, aprì il freezer e ci mise in mano due carote congelate, con l'estremità avvolta in carta di alluminio.
>
> Simonetta Agnello Hornby, *Nessuno può volare*

Nei nostri consumi alimentari molti prodotti potrebbero essere eliminati oppure sostituiti con altri non solo di minor costo ma anche più salutari, quindi con un doppio vantaggio: per il portafoglio e per la salute. In questo capitolo troverete molti suggerimenti, ma sta a voi fare una ricognizione critica dei vostri acquisti e delle vostre abitudini alimentari per decidere dove è possibile intervenire.

### Bibite gassate

Ecco un prodotto che è proprio da eliminare: le bibite gassate hanno un alto tenore di zuccheri e gonfiano lo stomaco. Quelle a zero calorie contengono dolcificanti artificiali che è meglio evitare. Se non volete bere sempre e solo acqua, provate a preparare del tè freddo con qualche fogliolina di menta oppure la classica acqua e limone, con o senza zucchero. In erboristeria, ma anche al supermercato, trovate le bustine per infusi e tisane dei gusti più diversi: dall'arancia alla menta, dallo zenzero ai frutti rossi di bosco. Potete comprare le tisane specificamente pensate per essere consumate fredde, ma vanno benissimo anche quelle che di solito si bevono calde.

### Succhi di frutta

Un altro prodotto da eliminare sono i succhi di frutta industriali, per il contenuto di zuccheri e conservanti e per la dubbia qualità della frutta che ne costituisce l'ingrediente base. Si possono sostituire con frullati di frutta di stagione con l'aggiunta di un po' d'acqua: io utilizzo il frullatore a immersione, ma se voleste realizzare un prodotto più raffinato, potreste usare invece la centrifuga o l'estrattore, che però sono piuttosto costosi (40-150 euro per la centrifuga, 100-400 per l'estrattore). Quale che sia lo strumento scelto, potrete bere succo appena preparato, senza conservanti. In più, niente bottigliette e cartoni da smaltire.

**Centrifuga o estrattore?**

Di centrifuga ed estrattore si parla molto spesso, soprattutto nei consigli per una alimentazione sana e naturale. Ma in che cosa si differenziano i due strumenti?

Nella centrifuga le lame, ruotando ad altissima velocità, spappolano la frutta (o la verdura) e separano la parte solida da quella liquida, che viene spinta verso un filtro e poi all'esterno. Il succo che si ottiene è molto limpido e privo di fibre.

Nell'estrattore, invece, la separazione del succo avviene grazie a una specie di vite che ruota e schiaccia il cibo, spremendolo. Nel succo così ottenuto sono presenti fibre e a volte anche residui di buccia.

Se volete qualche indicazione per preparare succhi e frullati particolarmente originali e gustosi, entrate, per esempio, nel sito di Viverepiùsani (viverepiusani.it/ricette/succhi-frullati). Oppure leggete *Succhi, estratti e centrifugati* (Autori Vari, Edizioni Gribaudo).

### Acqua minerale

L'acqua del rubinetto sostituisce benissimo la minerale in bottiglia, con il vantaggio di ridurre l'invasione della plastica.

Per avere acqua a disposizione quando siete fuori casa, compratevi una borraccia (termica, se volete la perfezione): ce ne sono anche di molto eleganti.

Anche le preparazioni per i neonati non si devono fare per forza con la minerale: l'acqua del rubinetto bollita va bene lo stesso, salvo indicazioni contrarie del pediatra. Fanno eccezione, naturalmente, le acque minerali speciali, studiate per persone con particolari patologie, per esempio renali.

### Pane in cassetta

Il pan carré piace perché è morbido ed è pratico, perché si conserva a lungo senza diventare raffermo. Ma costa più del pane normale, e se si mantiene morbido non è perché vuole farvi un piacere, ma perché ha la sua buona dose di conservanti. Secondo me va riservato a poche e rare occasioni, come toast oppure tramezzini per un tè elegante, e sostituito con il pane comune, che può essere congelato, se non si vuole comprarlo di giorno in giorno; è molto più versatile di quanto si pensi: in fette sottili passate in forno e spalmate di marmellata è una golosità per la colazione, inoltre può essere usato come base per tartine di ogni genere (con formaggio spalmabile, mousse di tonno, prosciutto cotto o crudo, acciughe e pomodorini e così via).

Un'argomentazione di chi compra solo pane in cassetta è che il pane "normale", se si avanza e ci si dimentica di congelarlo, diventa raffermo e immangiabile. Sbagliatissimo! Un tempo il pane raffermo non veniva mai gettato, sia all'interno della filosofia *d'antan* che rifiutava ogni spreco, sia per una forma di rispetto nei confronti di un cibo cui si attribuiva per tradizione una sorta di sacralità. In ogni caso, volendo o no riconoscere il valore simbolico del pane, sono moltissime le ricette per impiegarlo in piatti gustosi. Provate a immettere in un motore di ricerca "ricette con pane raffermo": vi verrà voglia di lasciarlo diventare raffermo apposta! Qui vi lascio una ricetta della cucina povera, che probabilmente in rete non si trova.

Ingredienti: pane raffermo, del tipo filone o pagnotta grande (non vanno bene rosette e michette); mele; zucchero; burro; un paio di uova; un bicchiere circa di latte

Grattugiate il pane (crosta compresa).

Grattugiate (in quantità pari al peso del pane) mele senza buccia e senza torsolo.

Aggiungete lo zucchero (circa un quarto del peso complessivo di mele e pane, ma anche un po' meno).

Aggiungete il burro in pezzetti (circa un quinto del peso complessivo di mele e pane, ma anche un po' meno).

Aggiungete le uova e il latte.

Impastate a mano con un cucchiaio di legno o nella planetaria, aggiungendo eventualmente altro latte, fino a che l'impasto risulterà morbido.

Potete arricchire il dolce aggiungendo mandorle (o noci, nocciole) spezzettate e uvette.

Sistemate il tutto in una tortiera rivestita di carta da forno, livellate la superficie e copritela con fettine di mela, spolverando con zucchero. Infornate a 180 °C per 30 minuti o comunque fino a che il classico stecchino, o coltello, esce asciutto dopo essere stato immerso nella torta.

Alcuni fanno il pane in casa per risparmiare, ma soprattutto per avere il controllo degli ingredienti. In rete trovate, oltre a moltissime ricette per i più diversi tipi di pane, la procedura per ottenere il lievito madre, che è l'ingrediente più qualificante del pane *made in casa*. Ma vi avverto: fare il pane non è una cosa da poco. Tra l'altro, il lievito madre va curato come un neonato e affidato ad amici caritatevoli se si va in viaggio, perché richiede continui interventi per essere tenuto in vita. Però la bella pagnotta che diventa dorata in forno, il buon profumo che si diffonde dalla cucina a tutta la casa... Inoltre, mi dice un'amica, impastare il pane di frequente è una cura di bellezza per le braccia, che diventano meravigliosamente toniche. Insomma, vedete voi.

### Cracker e grissini

I cracker piacciono per il gusto deciso e i grissini hanno anche la fama, del tutto immeritata, di essere più adatti del pane nelle diete dimagranti. In realtà, sia i cracker sia i grissini sono molto calorici (dalle 420 calorie per etto in su) e ricchi di sale e di altri ingredienti per insaporire e aromatizzare. Il pane un po' raffermo, affettato e passato in forno, li sostituisce entrambi benissimo, con meno spesa e meno calorie. Se proprio volete qualcosa di sfizioso, mettete sulle fette di pane, prima di infornarle, qualche goccia di olio d'oliva e qualche ago di rosmarino.

In alternativa, potete preparare voi sia i grissini sia i cracker, risparmiando e con la possibilità di controllare gli ingredienti e dunque di non eccedere in sale e grassi. In rete trovate moltissime ricette. Nel capitolo *Osare oltre la marmellata* Lia vi propone un'ottima e sperimentatissima ricetta per cracker fai da te leggeri e croccanti.

### Yogurt con la frutta

Mi dispiace parlare male dello yogurt con la frutta, che trovo buonissimo, ma contiene zuccheri e conservanti che lo collocano inesorabilmente nella lista nera. Io compro yogurt bianco, a volte zero grassi a volte intero, e lo insaporisco con frutta di stagione, a pezzetti o frullata, oppure con un paio di cucchiaini di caffè (poco) zuccherato o con una spolverata di cacao. Volendo trasformare uno yogurt bianco in un vero e proprio dessert si possono aggiungere pezzetti di cioccolato e frutta secca, e magari anche un biscotto secco o un amaretto sbriciolato.

### Merendine industriali

Ahi, qui si tocca un argomento spinoso, se avete in casa bambini e adolescenti. Sarà la pubblicità martellante, sarà che le merendine hanno sapori che creano una specie di dipendenza, ma sta di fatto che per molti sono irrinunciabili. Eppure si tratta di un alimento costoso e molto poco sano per la considerevole presenza di zuccheri e grassi. Eliminarle di colpo potrebbe provocare ammutinamenti familiari e crisi di astinenza. Agite gradualmente, proponendo panini variamente imbottiti, toast con prosciutto e formaggio, frutta fresca oppure fette di torte fatte in casa.

Per quanto riguarda le torte fatte in casa, non è assolutamente vero che rappresentino necessariamente un lavoro lungo e difficile, a meno di voler realizzare torte complicate a base di creme, panna montata e altre farciture, che tra l'altro sono molto caloriche e di breve conservazione. Vi propongo qui una ricetta largamente collaudata: è facile ed economica, non richiede impasto sul tavolo (con annessi problemi di pulizia prima e dopo) e si presta a numerose variazioni.

Ingredienti per l'impasto di base: 110 g di farina bianca (io uso quella integrale, ma non a tutti piace); 2 uova; 110 g di zucchero possibilmente di canna; 100 g di burro; una bustina di lievito per dolci.
Separate i tuorli dagli albumi, che metterete da parte.
In una ciotola capiente, sbattete i tuorli con lo zucchero fino a ottenere una specie di soffice spuma.
Aggiungete la farina con il lievito.
Aggiungete il burro, che nel frattempo avrete fatto sciogliere (senza farlo friggere!).
Aggiungete gli albumi montati a neve.
Impastate bene: se l'impasto risultasse poco morbido, aggiungete un po' di latte e/o yogurt bianco.
Tutte le operazioni per l'impasto possono essere fatte a mano, con un cucchiaio di legno, oppure in una planetaria.

Nell'impasto così preparato, mettete, a pezzetti, pere, mele, uvette, prugne secche fatte prima rinvenire, prugne fresche, pesche, albicocche, ciliegie private del nocciolo, lamponi, mirtilli, fichi senza buccia. Non mettete un solo tipo di frutta, ma almeno tre tra quella di stagione. Non dimenticate di aggiungere un po'di frutta secca, come mandorle o gherigli di noce tritati.
Come è facile intuire, maggiore è la quantità di frutta, più la torta diventa leggera.
Versate il composto di impasto e frutta in una tortiera rivestita di carta da forno, livellate la superficie con una spatola e disponeteci sopra fettine di uno dei frutti messi nell'impasto.
Infornate e cuocete a 180 °C per circa mezz'ora.
Una variante più golosa: nell'impasto mettete un paio di cucchiai di cacao (dolcificato o amaro in base ai vostri gusti) e come frutta rondelle di banana.

Questa torta va preferibilmente conservata in frigorifero. Se ne avanzate o la preparate in anticipo di giorni, congelatela e poi scongelatela lentamente, non in forno o in microonde.

#### Pesce

Il pesce non è certo un alimento da eliminare. Piuttosto, va ricordato che il salmone, il pesce spada, il branzino (o spigola) e la sogliola possono essere sostituiti da altri pesci meno cari ma ugualmente gustosi, come lo sgombro, le sardine, le alici, la ricciola. Se non volete impegnarvi in ricette lunghe e complicate (in rete ne trovate moltissime), ricordate che potete cuocere nel microonde praticamente ogni tipo di pesce con poco olio, succo di limone, sale e qualche erba aromatica. Quando proprio sono di corsa, metto in microonde il pesce surgelato così com'è, senza prima passarlo nel defrost: vi assicuro che il risultato è comunque molto soddisfacente. Poi c'è il pesce in scatola, più economico di quello fresco o surgelato: tonno, salmone, sgombri. Dati i tempi di scadenza molto lunghi, potete farne una scorta per pranzi improvvisati e situazioni in cui non avete tempo o voglia di fare la spesa. L'unico difetto del pesce in scatola è che spesso è molto salato, troppo per gli standard salutistici. Ma per compensare questo eccesso sarà sufficiente salare pochissimo gli altri cibi dello stesso pranzo.

Chissà perché la scatoletta di pesce fa subito pensare a cene squallide, in cui magari si mangia direttamente dal contenitore. In realtà con il pesce in scatola si possono realizzare ottimi piatti, per esempio scaldandolo in padella con verdure o in salsa di pomodoro. Se avete dei dubbi, provate a digitare in un motore di ricerca "ricette con pesce in scatola" e troverete idee da gourmet.

Infine, qualche suggerimento sul tonno in scatola, che non manca mai nelle nostre dispense. Per risparmiare e avere un prodotto migliore comprate sempre confezioni grandi, da 120-160 g (al netto dell'olio) in su. Quelle piccole contengono solo frammenti di pesce annegati nell'olio. Se vi avanza, conservatelo in un recipiente di vetro con coperchio, anche un barattolo riciclato, ovviamente in frigo.

Per restare in tema di tonno, attenzione alle offerte. Il tonno è spesso tra i prodotti scontati. Se siete soliti acquistarne, apprezzerete senz'altro i marchi di fascia alta, solitamente in barattolo di vetro. Visto che il costo al kg si aggira attorno ai 28-30 euro e anche più, questo è proprio uno di quei prodotti che, nel caso sia in promozione, se passa il vaglio del mio severo test delle offerte (vedi il capitolo *Fare la spesa*) vale la pena acquistare!

### Hamburger di carne

In tutti i supermercati trovate hamburger di carne già pronti, sia freschi che surgelati, anche di ottime marche. Personalmente, però, non riesco a togliermi l'idea, forse infondata, che dentro ci siano solo scarti di tagli pregiati. Siccome gli hamburger a casa mia piacciono, io faccio così: dal macellaio o al reparto macelleria del supermercato scelgo un taglio di manzo o di vitello di un kg circa e chiedo poi di macinarlo e di lavorarlo in forma di hamburger: se ne ottengono una decina. Se ci sono molti clienti in attesa, o il macellaio è di cattivo umore, me li preparo io a casa. Metto in frigorifero quelli da consumare in giornata, nel freezer gli altri. Questi hamburger sono più cari di quelli preconfezionati ma sono di qualità certamente migliore, e inoltre possono essere arricchiti a vostro piacere con pezzetti di verdure o di prosciutto.

**Hamburger vegetali**

Anche gli hamburger vegetali si trovano in tutti i supermercati, sia freschi, sia surgelati. Di solito sono piuttosto cari, almeno in relazione a ciò che contengono. È facile, anche se un po' laborioso, farli in casa: sono più economici di quelli industriali e li mangiate freschi, senza conservanti. Ecco la mia ricetta preferita.

Tagliate a pezzetti molto piccoli (oppure grattugiate con la grattugia a fori grandi) un paio di zucchine, una patata e una carota; se vi piacciono, aggiungete, sempre in pezzetti molto piccoli, un peperone, mezza cipolla e qualche cimetta di broccolo.
Fate appassire in padella le verdure con poco olio; salate; aggiungete se necessario un po' di acqua calda.
Intanto frullate un paio di etti di lenticchie che avete fatto cuocere (per sveltire le operazioni potete usare quelle in scatola). Mescolate alle lenticchie frullate le verdure ormai cotte. Se vi piace (e non avete fatto una scelta vegana), aggiungete un cucchiaio di formaggio grana.
Formate degli hamburger (ne dovreste ottenere tre o quattro) e cuoceteli per circa 20 minuti in forno sulla leccarda coperta di carta da forno spennellata d'olio.
Potete sostituire le lenticchie con patate bollite passate allo schiacciapatate, oppure fagioli o ceci frullati.

Il bello degli hamburger vegetali è che, sulla base di una ricetta o anche "a mano libera", potete sperimentare tutti gli accostamenti che vi sembrino appetitosi.

### Insalate in busta

Un tempo lavare l'insalata era un lavoro noiosissimo: bisognava metterla in un apposito telo a trama larga da scuotere per far uscire l'acqua (il problema era dove, per chi non aveva un terrazzo o un giardino). Poi qualcuno ha inventato l'asciuga-insalata (che costa pochi euro, a meno che non sia di design oppure elettrico). Questo excursus storico per dire che oggi non c'è ragione di comprare l'insalata in busta. È costosa e si finisce per sciacquarla comunque. Allora tanto vale prendere un bel cespo dal banco dell'ortofrutta: costa meno della metà e di solito si presenta già ripulita dal terriccio, per cui non richiede poi molto lavoro.

### Scatolette per cani e gatti

Nutrire cani e gatti con il modico sforzo di aprire una scatoletta è certamente molto pratico e veloce. Ma le scatolette di marca, che promettono un contenuto di qualità (per esempio le cosiddette monoproteiche), sono decisamente care. Io ne tengo sempre qualcuna sia per il cane (ne ho uno) sia per i gatti (ne ho parecchi), da usare in emergenza, ma di solito preparo personalmente la loro pappa. Nel capitolo *Amici a quattro zampe, non costateci troppo* troverete indicazioni dettagliate sui menu per loro.

## QUALCHE CONSIGLIO IN PIÙ

- I succhi di frutta *made in casa* possono diventare un dessert o una merenda per i bambini semplicemente frullando insieme alla frutta un bicchiere di latte e, se si vuole qualcosa di rinfrescante, qualche cubetto di ghiaccio. E il succo di frutta diventa uno smoothie.
- Il WWF ha pubblicato gli *Otto criteri per fare scelte alimentari sostenibili.* La prima voce dell'elenco è "Scegli una dieta prevalentemente

a base vegetale (ricca di cereali, frutta, verdura, legumi) con moderate quantità di carne, pesce, uova e latticini. Ne beneficeranno la salute e l'ambiente". Secondo me è un criterio da tenere ben presente nella vostra *Revisione critica della spesa.*

- Questo "consiglio in più" forse non è del tutto in linea con il contenuto del capitolo e magari direte che mi allargo in un campo che non mi compete, ma mi sembra giusto non rinunciare comunque a passarvi un suggerimento che ritengo importante. Secondo numerose ricerche di mercato (se ne è occupata a più riprese anche la famosa associazione Altroconsumo) continua a crescere in Italia il consumo degli integratori alimentari. Si tratta di un successo per larga parte immeritato. Tenete presente che gli integratori alimentari sono sottoposti agli stessi controlli dei cibi; si può dunque ragionevolmente pensare che non siano tossici e non facciano male, però, a differenza di quanto avviene per i medicinali, non c'è nessun controllo sulla loro efficacia. E infatti il Servizio Sanitario Nazionale non li fornisce. Insomma, è solo la pubblicità a garantire che l'integratore che state assumendo – e che avete anche pagato caro – avrà veramente gli effetti promessi. Dunque, se vi siete autoprescritti un integratore, vi suggerisco di inserirlo nell'elenco dei prodotti da eliminare. Comprate degli integratori solo se ve li ha ordinati il medico, e non prima di avergli chiesto di giustificare in modo convincente la prescrizione.

# 3. AMICO FREEZER

Agatha arrivò a casa affamata. Ancora una volta frugò nel congelatore a cassone, raschiando la brina delle etichette, a caccia di qualcosa di commestibile. Era così stanca che non si accorse che la vaschetta degli involtini che aveva infilato nel microonde aveva il fondo di alluminio. Non aveva letto con cura le istruzioni e quindi non sapeva che l'alluminio non poteva andare nel microonde. Era riuscita a leggere, a furia di strizzare gli occhi, solo i tempi di preparazione. Agatha avrebbe dovuto capire che quarantacinque minuti nel microonde sono un tempo molto, troppo lungo. Quando il piatto del forno cominciò a girare, uscì in giardino a respirare una boccata dell'aria fredda della notte. L'assassino si aggirava per il villaggio? Era forse possibile dormire sonni tranquilli dopo aver commesso tre omicidi? Mentre se ne stava lì, persa nei suoi pensieri, si rese finalmente conto che i gatti stavano miagolando come disperati, e si girò. Dalla porta della cucina, che era aperta, uscivano nubi di fumo nero.

M.C. Beaton, *Agatha Raisin, Il caso del curioso curato*

La prima e più ovvia funzione del freezer è quella di accogliere e conservare i surgelati che si portano a casa dal supermercato o dal negozio di alimentari, piatti pronti o materie prime da cucinare che siano, con il vantaggio, tra l'altro, di poter approfittare di eventuali offerte speciali.

I surgelati sono davvero un'utilissima ancora di salvezza, quando capita di avere pochi minuti per mettere in tavola il pranzo oppure arrivano ospiti all'improvviso. Però sono cari, anche nella grande distribuzione. E i piatti pronti, oltre che costosi, sono di solito troppo insaporiti, ricchi di grassi e condimenti, dunque non molto sani. Il che non vuol dire che non si debba mai e poi mai ricorrere ai piatti pronti industriali, anzi suggerirei di tenerne qualche confezione per le situazioni di emergenza (santi protettori dell'economia domestica e del dieteticamente corretto, chiedo scusa e perdono!). Ma il miglior uso del freezer è per il surgelato fai da te. Che cosa si può congelare? Tutto (o quasi).

### La carne cotta

Si conservano bene, per esempio, un pezzo di arrosto avanzato che non si prevede di consumare a breve, uno spezzatino, un hamburger... no invece a bistecche e fettine, a meno di non macinarle.

### La carne cruda

Si possono congelare praticamente tutti i tagli di carne cruda e anche la carne trita. Surgelare la carne comprata fresca non è di per sé un'operazione che faccia risparmiare: consente però di evitare sprechi, se un imprevisto rende impossibile cucinarla a breve, e anche di approfittare di qualche offerta speciale particolarmente conveniente. L'ideale è farla scongelare lentamente, trasferendola prima dal freezer al frigo e possibilmente lasciandola lì 24 ore finché non sarà completamente scongelata. Se avete un taglio pregiato, questa accortezza vi permetterà di cucinarlo al grado di frollatura perfetto!

**Surgelato o congelato?**

Propriamente *surgelare* significa portare un prodotto a bassissime temperature (anche inferiori a −30 °C) in tempi molto brevi. Il procedimento richiede una specifica attrezzatura e si pratica perciò solo a livello industriale.
*Congelare* significa invece raffreddare i prodotti a circa −18 °C nell'arco di alcune ore: è il procedimento che si fa in casa, disponendo del solo freezer.
Nel linguaggio comune surgelare/surgelato e congelare/congelato sono però spesso usati, impropriamente, come sinonimi.

### Il pesce cotto

Congelare il pesce cotto non dà buoni risultati. Attenzione perciò a cucinare porzioni sempre coerenti con il consumo previsto.

### Il pesce crudo

Si può congelare il pesce crudo solo se pulito, cioè eviscerato e squamato. Per la congelazione del pesce fresco vale lo stesso discorso fatto per la carne: è utile se trovate qualche offerta molto conveniente. Ma anche se ricevete un gradito regalo da un amico pescatore o avete la possibilità di fare acquisti al mercato del pesce in una località di mare.

### Le verdure

Si possono preparare in casa verdure congelate che non hanno niente da invidiare alle confezioni di surgelati in vendita nei banchi del freddo al supermercato. Io congelo spinaci (divisi in mazzetti), cavolfiori e broccoli (divisi in cimette), zucchine e carote (tagliate a rondelle), fagiolini (privati del filo), fagioli (fuori dal baccello), peperoni (divisi in falde). E anche gambi di sedano, prezzemolo (a cui ho tolto i gambi), basilico e tutte le aromatiche che ho nell'orto. Bisogna lavare le verdure prima di congelarle, ma attenzione a farle asciugare molto bene prima di metterle nel freezer, altrimenti le ritroverete avvolte da aghi di ghiaccio.

Le verdure che ho elencato prima, tranne fagioli, peperoni e le aromatiche, le congelo preferibilmente, ma non necessariamente, già cotte, sia per occupare meno spazio nel freezer, sia per abbreviare il tempo necessario a metterle in tavola.

È ovvio che il prodotto fresco batte largamente quello congelato, crudo o cotto che sia. Ma la congelazione, oltre a fornire una riserva pronto uso per ogni evenienza, consente di comprare i prodotti quando sono di stagione e perciò meno cari, di approfittare di offerte speciali

e di fare acquisti in grande ai mercati generali o da qualche produttore locale. Se poi avete un po' di orto e dunque producete verdure in proprio, il risparmio è doppio. E che soddisfazione mangiare a dicembre gli zucchini o i peperoni che avete colto ad agosto!

Nel freezer, infine, non deve mancare qualche sacchettino di trito per soffritto: carota, cipolla, sedano con qualche foglia di basilico.

### La frutta

Purtroppo la frutta non sopporta il congelamento. Però, se avete a disposizione, magari per averli raccolti in montagna, una certa quantità di frutti di bosco (mirtilli, lamponi, more), dopo averli puliti e ben asciugati potete congelarli: una volta scongelati saranno mollicci e un po' acquosi, ma potrete utilizzarli per muffin e torte, oppure per dare un sapore in più a frullati di frutta fresca. Una felice eccezione è il limone: il congelamento lo rende più morbido e succoso, anche se ne altera un po' il gusto (questo lo sostengo io, altri dicono invece che il gusto è perfettamente identico a quello del limone fresco: provate a congelarne uno e verificate di persona).

### I formaggi

I formaggi duri e semiduri, come grana, emmental, fontina e provolone, si possono congelare, ma con qualche precauzione: vanno divisi in pezzi piccoli, e una volta scongelati devono essere consumati nel giro di 24, 48 ore al massimo. Lo scongelamento deve avvenire lentamente, quindi in frigo. Il grana si può congelare anche già grattugiato. Non si possono congelare, invece, i formaggi freschi e molli come la ricotta, lo stracchino, la crescenza, lo squacquerone. Un discorso a parte va fatto per la mozzarella: si può congelare, ma una volta scongelata va usata cotta, per esempio nella pizza, nella parmigiana o nella pasta nel forno. Comunque il discorso freezer/formaggi è controverso: il mio consiglio è di fare qualche esperimento, ovviamente con pezzetti molto piccoli, e decidere per esperienza diretta se il formaggio congelato e poi decongelato è di vostro gusto.

### Gli affettati

Già immagino qualche lettore insorgere all'idea che le eccellenze italiane, tipo prosciutto crudo o cotto, speck, salumi vari, coppe e così via finiscano nel congelatore! Però anche tenerne una scorta nel frigo di quelli "in busta", con tutto il loro seguito di conservanti e plastica, non è il massimo. Per cui qualche pacchettino di affettati congelati si può anche avere, con l'accortezza di non tenerli troppo a lungo e di congelare preferibilmente prodotti ottimi, con pochi additivi e conservanti (ma questa dovrebbe essere una regola generale).

Fate dei pacchettini da 50 g con la pellicola e sgelateli con cura. Saranno ottimi, non solo da usare nelle vostre ricette, ma anche da portare in tavola o da mettere nei panini per la gita della domenica!

### I piatti pronti

I piatti pronti industriali, come dicevo sopra, sono in genere costosi e troppo insaporiti da sale e condimenti. Ma si possono preparare in casa economici piatti pronti ben calibrati sui gusti e sulle esigenze di salute dei destinatari. Io congelo con ottimi risultati lo spezzatino (anche con pezzetti di salsiccia), i cannelloni e le lasagne, le polpette di carne e verdure, il minestrone e il passato di verdura. Bene anche la quiche con le verdure.

Un piatto pronto, se vogliamo chiamarlo così, da avere sempre di scorta è il sugo di pomodoro. Nel mio freezer ci sono sempre parecchie porzioni di solo pomodoro, olio, sale e basilico, altrettante in cui agli ingredienti base ho aggiunto un generoso trito di verdure e alcune in cui ho aggiunto il peperoncino. Fino a che ne ho a disposizione uso i pomodori raccolti in estate nell'orto, poi mi rassegno ai pelati in scatola. Sarebbe bello congelare i pomodori, ma in realtà, una volta scongelati, sono così mollicci che è impensabile usarli per le insalatone che ci deliziano in estate: si possono utilizzare solo per il sugo. E allora tanto vale congelare il sugo già pronto, che occupa meno spazio nel freezer.

**Surgelati: un libro e un sito**

Le ricette che seguite per la preparazione dei piatti da consumare subito di solito vanno benissimo anche per i piatti che invece volete destinare alla congelazione. Se però vi interessa qualche ricetta studiata specificamente per la congelazione, oltre a un approfondimento su nutrizione e congelamento, potreste consultare il libro di Sara Cordara *Surgelati in cucina* (Tecniche Nuove Editore) o il suo sito Nutrizionismi (www.nutrizionismi.it).

### I dolci

Nei giorni tra Natale e Capodanno si hanno spesso più panettoni, pandori, pasticcini e cioccolatini di quanti si riesca a mangiarne. Allora, per il bene della digestione e della linea, metteteli nel freezer: a fette panettoni, torte e pandori, in sacchettini monoporzione pasticcini e simili. Nelle settimane seguenti, in momenti di austerità dopo le spese delle feste, avrete a disposizione dolcezze per la colazione e ottimi dessert da accompagnare eventualmente con crema pasticcera. Lo stesso trattamento per il cioccolato delle uova di Pasqua, per le parti avanzate della torta di compleanno (se non contiene troppa panna e crema), per i muffin preparati in eccesso e così via.

#### Il pane

Nel freezer il pane si conserva benissimo: tagliatelo a fette, a meno che non si tratti di panini molto piccoli. Ricordatevi di sgelarlo per tempo. In caso contrario dovrete ricorrere al forno a microonde o a quello tradizionale, con un inutile dispendio di energia (se siete particolarmente curiosi su questo argomento, potete leggere subito il capitolo *Illùminati di meno* e tornare con più calma ai surgelati).

#### I ravioli

Se fate o comprate ravioli in grande quantità, magari per le feste, congelateli tranquillamente (crudi).

#### I prodotti che si devono avere di scorta, ma si consumano raramente

Ci sono prodotti che si consumano raramente – e dunque spesso vanno sprecati – ma che è utile avere a disposizione nella dispensa. L'elenco dipende dalle abitudini alimentari di ciascuno. Io uso pochissimo il burro, ma voglio averlo a disposizione, per esempio, per una torta dell'ultimo momento o per un piatto di ravioli burro e salvia improvvisato. Dopo aver buttato nel sacchetto dei rifiuti organici tanto burro da farci una statua di medie dimensioni, adesso ne tengo una scorta congelata: almeno un panetto intero e un altro diviso in cubetti.

#### Gli avanzi

Se vi restano avanzi di un cibo che si può congelare (la maggior parte è indicata in questo elenco), mettetelo in salvo nel freezer. Se vi capita un avanzo sulla cui congelabilità avete dei dubbi, osate e sperimentate. Magari farete scoperte interessanti. Sempre meglio che buttare direttamente l'avanzo nel contenitore dell'umido.

## ISTRUZIONI PER L'USO

Ogni alimento che avete preparato e stoccato nel freezer deve avere una etichetta con la data del congelamento. La regola del first in/first out, a cui è dedicato il capitolo successivo, deve essere applicata con rigore ai cibi congelati, ricordando che hanno una durata di cinque-sei mesi, contro gli anni dei prodotti surgelati.

Qual è la temperatura ideale del frigo e del freezer? In genere +4 °C per il frigo, −18 °C per il freezer. Da controllare con un termometro (se avete un frigo vecchiotto) oppure sul display che leggete sul portellone del frigo stesso. È inutile scendere ulteriormente: una temperatura più bassa consuma energia e non ha alcun effetto positivo sulla conservazione del cibo. Tutt'al più, se proprio qualche prodotto vi sembra particolarmente delicato, collocatelo in fondo, cioè il più lontano possibile dal portellone del frigo e del freezer, così non sarà esposto all'inevitabile ondata di caldo nel momento dell'apertura.

## QUALCHE CONSIGLIO IN PIÙ

- Se avete deciso di mettere in tavola un piatto pronto surgelato, acquistato o di vostra produzione che sia, toglietelo dal freezer una decina di ore prima e trasferitelo non sul tavolo di cucina ma nel frigorifero. Questo accorgimento ha tre vantaggi:
  – non espone il surgelato al caldo, evitando così ogni pericolo di contaminazione;
  – il surgelato nel frigorifero rilascia il freddo, facendo diminuire il consumo di energia elettrica del frigorifero stesso
  – un prodotto scongelato cuoce più in fretta e dunque a minor costo rispetto a uno messo in pentola o nel forno ancora congelato

– se proprio volete/dovete scongelare rapidamente, usate la funzione *defrost* del microonde.

- L'arrivo inatteso di amici e parenti rappresenta una piacevole sorpresa, se gli amici sono simpatici e i parenti non sono una malmostosa prozia, ma un fascinoso cugino reduce dal giro del mondo in barca a vela. La bella sorpresa può diventare però un salasso economico, se vi troverete nella necessità di fare un invito al ristorante. Cercate perciò di avere sempre nel freezer le risorse per improvvisare un pranzo gustoso. Io tengo di solito una teglia di cannelloni ricotta e spinaci (che può fare anche da piatto unico per ospiti vegetariani), uno spezzatino (da proporre con polenta, se ho in casa una confezione di quella che si prepara in pochi minuti, oppure con purè, o con riso bollito) e la torta con la frutta di cui vi ho suggerito la ricetta nel capitolo *Revisione critica della spesa.*
- Nei decenni la tecnologia del freddo ha fatto passi da gigante. E gigantesche sono diventate anche le dimensioni dei frigo. Si è passati dalla celletta per i surgelati che ancora resiste in alcuni prodotti di nicchia, a frigo combinati dalle dimensioni di un armadio quattro stagioni. Da qui il nostro avvertimento: prima di acquistare il frigo nuovo, leggete con religiosa attenzione i capitoli *Quando la lavatrice o il tablet ti abbandonano* e *Una questione di metodo* e sarete sicuri di fare la scelta migliore!

# 4. FIRST IN / FIRST OUT

> Il mio frigo sembra quello del mostro di Milwaukee. Un'approfondita ispezione rivela la presenza di carni mummificate, zucchine ammuffite, pomodori vizzi, formaggi fossili e altre membra sparse della Madre terra, frutto delle frequenti razzie della mia famiglia nei negozi del circondario. Bisognerebbe, ogni tanto, accantonare i problemi minori, sedersi al tavolo di cucina e porsi finalmente le domande davvero fondamentali: perché ho comprato quella enorme melanzana? Cosa mi ha spinto ad accumulare tanta pancetta quanta basterebbe a sfamare un branco di licaoni? Cosa ci fanno, in casa mia, sedici carciofi?
>
> Michele Serra, *Che tempo fa*

First in/first out, cioè: bisogna sempre utilizzare per primo il prodotto più vecchio. È una regola che seguono in modo rigoroso tutti quelli che per professione gestiscono uno stoccaggio. In alcune situazioni, quando ogni scaduto sarebbe un danno economico significativo, si adottano addirittura speciali contenitori a doppia entrata: per esempio, dal portellone di sinistra si introducono i prodotti appena acquistati e da quello di destra si prendono quelli da utilizzare, rendendo così automatico il first in/first out. Va da sé che "occhio al tempo" è la regola d'oro dell'intero capitolo!

## STRATEGIE CONTRO LO SCADUTO

Senza arrivare a una soluzione raffinata e costosa come quella della dispensa a doppia entrata, la pratica del first in/first out è un principio che bisogna adottare anche nell'economia di casa. Un pacco di pasta invaso dalle farfalline, una confezione di yogurt inaciditi, una mozzarella che nuota in un liquido verdastro, un pezzo di formaggio coperto di muffa, senza parlare poi di frutta e verdura ridotta allo stadio di marciume puzzolente: questi incidenti sono tutt'altro che rari (si parla, per l'intero pianeta, di un miliardo e trecento milioni di tonnellate di cibo all'anno che vanno sprecati), ma bisogna trovare il modo di evitarli, perché non solo incidono negativamente sul nostro bilancio, ma rappresentano uno spreco di risorse, dall'acqua al terreno agricolo, dal carburante per il trasporto ai materiali dell'imballaggio.

Ecco qualche strategia di facile attuazione:

- Riponete gli acquisti nel frigorifero e nella dispensa facendo attenzione che siano disposti in ordine di scadenza. La procedura costa qualche minuto in più rispetto a gettare tutto alla rinfusa, ma sono minuti ben spesi.
- Fate periodicamente una ricognizione di quello che avete nella dispensa, nel frigorifero e nel freezer per individuare gli eventuali prodotti che stanno per entrare nell'area della scadenza e provvedere a consumarli al più presto.
- Per un certo periodo di tempo, diciamo almeno un mese, registrate quali prodotti avete lasciato scadere e siete stati dunque costretti a gettare. Avrete così evidenza degli acquisti cui prestare particolare attenzione per non ripetere gli errori.
- Facendo la spesa, attenzione alla data di scadenza del prodotto:

**Mettetevi alla prova!**

Provate a fare l'esame frigo e l'esame freezer: senza barare, cioè senza andare a guardare, siete in grado di dire che cosa c'è nel vostro frigo e nel vostro freezer? Partendo da dieci, togliete mezzo punto per ogni errore, cioè per ogni prodotto che avete dimenticato o che avete indicato mentre non c'è.

Valutazione da 10 a 8: molto bene, probabilmente non vi capita mai, o molto raramente, di dover gettare via qualcosa.

Valutazione 7 e 6: non male, ma potete fare meglio. Il rischio dello spreco è in agguato.

Valutazione 5 e sotto il 5: probabilmente vi capita spesso di lasciar scadere qualcosa. Dovete impegnarvi a migliorare: state sprecando i vostri soldi e le risorse del pianeta.

portarsene a casa uno con la scadenza molto vicina è autolesionismo! Cercate un'altra confezione con una vita più lunga davanti a sé. Se non la trovate, lasciate stare e comprate un prodotto analogo.

- Non dimenticate la risorsa del freddo: come abbiamo visto nel capitolo *Amico freezer*, quasi tutto può essere surgelato, con il doppio vantaggio di non sprecare e anche di ritrovarsi piatti pronti da mettere in forno o in microonde,.
- La strategia più efficace, però, è la programmazione: ogni settimana, elaborate il piano alimentare, indicando con precisione che cosa intendete mettere in tavola a colazione, pranzo e cena. Ne deriverà una mappa degli acquisti precisa e ben finalizzata (vedi p. 52). Inoltre, il piano alimentare consente di verificare se la vostra alimentazione è sana e sufficientemente varia; infine, se nella stesura del piano saranno coinvolte e responsabilizzate le persone che vivono con voi, si abbasserà il tasso di critiche e proteste con vantaggio dell'armonia familiare.

## C'È SCADUTO E SCADUTO

Per legge, ogni prodotto deve avere indicata la data di scadenza, con poche eccezioni, come la frutta e la verdura fresca non preconfezionata, lo zucchero, alcune bevande alcoliche.

Bisogna tener presente che l'informazione della scadenza può essere data con due differenti diciture: *consumare entro* o *consumare preferibilmente entro*. Va da sé che, nel secondo caso, la data non è strettamente vincolante. È vietato vendere un prodotto oltre la data di scadenza, però non è detto che non possa essere consumato anche oltre il termine indicato. Vediamo qualche caso.

- Lo yogurt può essere consumato anche cinque-sei giorni dopo la scadenza. Se vi sembra che la parte liquida si sia separata da quella più densa, mescolate e tornerà alla giusta consistenza.
- Pasta, riso, biscotti secchi, cracker e simili possono essere consumati anche uno-due mesi dopo la scadenza.

- Olio e pesce in scatola (tonno, sgombri, salmone) hanno una durata post-scadenza anche di sette-otto mesi.
- I formaggi freschi scaduti di solito diventano amari, mentre quelli stagionati (pecorino, emmental, grana e simili) reggono parecchio oltre la scadenza. Una volta sono andata in vacanza dimenticando una confezione (chiusa) di emmental nel frigo. L'ho ritrovato scaduto da un mese, e con lo spirito di sacrificio dello scienziato sperimentatore ne ho mangiato un bel pezzo: era buonissimo, solo un pochino più salato della sua versione prima della scadenza, e non mi ha provocato nessuna "reazione avversa", per usare la terminologia diventata purtroppo popolare con i vaccini anti-Covid. Con questo non voglio invitarvi a scorpacciate di emmental scaduto, ma sottolineare che le date di scadenza non sono un dogma. Se volete informazioni puntuali, prodotto per prodotto, potete consultare siti come Alimentipedia (www.alimentipedia.it/cibi-scaduti).

In sintesi: se un prodotto è conservato in modo corretto, cioè in una confezione ben chiusa e in un luogo asciutto e non troppo caldo, oppure in frigo, potete considerare le date della scadenza con un minimo di spirito critico e una certa disponibilità alla trasgressione. A volte, più che la data di scadenza, vale l'esame visivo e olfattivo: il prodotto ha segni di deterioramento? Presenta macchie e muffe? Ha cambiato colore? Emana un odore sgradevole o comunque diverso da quello che dovrebbe avere? Un esempio tipico è quello delle uova. Quando il concetto di scadenza era ancora di là da venire, le nostre nonne mettevano l'uovo sospetto nell'acqua: era giudicato non commestibile solo se stava a galla, rivelando così la presenza di gas all'interno.

In alcuni casi, poi, la data di scadenza sembra dettata più dalla necessità di adeguarsi a una norma che alla reale deperibilità del prodotto. Per esempio, il sale viene usato da secoli come conservante; oggi meno perché ci sono altre tecniche, ma i capperi e le acciughe sotto sale o il baccalà, e tanti altri prodotti, sono ancora molto diffusi. Sarebbe assurdo, dunque, dare una data di scadenza al sale. Eppure in qualche confezione la trovate, forse per un eccesso di zelo dei produttori. Un altro caso tipico, anche se riferito a un prodotto non alimentare: preparandomi a fare il bagno al cane mi sono accorta che il suo shampoo era scaduto da un mese. Ma ha senso mettere la scadenza a uno shampoo?

## L'ULTIMO UTILIZZO

Tenete presente che i cibi irrimediabilmente scaduti e tutti gli scarti alimentari (bucce degli agrumi escluse) possono essere ancora molto utili come concime se li gettate nel contenitore del compostaggio, che dovreste avere se fate qualche coltivazione nell'orto e sul balcone. Trovate indicazioni sul compostaggio nel capitolo *L'utile piacere di coltivare.*

## QUALCHE CONSIGLIO IN PIÙ

- Un post-it sul frigorifero o sulla dispensa vi aiuterà a ricordare i prodotti che dovete mettere in tavola al più presto.
- Programmare "a mente" si rivela spesso inutile. Ecco un esempio di scheda che potreste utilizzare per la pianificazione alimentare della settimana (troverete una scheda simile per la programmazione dei pranzi da portare al lavoro nel capitolo *Pausa pranzo*). In questo modo risparmierete anche tempo quando dovrete stilare la lista della spesa.

# SETTIMANA DAL ____________ AL ____________

| LUNEDÌ | MARTEDÌ | MERCOLEDÌ | GIOVEDÌ | VENERDÌ | SABATO | DOMENICA |
|---|---|---|---|---|---|---|
| COLAZIONE | COLAZIONE | COLAZIONE | COLAZIONE | COLAZIONE | COLAZIONE | COLAZIONE |
| PRANZO | PRANZO | PRANZO | PRANZO | PRANZO | PRANZO | PRANZO |
| CENA | CENA | CENA | CENA | CENA | CENA | CENA |

Per realizzare questi menu mi servono... (*Dopo aver elencato tutti gli ingredienti, cerchiate o evidenziate il rosso ciò che non avete in casa e dunque dovete comprare*)

______________________________________________

______________________________________________

______________________________________________

______________________________________________

______________________________________________

______________________________________________

______________________________________________

______________________________________________

______________________________________________

# 5. OSARE OLTRE LA MARMELLATA

In una mattinata ancora estiva, sul tardi, tutti e tre al mercato con chili e chili di frutta e verdura. Dirigo gli acquisti con apparente sicurezza, tenendo a bada un sottile senso di colpa: cosa ne farò, poi. Massimo, con il grembiule di plastica, gli occhiali un po' scesi sul naso, gira il passaverdure e si schizza la barba di pomodoro: ma ride, ogni tanto giocare a famiglia può accadere anche a noi. Tommaso ci guarda perplesso e razzola, succhiando il suo spicchio di limone. All'una si mangia, poco dopo le tre tutto è già sistemato: in due enormi pentoloni bollono i barattoli dei pomodori (certo non necessari, probabilmente al supermercato costano meno, mi adduco la ragione di un sugo speciale per Tommaso e i suoi compagni di scuola); le zuppiere di melanzane e peperoni sono abbastanza un impiccio, le avrò tra i piedi per due giorni ma dico che faranno comodo, quest'inverno, in qualcuna delle tante cene un po' miserelle; in terrazza, al sole, la frutta troneggia in un grande vaso che mia madre chiama *albanella.* Il ripiano della cucina traballa sotto il peso dei barattoli: i colori che hanno, le irregolarità e le imprecisioni che li fanno miei. Sono al sicuro, ancora per un inverno.

Clara Sereni, *Casalinghitudine*

Che soddisfazione accarezzare con lo sguardo la schiera di vasetti multiformi ricolmi di marmellata che noi stessi abbiamo preparato, con la frutta che abbiamo scelto, acquistato o addirittura raccolto! Che orgoglio dare al vetro una nuova vita con le nostre etichette dopo aver lottato duramente per estirpare quelle "industriali" (ma con che cosa le attaccano?). Che piacere pregustare le colazioni, le crostate che la nostra piccola scorta di confettura ci assicura per i mesi a venire ... Calcolando che un vasetto di marmellata senza conservanti, senza pectina, senza additivi, solo frutta e zucchero, non può che costare oltre 10-15 euro al kg, è evidente che farsi da sé la marmellata perfetta risulta molto conveniente. Se si confronta il costo della marmellata home made con una industriale di qualità bassa o anche media, il risparmio vero e proprio si riduce. Ma resta il valore aggiunto della qualità e della soddisfazione, impagabili.

Ed ecco la domanda: come andare oltre la marmellata? Che cos'altro possiamo preparare, produrre, conservare in modo da ottenere prodotti sia più convenienti, sia migliori di quelli prodotti dall'industria alimentare? Risposta: praticamente tutto. Pasta, conserve varie, insaccati, pane, biscotti, sughi, succhi, liquori: tutto quanto la nostra fantasia, la nostra gola, i nostri gusti ci suggeriscono. Osate!

Non è forse vero che, prima della nascita dell'industria alimentare, tutti – a dire la verità, soprattutto tutte – osavano? A che cosa serviva la dispensa se non a contenere preziose conserve, terrine, distillati... e la cantina se non a custodire gelosamente (molto gelosamente) vini, formaggi, insaccati, carne secca?

Per elencare tutte le preparazioni possibili ci vorrebbe un manuale a parte, e alla fine del capitolo ne consiglieremo qualcuno. Per il momento ci limitiamo a identificare alcune tipologie di prodotti e di conservazione.

## IMPASTARE OVVERO FAR TESORO DELLA FARINA

"Fare per la prima volta / il pane". Nella poesia *Nove marzo 2020*, scritta allo scoccare del lockdown, la poetessa Mariangela Gualtieri cita proprio quella del "fare il pane" tra le prime abitudini riscoperte in quel drammatico periodo.

La farina è in effetti la materia prima che viene utilizzata più spesso per le preparazioni casalinghe, e in cucina non può mai mancare. Torte, pizze, focacce, biscotti fanno parte della tradizione consolidata del fai da te, sono facili da preparare e sono tra le autoproduzioni che fanno risparmiare di più. Pensiamo per esempio a quanto si può guadagnare impastando da sé le pizze per una famiglia di quattro persone, piuttosto che ordinarla in un servizio di delivery o addirittura andare in pizzeria!

I prodotti a base di farina, di qualsiasi genere, offrono oltre al notevole risparmio un altissimo valore aggiunto in soddisfazione e in divertimento. Fare dolci in casa, magari con i figli piccoli, è un classico della vita familiare. In queste pagine la nostra attenzione è rivolta però alla conservazione. Dobbiamo allora spostarci su prodotti "secchi" che durano di più e concentrarci su quei prodotti che, preparati in una certa quantità, possono arricchire le nostre scorte alimentari e alleggerire la nostra spesa settimanale. Concentratevi sui vostri gusti e sulle vostre abitudini e scoprite con che cosa potete cimentarvi. Grissini? Cracker? Taralli? Pasta? Si può fare!

Giusto per darvi uno spunto, vi suggerisco di partire dai cracker. Perché? Perché se siete abituati a consumarne, allora li acquistate spesso. E se li acquistate spesso, sapete bene che i cracker hanno una grande variabilità di prezzo. Se confezionati con farine ricercate arrivano a essere piuttosto cari (anche 15 euro al kg o giù di lì, contro i 2,50 di quelli più a buon mercato). Capite bene quanto potete risparmiare preparandoli voi stessi!

Eccovi una ricetta base che potrete modificare e migliorare secondo le vostre esperienze di panificazione.

Si parte da mezzo kg di farina. Potete scegliere di usare solo farina 00, oppure mescolare farine diverse, per esempio farina Manitoba e farina integrale. La via più semplice è usare lievito di birra secco (circa 8 grammi). Vi serviranno poi circa 200 ml di acqua e 80 ml di olio. Sale secondo le vostre preferenze. Sciogliete prima il lievito in un po' d'acqua tiepida e poco zucchero. Impastate la farina e il lievito sciolto. Aggiungete poi olio, la restante acqua e il sale. Otterrete un composto morbido ed elastico che metterete a lievitare fino a quando non sarà raddoppiato di volume (non meno di tre o quattro ore). Per la lievitazione usate la stessa ciotola che avete usato per il primo impasto, coperta con la pellicola. Passate poi a preparare i vostri cracker. Lo scopo, come è intuibile, è ottenere una sfoglia molto sottile. Alcuni suggeriscono di utilizzare la macchina per la pasta, ma potete tirarla anche a mano, con il mattarello. Poi taglierete la sfoglia in rettangoli della dimensione voluta. Io uso la rotella per tagliare la pizza; è più comoda di un coltello. Spennellate i vostri cracker con un'emulsione di olio, acqua e sale, e fateli riposare un'ultima ora, coperti con un panno. 12-15 minuti in forno statico a 180 °C e saranno pronti! Dopo i primi 10 minuti controllate attentamente la cottura: i cracker devono rimanere friabili come quelli che siete soliti acquistare. Dopo tutta questa fatica, riponete i vostri deliziosi cracker ben raffreddati in scatole di latta, nelle quali si conserveranno per circa un mese. In alternativa al lievito secco potete ricorrere al lievito di birra fresco, al lievito madre o al criscito o riporto, che è simile a quest'ultimo, anche se viene ottenuto in modo diverso.

Questo non è un libro di ricette, per cui non illudetevi di scoprire qui come ottenere pane, pizza, biscotti, focaccia, pasta e via dicendo. Autori, blogger, chef, pizzaioli ed esperti panificatori nei loro siti, social, o libri vi sapranno suggerire tutte le ricette dei prodotti che consumate più spesso. A voi il compito di scoprire quelle che vi sentite di preparare nella vostra cucina.

Va da sé che, se vi fate prendere dalla passione (sarà una vera propria passione, ve lo assicuro!) di preparare da voi questo tipo di prodotti, la qualità della farina sarà essenziale! Tra le farine industriali e le farine che potete trovare da piccoli produttori c'è un abisso. Tra la farina appena macinata e le farine industriali c'è una differenza di profumo e gusto che neppure vi immaginate. E anche tra i marchi che si trovano nei supermercati, c'è farina e farina. Basta provare per scoprirlo.

| Qualche suggerimento su quello che potete preparare... | ...e sulle farine che potete usare |
|---|---|
| Biscotti * | Farina di grano tenero 00, 0, 1, 2 |
| Cracker * | Semola di grano duro |
| Friselle * | Farina integrale |
| Grissini * | Farina di grano saraceno |
| Pasta di semola * | Farina di segale |
| Pizzoccheri | Farina di ceci |
| Pasta all'uovo | Farina di mais |
| Farinata | Farina di castagne |
| E naturalmente pizze e focacce, torte e dolci | Fecola di patate |
| | Fecola di mais |
| *da conservare | |

## ESSICCARE, OVVERO FAR TESORO DI FRUTTA E VERDURA

Niente più delle verdure e della frutta si presta a essere acquistato al momento (e al posto) giusto, per poi essere conservato con le tecniche che preferiamo. E l'essicazione è uno dei modi più antichi per la conservazione degli alimenti. Se si toglie acqua da un alimento, si evita che ci sia un ambiente favorevole alla crescita di microbi o batteri indesiderati. Pasta, legumi, liofilizzati vari, zuppe in busta, purè pronto e preparati per budini sono prodotti che sfruttano questo principio. Pensateci e date un'occhiata alla vostra lista della spesa tipo. Io ho dato un'occhiata alla mia e ho scoperto il prodotto da suggerirvi: il preparato solubile per brodo vegetale. Lo usate anche voi? In molte cucine ha sostituito un altro prodotto iconico della grande industria alimentare: il dado.

Preparare il brodo granulare è possibile, facile ed economico. C'è chi parte rigorosamente dagli scarti della verdura, ad esempio bucce di carota e involucro esterno della cipolla, ma io preferisco partire dalla verdura intera, anche perché ci vorrebbero montagne di bucce e mi sembra poco proponibile. Il nostro scopo è trasformare la verdura fresca in polvere secca. Detto in altro modo, dobbiamo fare in modo che la verdura perda l'acqua che contiene, che è veramente tanta, circa il 90% del tutto. Tutta l'operazione ha senso, sia sotto il profilo economico che sotto quello della fatica, se riusciamo a produrre almeno un vasetto di brodo granulare, cioè almeno 100 grammi di preparato. Con circa un kg di verdura si ottiene una quantità apprezzabile di brodo solubile. Eccovi la ricetta.

Ci procuriamo circa un kg di verdura tra carote, sedano, cipolle, prezzemolo e un terzo di sale fino.
Teniamo pronto un vasetto in vetro pulito e sterilizzato, cioè fatto bollire per 30 minuti in acqua e poi lasciato asciugare capovolto su un canovaccio pulito.
Tritiamo le verdure nel tritatutto e le mettiamo a stufare a fiamma bassa con il sale, in modo da ottenere una specie di purea.
Stendiamo la purea su una leccarda ricoperta di carta da cucina. Poniamo la leccarda nel forno ventilato a circa 70 °C per fare in modo che la verdura perda l'acqua. Ci vorranno circa due ore, ma il tempo è molto variabile in relazione all'intensità della ventilazione, alla temperatura del forno (che deve essere bassa!), a quanto avrete fatto stufare le verdure. Apriremo di tanto in tanto il forno per far uscire il vapore e con una forchetta smuoveremo delicatamente la verdura, come i contadini fanno con l'erba sui prati di montagna. In caso sia troppo inumidito, possiamo cambiare il foglio di carta da forno.
Quando ci sembrerà che il composto abbia perso tutta l'acqua, lo faremo raffreddare. Poi lo passeremo di nuovo nel tritatutto e lo metteremo in un vasetto di vetro della giusta dimensione. Etichetta con la data di produzione e dispensa! Se avete fatto tutto per bene, si conserva anche un anno. Visto il basso costo degli ingredienti e della tecnica di cottura, il vostro brodo granulare avrà un costo irrisorio. Una precauzione d'uso: il brodo che ne ricaverete potrà avere qualche piccolo residuo di verdura. Se proprio vi infastidisce, non avrete che da filtrarlo.

Vi è piaciuta questa ricetta? Vi affascina la tecnica dell'essicazione? Sappiate che potete essiccare:

– frutta, perfetta da consumare quando fate sport, con lo yogurt o nella preparazione dei dolci;
– ortaggi, adatti per preparare zuppe o per arricchire i vostri piatti;
– erbe aromatiche, meglio se del vostro orto!

Non volete usare il forno? Volete risparmiare anche sull'energia elettrica? Bravi! Sappiate che la prima tecnica di essicazione è l'esposizione al sole!

## CONSERVARE IN VETRO

Ripartiamo dall'immagine iniziale: i nostri vasetti di marmellata con le loro etichette, allineati sui pensili (chiusi, mi raccomando: le conserve devono stare al buio!). Perché non preparare vasetti con verdure di stagione, sott'olio e sotto aceto, fagioli e lenticchie, salsa di pomodoro o anche qualcosa di più complicate come chutney o composte? Zucchero, sale, olio, aceto, alcol: sono questi gli ingredienti che permettono di conservare prodotti alimentari in modo che mantengano le loro proprietà e che siano soprattutto sicuri per la nostra salute, a prova di batteri, spore e muffe!

Ancora una volta dobbiamo partire dalle nostre abitudini di consumatori. Praticamente tutti i "sotto" qualcosa possono essere preparati in casa, con buone possibilità di risparmio. Dobbiamo però considerare che queste preparazioni richiedono tempo e attenzione in ogni fase: dall'acquisto del prodotto di base alla preparazione e cottura, alla sterilizzazione di vasetti e coperchi, all'eventuale pastorizzazione del prodotto finito, fino al trasferimento nella dispensa. Se siamo disposti a dedicare del tempo a queste operazioni, il risparmio e la soddisfazione sono assicurati.

Dopo il dado e i cracker, eccovi qualche indicazione per preparare un grande classico della storia dell'industria alimentare e anche un prodotto che trova posto nel carrello di tutti: la passata di pomodoro.

Se è il vostro primo tentativo, partite da una quantità di 2 o 3 kg di pomodori. Naturalmente acquistateli in piena estate, durante il loro periodo classico di maturazione, quando la qualità è migliore e il prezzo è più basso. Potere scegliere la varietà San Marzano, dalla forma affusolata, oppure anche i pomodori tondi, ramati. Questi ultimi, tra l'altro, sono molto facili da coltivare da sé nell'orto di casa, o addirittura sul terrazzo, e sono perfetti per accostarsi alle gioie dell'orto, oltre che a quelle della conserva (vedi il capitolo *L'utile piacere di coltivare*). In ogni caso, i pomodori da trasformare in scorta di passata dovranno essere perfettamente maturi e sani, senza segni né ammaccature. Per prima cosa li laverete, li taglierete a pezzi e li metterete a cuocere per 20 minuti, mescolandoli di tanto in tanto. Poi li passerete al setaccio in modo da eliminare la maggior quantità di acqua; infine li schiaccerete nel passaverdura per separare la buccia dalla polpa. Ecco ottenuta la vostra passata. Se la trovate troppo liquida, fatela addensare ancora sul fuoco finché non sarà di vostro gradimento. A questo punto travasate il composto nei vasetti o bottiglie precedentemente sterilizzati. Non riempite completamente i contenitori, ma lasciate circa due centimetri dal bordo. Dopo aver chiuso per bene, mettete i vostri vasetti – avvolti in un panno – in una pentola di acqua fredda e portate il tutto a ebollizione per circa 30 minuti. Questa è la fase fondamentale della pastorizzazione. Sempre perché la vostra passata si conservi al meglio, lasciatela raffreddare nella stessa pentola e solo quando i vasetti o le bottiglie saranno freddi, dopo aver applicato l'etichetta con la data e con il tipo di pomodori utilizzati, riponeteli nella dispensa.
Un'altra variante, altrettanto valida, prevede di sbollentare i pomodori prima di pelarli e privarli dei semi prima della cottura. A voi la scelta. In entrambi i casi, tenete presente che si tratta di una preparazione semplice ma un po' laboriosa, perché, per avere una scorta significativa, dopo la prima prova con una quantità ridotta, dovrete trasformarne ben di più. Calcolate che otterrete circa la metà del

peso dei pomodori e che la fatica ha senso se riuscirete ad avere almeno cinque o sei bottiglie di passata. Altrimenti che scorta è? Non a caso in molte regioni la preparazione della passata è un vero e proprio rito familiare o di buon vicinato, che prevede qualche giorno di lavoro in compagnia.
Una possibilità è quella di prepararne qualche bottiglia da utilizzare in occasioni speciali, per esempio per condire una pasta fatta in casa o per una pizza con impasto di vostra fattura. L'importante è valorizzare il vostro tempo e la vostra fatica!

Vi state appassionando? Non vedete l'ora che venga l'estate per mettervi al lavoro? Ecco una tabella che accenderà ancor di più la vostra frenesia!

| Come conservare | Che cosa conservare |
|---|---|
| Olio | Zucchine<br>Melanzane<br>Pomodori secchi<br>Peperoni (anche ripieni) |
| Aceto | Cipolline in agrodolce<br>Giardiniera<br>Chutney di mele |
| Alcol | Ciliegie sotto spirito<br>Liquori a base di erbe<br>Fichi secchi sotto grappa |
| Zucchero | Frutta sciroppata<br>Marmellate<br>Frutta candita |
| Sale | Limone<br>Olive nere |
| Tecnica mista | Sughi pronti<br>Passata di pomodoro |

## RAFFREDDARE

C'è una tecnica di conservazione che usiamo tutti i giorni tanto di frequente che non ci facciamo neppure più caso: naturalmente è quella del freddo! In questo manuale trovate ben due capitoli dedicati al frigo: *Amico freezer* e *First in/first out*. Leggeteli con grande attenzione! Non vi stiamo dicendo di comprare surgelati a più non posso, ma di congelare voi stessi i vostri prodotti dell'orto, in modo da prolungarne la vita e da ampliare le possibilità di risparmio. Se poi vi abituate a congelare anche qualche vostro piatto, lo potrete gustare una sera in cui sarete stanchi e non avrete proprio tempo di cucinare. Le lasagne di Natale, per esempio, io le preparo circa tre settimane prima …

## QUALCHE CONSIGLIO IN PIÙ

- Se l'idea di osare oltre la marmellata vi solletica, c'è una guida che dovete assolutamente studiare a memoria, o quanto meno consultare spesso: *Le linee guida per la corretta preparazione delle conserve alimentari in ambito domestico*, a cura del Ministero della Salute e dell'Istituto Superiore di Sanità. Qui trovate spiegato in modo chiaro ed esaustivo tutto quello che serve sapere: dalla sterilizzazione (o meglio sanificazione!) dei contenitori alle tecniche di conservazione e ai metodi di "controllo qualità" casalinghi. Tutto quello che bisogna conoscere e fare perché una piacevole attività di casa non si trasformi in un pericolo per la salute: www.salute.gov.it/imgs/C_17_pubblicazioni_2176_allegato.pdf.
- Vi avevamo promesso qualche libro. Eccone due. Il primo è Elisa Nicoli, *100 cult in padella, Succede solo a casa tua! Come reinventare "i classici" del cibo industriale*, Altraeconomia Edizioni; il secondo è Lisa Casali, *Autoproduzione in cucina. Fai da te tutto quello che di solito acquisti per risparmiare e mangiare bene,* Edizioni Gribaudo.
- La passione delle conserve vi ha catturato? I vasetti non vi basteranno. Mettete in giro la voce tra parenti e amici. Tutti saranno lieti di darvi i loro, piuttosto che smaltirli.

- È irrinunciabile che i coperchi siano in ottimo stato. Alcuni consigliano di usarne solo di nuovi. Si possono acquistare per pochi euro sui maggiori siti di e-commerce.
- Se volete davvero risparmiare preparando da voi alcuni prodotti che di solito acquistate, la mossa vincente è la regolarità. La magia è trasformare un'attività saltuaria in un'abitudine. Datevi una regola: ad esempio, dedicate qualche ora alla settimana a questa attività. Sarete così sicuri di incrementare il vostro risparmio, di mantenerlo nel tempo e di avere sempre la vostra scorta di prodotti home made nella dispensa.

Per esempio...

| Mese | 1a settimana | 2a settimana | 3a settimana | 4a settimana |
|---|---|---|---|---|
| Gennaio | Pane | Marmellata arance | Mele secche | Cipolline in agrodolce |
| Febbraio | Biscotti | Cavolfiori sott'olio | Brodo granulare | Crauti |
| Marzo | Pane | Cracker | Giardiniera sott'aceto | Marmellata di pere |
| Aprile | Biscotti | Pane | Ragù (da congelare) | Puntarelle sott'olio |

- Coinvolgete la famiglia nella progettazione e nella preparazione delle conserve. Lavorare tutti insieme sarà più divertente! E ciascuno saprà trovare la propria specializzazione!
- Tenete un diario delle vostre ricette, segnatevi i tempi di cottura, gli ingredienti, le temperature, i trucchi che funzionano meglio. In questo modo riuscirete a migliorare di continuo e a evitare gli stessi errori, se qualcosa andasse storto.
- Vi siete appassionati? Avete fatto della preparazione delle conserve alimentari una routine? È venuto il momento (ora, non prima!) di investire in attrezzatura. Informatevi e scoprite che cosa vi può essere utile per ottimizzare i vostri sforzi. Comprate, come è ovvio, solo quello che

vi serve davvero e che può avere un effetto consistente sulle vostre preparazioni. Il mercato è ricchissimo e vi offre prodotti come essiccatori, impastatrici, yogurtiere, gelatiere, centrifughe, sterilizzatori, macchine per la salsa... voi, però, acquistate con consapevolezza, altrimenti perché mai state leggendo questo manuale? Nel dubbio, consultate i capitoli *Quando il tablet o la lavatrice ci abbandonano* e *Una questione di metodo.*

- Siete orgogliosi delle vostre autoproduzioni? Fateci partecipare! Gioiremo con voi! Mandateci ricette, foto, trucchi e suggerimenti!

# 6. FUORI A CENA? SI PUÒ!

Siamo andati a mangiare al ristorante. Non dico quale altrimenti la prossima volta sarà pieno di gente che è venuta a vedere se siamo tornati. Aveva prenotato Serge. Prenota sempre lui. È uno di quei ristoranti dove bisogna chiamare con tre mesi d'anticipo. O sei o otto ormai ho perso il conto. Io non vorrei mai sapere dove finirò a mangiare dopo tre mesi ma evidentemente ci sono persone cui la cosa non fa né caldo né freddo. Se fra qualche secolo gli storici vorranno capire come era idiota l'umanità all'inizio del ventunesimo secolo, basterà dare un'occhiata nei computer dei cosiddetti ristoranti di lusso perché tutti quei dati vengono conservati (si dà il caso che io lo sappia).

Herman Koch, *La cena*

Da quando il Covid ci ha rubato questo piccolo piacere, mangiare fuori casa, come tutto quanto è ammantato da un'aura di proibito, è diventato ancora più attraente! Ma la pandemia è alle spalle, per cui godiamoci di nuovo questa gioia della vita, che però può essere davvero nemica della spending review, se non stiamo attenti. Vediamo su che cosa indirizzare la nostra accortezza.

## LA VIA PIÙ DRASTICA

Mangiare al ristorante è un piccolo (o grande, secondo le vostre abitudini) sfizio, un di più di cui certamente potete fare a meno. Se davvero volete imboccare la via più drastica, la vostra spending review godrà di innegabili benefici. Che cosa c'è di più efficace per ottenere un risparmio sicuro e consistente di tagliare del tutto una spesa considerata superflua? Va da sé che questa è la via dai risultati più certi. Ma, come dire, c'è modo e modo. In questo manuale abbiamo la pretesa di aiutarvi a spendere meno, ma senza farvi perdere nulla della vostra qualità di vita, anzi se possibile migliorandola. Allora come percorrere la via dei tagli alle spese per ristoranti e affini senza soffrire troppo? Datevi delle regole: se siete abituati a uscire in coppia tutti i sabati sera potete decidere, insieme, che una volta al mese ve ne starete in casa. Ebbene sì, rinuncerete al ristorante, ma nello stesso tempo cercherete di sostituire la vostra abitudine con un'altra diversamente piacevole. Per esempio, cucinare qualcosa di particolare, che avrete scelto durante la settimana; potrete cioè sostituire un rito di coppia con un altro, più economico e anche più coinvolgente! Siate creativi: potete inventarvi la sera "pane e Nutella e film dell'infanzia", oppure "pizza delivery e gioco di società", oppure "serata-con-amici-in-cui-ognuno-porta-qualcosa"... L'importante è che non vi limitiate a dire «Questa sera restiamo a casa, così risparmiamo». Troppo triste!

## STRATEGIA VINCENTE: SCEGLIETE CON CURA IL RISTORANTE

Deciso che domani, cascasse il mondo, uscirete a cena (o a pranzo), sceglïete con cura il ristorante. Un tempo c'era solo il passaparola o le guide più o meno specializzate. Ormai trovare informazioni sui vari locali è diventato semplice.

### Il passaparola: di persona o su Internet

Se non avete il solito amico che conosce un posticino buono e non caro, affidatevi a Internet: Tripadvisor è quello che fa per voi. Usatelo, e usatelo spesso, non soltanto se siete in un luogo che non conoscete, ma anche (e soprattutto) per trovare i ristoranti vicini a voi. Tripadvisor (www.tripadvisor.it) vi offre una descrizione del locale, informazioni sull'offerta gastronomica e naturalmente sui prezzi. Trovate anche le recensioni degli avventori. A questo proposito ci sono due scuole: c'è chi si fida ciecamente dei giudizi che legge e chi nutre qualche dubbio, sia nei confronti dei commenti entusiastici che di quelli supercritici. Dare giudizi implica avere dei criteri. Chi vi assicura che i criteri dei recensori siano uguali ai vostri? L'ideale è leggerne un certo numero e poi fare, come dire, la media. L'ideale è, sempre e in ogni caso, essere critici e scettici, anche con le recensioni, come in ogni situazione della vita!

Naturalmente sappiate che non tutti i ristoranti sono su Tripadvisor, e che essere presenti sul web non è automaticamente una prova di qualità e convenienza.

Al momento di decidere, ricordatevi poi che la location non è tutto! Ci sono anche locali non particolarmente curati, in cui si mangia benissimo. E, in generale, quando scegliete un ristorante – ma questa è la nostra personale visione della questione – dimenticatevi l'orgia televisiva dei programmi sul food e sulla ristorazione, la cucina spettacolo e i cuochi famosi come star del cinema.

**Qualcosa da leggere (prima di mangiare)**

Gianni Mura, *Non c'è gusto. Tutto quello che dovresti sapere prima di scegliere un ristorante*, Minimum Fax, 2015.
Il condensato dell'esperienza di un grande giornalista, acuto conoscitore dell'Italia e della sua cultura, gastronomica e no. Da leggere assolutamente.

*Ristoranti d'Italia del Gambero Rosso 2022*, Gambero Rosso Editore, 2022.
Una guida che è un vero filo di Arianna nella ristorazione italiana, che non si è fermata mai, neppure con il Covid.

Marco Bolasco, Eugenio Signoroni, *Osterie d'Italia 2022. Sussidiario del mangiarbere all'italiana*, Edizioni Slow Food, 2022.
Aggiornato di anno in anno. Un titolo che dice tutto, un editore che è una garanzia.

### Una vasta gamma

E ricordatevi che non ci sono solo i ristoranti: ci sono le pizzerie, le paninerie, le salumerie con cucina, le enoteche con degustazione, i panettieri con servizio di pranzo leggero, i ristorantini nei mercati alimentari. La ristorazione si inventa sempre nuove strade: percorretele senza paura, ma con attenzione. Tra l'altro solitamente i prezzi sono bene in vista. È difficile avere sorprese, se si è letto e scelto con attenzione.

### Amici e conoscenti

Avete letto la citazione in apertura di capitolo? Attenzione alla compagnia: se uscite con gli amici e se a prenotare sono gli altri, dichiarate senza vergogna qual è il vostro budget. Meglio chiarire subito le cose piuttosto che rovinare una serata o, peggio ancora, un'amicizia!

## ORDINARE CON GIUDIZIO

Una volta che avete scelto compagnia, ristorante, tavolo, il più è fatto. Ma quello che, in termini di spending review, può fare la differenza tra una sera ben riuscita e un'esperienza da dimenticare, è l'ordinazione. Ormai, per fortuna, anche in Italia non è più obbligatorio prendere antipasto, primo, secondo, dolce. Sentitevi liberi di chiedere quello che volete, anche una sola portata, o di dividere quello che avete ordinato con chi è seduto con voi alla stessa tavola. E se nell'attesa del primo volete mangiucchiare qualcosa, perché non chiedere un antipasto da condividere? In questo caso ricordatevi di farvi portare dei piatti vuoti in più. Il diritto all'assaggio è garantito per legge. E per questo dobbiamo davvero ringraziare Alessandro Borghese.

Controllate se, per dirla alla francese, c'è un *plat du jour* o qualche formula, tipo il menu a prezzo fisso o il menu degustazione. Di solito è un buon affare. Più diffuso all'estero che da noi.

Una cura particolare riservatela ai vini. Leggete con scrupolosa attenzione la carta o la pagina a essi dedicata nel menu. I costi di una buona bottiglia in un ristorante discreto possono essere tali da affossare qualsiasi altro tentativo di contenere la spesa. Fortunatamente quasi ovunque è possibile ordinare anche solo un bicchiere; a volte può essere una buona scelta. In questo modo otterrete anche il risultato aggiunto di evitare di mettervi alla guida in condizioni dubbie.

Attenzione anche al caffè e all'acqua in bottiglia. Sono piccoli costi che alla fine possono far lievitare non di poco il conto.

Attenzione doppia, per finire, se avete optato per una delle classiche scelte low cost della ristorazione: il ristorante cinese. A volte si rischia, attirati dai prezzi bassi delle diverse portate, di ordinare più del dovuto.

### La scatola canina

A proposito di cibo ordinato in eccesso: all'estero portare via dal ristorante il cibo non consumato è una consuetudine diffusa, facciamola diventare un'abitudine anche da noi. Un ristorante, anche se non avrà proprio una doggy bag (letteralmente una scatola per il cibo per il cane), avrà senz'altro in cucina dei contenitori di plastica o di alluminio. Altro che sguardi di disapprovazione! Se chiedete una doggy bag, dovrebbero darvi una medaglia per il vostro contributo alla lotta contro gli sprechi. Dalla vostra parte c'è persino una sentenza della Corte di Cassazione del 2014.

## FUORI A CENA CON LO SMARTPHONE

Internet ha rivoluzionato il nostro modo di consumare e di scegliere. È evidente che anche ristoranti e affini sono stati coinvolti, con parecchi vantaggi per il consumatore. Il settore è in espansione continua: vediamo quali siti o app attivi fino a ora ci possono aiutare

### TheFork

La app TheFork fa parte della sfera Tripadvisor. Consente di prenotare direttamente un ristorante, a volte godendo di una riduzione abbastanza consistente (20% o 30%). Prevede un sistema di punti fedeltà chiamati *yums*, che danno diritto a uno sconto di 20 o 50 euro nei ristoranti convenzionati.

### Quandoo

La app Quandoo permette di selezionare il ristorante in base a parametri preimpostati dall'utente: posizione, gusti in fatto di cucina, budget, punteggio delle recensioni. Anche questa app offre sconti e promozioni. In espansione, ci aspettiamo grande diffusione nei prossimi tempi.

### I grandi gruppi di acquisto online

Una menzione speciale la meritano le aziende che operano online e che sono configurabili come grandi gruppi di acquisto. Ci riferiamo a siti tipo Groupon (www.groupon.it), che offrono servizi o beni abbastanza convenienti. Molto diffuso anche Smartbox (www.smartbox.it). Quest'ultimo nato soprattutto come idea regalo, in realtà può essere utilizzato per accedere a ristoranti e altri servizi a prezzi relativamente vantaggiosi. Da notare però che con questi sistemi siete costretti a pagare in anticipo una cena o un servizio di cui poi magari godrete mesi o anni dopo.

## QUALCHE CONSIGLIO IN PIÙ

- Prendete nota dei ristoranti in cui vi capita di andare e appuntatevi i vostri commenti sulla qualità del cibo e sul costo. Sarà un utile promemoria per voi e per i vostri amici. Potete farvi guidare dalla tabella alla fine del capitolo.
- Se frequentate abitualmente ristoranti stellati, regalate questo libro alla biblioteca di quartiere. Avete fatto un acquisto che non vi serve.
- In alcuni ristoranti i prezzi a mezzogiorno sono più bassi di quelli della sera. Approfittatene!
- Evitate i locali "all you can eat". Vi sembra una formula in linea con i principi della sostenibilità e della qualità?
- Se non avete prenotato e andate alla cieca, studiate bene il menu prima di entrare. Di solito lo trovate bene in vista fuori dal ristorante.
- Se siete in una città e cercate un ristorante, fate due passi in più per allontanarvi dal centro. Il risparmio è garantito e anche la tranquillità.

- La parola è terrificante, ma l'apericena può essere un'idea per mangiare fuori e spendere poco. Certo non è come mangiare seduti al tavolo serviti e riveriti, ma a volte può essere un surrogato piacevole.
- Non si spende solo al ristorante, ma anche al bar! Caffè, brioche, bibite varie, gelati, tramezzini e aperitivi, se ripetuti a tutte le ore del giorno, diventano una fonte di spesa incontrollabile. Fate la prova: per un certo periodo tenete tutti gli scontrini, poi verificate e arrivate da soli alle conclusioni.

| Ristoranti da ricordare o da dimenticare | | | | |
|---|---|---|---|---|
| Ristorante e indirizzo | Quando e con chi? | Che cosa ho mangiato? | Come ho mangiato? | Commenti Spending Review |
| | | | | |
| | | | | |
| | | | | |
| | | | | |
| | | | | |

# 7. PAUSA PRANZO

> Le gioie di quel recipiente tondo e piatto chiamato "pietanziera" consistono innanzitutto nell'essere svitabile. Già il movimento di svitare il coperchio richiama l'acquolina in bocca, specie se uno non sa ancora quello che c'è dentro, perché ad esempio è sua moglie che gli prepara la pietanziera ogni mattina. Scoperchiata la pietanziera, si vede il mangiare lì pigiato: salamini e lenticchie, o uova sode e barbabietola, oppure polenta e stoccafisso, tutto ben assestato in quell'area di circonferenza come i continenti e i mari nelle carte del globo, e anche se è poca roba fa l'effetto di qualcosa di sostanzioso e di compatto. Il coperchio, una volta svitato, fa da piatto e così si hanno due recipienti e si può cominciare a smistare il contenuto. I primi colpi di forchetta servono a svegliare un po' quelle vivande intorpidite, a dare il rilievo e l'attrattiva di un piatto appena servito in tavola a quei cibi che se ne sono stati lì rannicchiati già tante ore. Per primo gusto si sente la tristezza del mangiare freddo, ma subito ricominciano le gioie, ritrovando i sapori del desco familiare, trasportati su uno scenario inconsueto.
>
> Italo Calvino, *Marcovaldo*

Forse siete tra quelli che si sono stufati di mangiare un paio di panini al bar, costosi e spesso indigesti, o di trangugiare un pasto scotto e insipido in una squallida mensa aziendale, oppure di svenarsi in un ristorante affollatissimo e non certo da gourmet, con l'unico pregio di essere vicino al posto di lavoro. Magari qualche volta avete preso in considerazione l'idea di portarvi il pranzo da casa, ma non siete mai riusciti a organizzarvi, e per di più avevate il timore che i colleghi giudicassero la vostra scelta un po' strana e anche sparagnina, da avaraccio, per dirla chiara. Niente di più sbagliato! Il pranzo da casa, che in molti Paesi è da tempo praticato e ritenuto del tutto normale, è finalmente trendy anche qui in Italia, e non solo perché il Covid ci ha indotti a guardare con timore e sospetto i luoghi della ristorazione collettiva. Già da qualche anno, cioè fin dall'epoca pre-Covid, nei reparti di casalinghi dei supermercati aveva fatto la sua apparizione il portapranzo, discendente evoluto della classica "schiscetta" (o "pietanziera", come la chiama Italo Calvino), sicuro indizio che il pranzo da casa stava ormai diventando una scelta diffusa. E giustamente, perché è una scelta che fa risparmiare (avete presente quanto costano un paio di panini al bar, per non parlare di un pranzo al ristorante?) e consente anche di mangiare in modo più sano.

## IL PRANZO DA CASA, COME DEVE ESSERE

Il pranzo da casa deve essere energetico ma leggero (l'abbiocco postprandiale non è molto ben visto nei luoghi di lavoro), e anche non troppo piccante e salato per non costringervi a bere di continuo. Vi propongo tre opzioni, ugualmente salutari, se avrete cura di scegliere gli ingredienti giusti.

### Il classico panino

È meglio utilizzare fette di pane tostate in forno invece di pagnottelle con la mollica, spesso indigesta. La piadina può essere una gustosa alternativa al pane. Per quanto riguarda la farcitura, potete scegliere, per esempio, prosciutto (crudo o cotto), bresaola, formaggi vari, fette di roastbeef, o di bollito, o di petto di pollo arrosto e anche frittata, purché non troppo unta. Il tutto sempre accompagnato da verdure, come foglie di lattuga, radicchio grigliato, spinaci cotti, pomodori e così via. Se vi preparate più panini, uno potrebbe essere farcito di sola verdura; da provare pane nero con pomodori ben maturi, una goccia d'olio e qualche foglia di basilico. Vanno assolutamente eliminate maionese, salsa tonnata, salsa tartara e simili, cioè tutti quei condimenti che rendono appetitoso, ma anche pesante e molto calorico, il panino del bar.

### L'"insalatona"

Di pasta, di riso, di farro; con pollo, tonno, uova sode, gamberetti; e in più verdure, dai pomodori ai fagiolini verdi. In rete o nei libri di cucina trovate moltissime ricette, che potrete variare a piacere. L'importante è che le verdure siano sempre presenti e in quantità significativa.

### La torta salata

È un'alternativa molto golosa. La base di pasta sfoglia o di pasta brisée può essere arricchita con i più diversi ingredienti; i più classici sono uova e formaggi di vario tipo, con l'aggiunta di prosciutto o altri salumi e di verdure, come spinaci, zucchine, broccoli. Le ricette sono moltissime: scegliete quelle più vicine ai vostri gusti, ricordando però, come per i panini e le insalatone, che non deve mai mancare una buona quantità di verdure. Inoltre, attenzione a non esagerare con i salumi e con i sapori troppo decisi. Per esempio, una delle torte salate più gustose, almeno secondo me, è quella con pomodorini e acciughe: peccato che sembri fatta apposta per provocare una gran sete.

### Frutta & C.

Nel pranzo che vi portate da casa non deve mancare la frutta, già lavata e privata di noccioli. E invece della frutta, perché non preparare una golosa macedonia, magari con accostamenti di sapori nuovi e un po' particolari? Potete mangiarla a fine pasto o tenerla come spuntino di metà pomeriggio, alternativa salutare alle merendine dei distributori. Avrete certamente già capito (vi rimando al capitolo *Revisione critica della spesa*) che in questo libretto delle merendine si parla molto male. Oppure come spuntino potreste portarvi una coccola, per esempio un paio di biscotti o una fettina di torta, *made in casa*, ovviamente.

### Non la solita macedonia

Ecco qualche esempio di macedonia sfiziosa e originale:

– Macedonia di frutti piccoli: lamponi, ribes, fragoline, mirtilli, con crema di lamponi frullati come condimento.

– Macedonia di agrumi: arance, mandarini e pompelmi affettati, con una spolverata di zenzero; succo di lime come condimento.
– Macedonia di anguria e melone a dadini, con foglioline di menta.
– Macedonia tropicale: mango, ananas, papaya, banana a pezzetti (per una volta, niente chilometro zero!), con foglioline di menta e succo di lime come condimento.
– Macedonia verde: kiwi e uva bianca senza semi.
– Macedonia di pesche, scaglie di cocco e bacche di goji.

Se avete a disposizione della frutta secca, aggiungete a ogni macedonia un trito di gherigli di noci e/o di mandorle spellate. Quanto allo zucchero: secondo me, la frutta è già di per sé sufficientemente dolce. Se proprio volete, aggiungete un cucchiaino di zucchero di canna. Tenete la macedonia in frigo prima di metterla nel contenitore, meglio se termico, della pausa pranzo.

## PROGRAMMARE VS IMPROVVISARE

I pranzi che si consumano al lavoro, a meno che non alterniate presenza in azienda e lavoro da casa, sono più di 200 in un anno. Vale la pena, dunque di prevedere l'investimento in un portapranzo di qualità, ben suddiviso al suo interno, cui aggiungere magari una piccola borsa termica.

È necessario non lasciarsi andare a una disordinata improvvisazione, ma programmare i menu di settimana in settimana, tenendo conto anche del menu previsto per la cena. Programmare il sabato per la settimana seguente vi consentirà di comprare ciò che occorre, senza sprechi ma anche senza rischiare di non avere di che mettere insieme il pranzo, con la conseguenza di dover tornare al bar o al fast food. Programmare 'a mente' è spesso inefficace. Provate a compilare una scheda come quella che segue, verificando, alla fine, di aver previsto una opportuna alternanza di nutrienti.

## SETTIMANA DAL ____________ AL ____________

| | |
|---|---|
| Lunedì | *panino con prosciutto, formaggio e radicchio; panino con pomodori; frutta fresca* |
| Martedì | *insalatona di pasta con tonno, peperoni, uovo sodo; macedonia di frutti di bosco* |
| Mercoledì | *piadina con formaggio e radicchio; frutta fresca e gherigli di noce* |
| Giovedì | *torta salata con pancetta e broccoli; macedonia di pesche, cocco e bacche di goji* |
| Venerdì | *Insalatona di farro con verdure grigliate e formaggi; frutta fresca* |

**Per i miei pranzi al lavoro di questa settimana devo comprare**

______________________________________________

______________________________________________

______________________________________________

## QUALCHE CONSIGLIO IN PIÙ

- Risparmiare e mangiare in modo sano sono certamente i vantaggi maggiori del pasto portato da casa, che però può essere anche l'occasione per scambiare assaggi e ricette con i colleghi, avviando magari simpatiche amicizie. E perché, se il tempo è bello e c'è un po' di verde nei dintorni, non andare a mangiare all'aperto?
- Molte aziende danno come benefit ai dipendenti dei buoni pasto (con un valore medio di 7-8 euro ciascuno) da utilizzare in ristoranti, bar e tavole calde, ma anche – alternativa che vi consigliamo – per fare la spesa nei supermercati e in molti altri punti di vendita convenzionati con la ditta fornitrice dei ticket (lo sono tutte le principali catene di supermercati e di autogrill). Se ne possono usare fino a 8 in un'unica spesa.

# 8. LA GIOIA DI INVITARE: MENU LOW COST

Giovanna non ama le tovaglie, preferisce apparecchiare direttamente sul tavolo. Dopo aver distribuito i piatti e le posate, porta in tavola i bicchieri. Li dispone, fa un passo indietro e osserva l'effetto finale con occhio critico, come un artista che valuti il proprio dipinto alla fine del lavoro. È una perfezionista in ogni cosa che fa. Ora Giovanna sta prendendo dal frigo dei fiori di zucca e li mescola a un mazzo di peperoncini, poi aggiunge due melanzane baby. Recupera da un armadio una ciotola di ceramica e vi dispone soddisfatta la composizione: sarà un centrotavola perfetto.

Ferzan Ozpetek, *Come un respiro*

Invitare gli amici e mangiare tra chiacchiere e risate mette allegria. Peccato, però, che gli inviti finiscano per pesare sul bilancio familiare. Il modo più economico per organizzare un pranzo o una cena è distribuire il costo e la fatica di cucinare su tutti gli invitati: ognuno porta il piatto che sa preparare meglio e chi se ne intende si fa carico del vino. Una cena di questo tipo, però, si può organizzare solo con amici di lunga data, con cui si è in grande confidenza; per contro qualche volta è bello fare inviti meno informali. Che cosa mettere in tavola, allora, per non esagerare con le spese?

Iniziate con l'eliminare le scelte più dispendiose, dal branzino all'arrosto di vitello, dal salmone affumicato alla bresaola della Valtellina, dai funghi porcini alla frutta esotica, e godetevi quindi qualche idea per pranzi low cost e ugualmente gustosi.

## PRIMO MENU: A BASE DI POLENTA

Volete mettere in tavola un pranzo volutamente rustico? La polenta è l'ideale. Tipico piatto povero, oggi è diventata trendy, come il pane integrale e i legumi. L'ideale sarebbe cucinare la polenta secondo il metodo tradizionale, magari su un fuoco di legna, che rilascia un retrogusto affumicato molto gradevole. Ma, se non possedete un paiolo elettrico, la fatica di rimestare acqua e farina per mezz'ora e più vi rovinerebbe il piacere di ricevere gli amici. Via libera, dunque, alla polenta precotta, pronta in una decina di minuti.

Alla polenta potreste accompagnare (ovviamente in alternativa):

- uno spezzatino, reso più goloso da qualche champignon e da pezzetti di salsiccia;
- un pollo alla cacciatora;
- uova fritte in abbondante burro e coperte con scaglie di pecorino;
- i *bruscitt*. Magari non ne avete mai sentito parlare. È un piatto tipico delle campagne dell'Italia nord-occidentale, pare originario di Busto Arsizio, così locale che il nome è in dialetto e non ha una traduzione in italiano. La preparazione è semplicissima.

Fate soffriggere carote, sedano e cipolla (quest'ultima in dose abbondante) in un po' di burro; aggiungete carne di manzo macinata (600 g per quattro persone); lasciatela sfrigolare, poi sfumate con mezzo bicchiere di vino rosso; aggiungete brodo caldo, da rabboccare via via che si prosciuga; lasciate cuocere circa mezz'ora; alla fine la carne non deve essere né troppo asciutta né eccessivamente brodosa.

In alternativa potreste preparare le lasagne di polenta.

Preparate la polenta un po' prima dell'arrivo degli ospiti, anche il giorno precedente, se vi è più comodo. Quando è fredda e rassodata, tagliatela a fette non troppo spesse e mettetele in una teglia alternando fette di polenta e sugo di pomodoro, mozzarella e/o un altro formaggio tipo emmental, grana grattugiato. L'ultimo strato deve essere di formaggi. Infornate a 180 °C per mezz'ora. Il piatto è pronto quando i formaggi hanno formato una crosticina dorata. Servite caldissimo.

È chiaro che, qualunque sia l'accompagnamento scelto per la polenta, si tratta di un piatto unico molto sostanzioso. Per completare il pranzo sarà sufficiente una macedonia di frutta di stagione, eventualmente con qualche biscotto fatto in casa.

## SECONDO MENU: GNOCCHI E FOGLIE DI RADICCHIO CON MOUSSE DI TONNO

Economici, facili da fare in casa, gli gnocchi sono molto adatti a un pranzo in economia. Per renderli meno prevedibili dovete condirli in modo un po' originale, per esempio con una salsa di gorgonzola.

In una pentola piccola sciogliete circa 30 g di burro, avendo cura che non frigga e si scurisca. Aggiungete poi mezzo bicchiere di latte e una cucchiaiata di farina (meglio filtrarla attraverso un colino in modo che non faccia grumi). Mescolate il tutto; quando è ben amalgamato, aggiungete un etto e mezzo di gorgonzola (dolce o piccante secondo i gusti) tagliato a pezzetti e fatelo fondere nella crema di burro, latte e farina. Le dosi indicate condiscono generosamente quattro piatti di gnocchi.

Sempre per nobilitare gli gnocchi, potreste aggiungere all'impasto una barbabietola oppure un pezzo di zucca oppure un pugno di spinaci, il tutto cotto e frullato. Avrete così gnocchi colorati da cuocere in alternativa a quelli bianchi oppure insieme, creando un raffinato effetto cromatico.

Gli gnocchi con salsa di gorgonzola sono quasi un piatto unico. Prima, come antipasto, o dopo, come secondo, potreste portare in tavola mousse di tonno su barchette di foglie di radicchio rosso.

La mousse di tonno è di rapida e facilissima preparazione. Nel bicchiere del frullatore a immersione mettete due etti di formaggio tipo Philadelphia o ricotta e un etto e mezzo di tonno con relativo olio. Di solito non è necessario aggiungere sale. Frullate fino a quando i due ingredienti non si saranno ben amalgamati, aggiungendo eventualmente un po' di olio. Alla fine guarnite con prezzemolo tritato o foglie di basilico. Le dosi indicate sono sufficienti per otto-dieci barchette e probabilmente avanzerete un po' di mousse.

## TERZO MENU: UOVA E TORTA SALATA DI SOLE VERDURE

Le uova sono molto economiche e dunque adatte a un menu low cost. Il piatto più classico a base di uova è la frittata. Sarà un piatto da gourmet se la trasformerete in uno sformato di verdure.

In una padella mettete un paio di cucchiai di olio e una cipolla tagliata a fette molto sottili. Quando saranno diventate trasparenti, aggiungete tre zucchine a cubetti, un piattino di bietole o spinaci o ortiche tritati, qualche champignon a fettine e fate cuocere per una decina di minuti, rimestando spesso. A fine cottura salate e aggiungete alcune foglioline di timo e/o di basilico. Prendete sei uova, dividete i tuorli dagli albumi. Sbattete i tuorli e unitevi le verdure.

Poi aggiungete gli albumi montati a neve, mescolando delicatamente il tutto. Mettete il composto in una teglia ricoperta con carta da forno, spargete sulla superficie qualche cucchiaiata di parmigiano o di pecorino mescolato con pangrattato e cuocete a 180 °C per circa 30 minuti. Il piatto è da servire appena tolto dal forno, prima che si sgonfi. Le dosi indicate sono per quattro persone.

Naturalmente potrete farcire la frittata in moltissimi altri modi: cipolle e patate, salsiccia e patate, dadini di prosciutto e di mozzarella, dadini di petto di pollo ai ferri con piselli e prezzemolo e così via.

In alternativa, potreste preparare uova sode tagliate a metà e coperte con la mousse di tonno descritta prima. Calcolate un uovo e mezzo o due a persona.

Prima del piatto a base di uova, come antipasto, o dopo, come secondo, potreste proporre una torta salata, ma senza uova, come quella della ricetta che segue.

Preparate la pasta brisée (per quattro persone, 400 g di farina bianca, 200 g di burro, un bicchiere di acqua fredda e sale) oppure comprate un rotolo di pasta già pronta. Stendetela su una teglia possibilmente rettangolare, in modo da poter suddividere la torta in quadrotti; coprite la pasta con pomodori ciliegini tagliati a metà, olive nere snocciolate e acciughe sottolio. I pomodorini devono essere tagliati e lasciati a scolare in uno scolapasta qualche ora prima di finire sulla torta. Perderanno più acqua se li mischierete con sale grosso (da togliere poi accuratamente). In questo modo la superficie della torta non sarà troppo umida. Mettete in forno a 180 °C per circa mezz'ora.

## QUARTO MENU: LEGUMI, VERDURE E FORMAGGIO

I legumi oggi sono molto apprezzati, come fonte di proteine vegetali e dunque a basso impatto ambientale. E sono anche molto più economici delle proteine animali.

Le ricette a base di legumi sono infinite. Ne propongo qui una che ha sempre riscosso un buon gradimento da parte dei miei ospiti.

Procuratevi 200-250 g di fave secche, del tipo che non richiede l'ammollo preventivo; alcuni gamberetti surgelati (non sono economici, è vero, ma ne bastano pochissimi: tre-quattro a testa); alcune fave non secche, dunque fresche o surgelate. Lavate accuratamente le fave in acqua fredda, cambiando più volte l'acqua. In una pentola piuttosto capace, fate un soffritto di cipolla, carote e sedano, poi mettete le fave e acqua fredda fino a coprirle. Fate cuocere per 25-30 minuti, aggiungendo acqua calda secondo il livello di densità della crema che volete ottenere. Quando le fave saranno morbide, regolate il sale e frullatele con il frullatore a immersione. Intanto lessate i gamberetti e scottate le fave surgelate. In ogni piatto metterete, oltre alla porzione di crema di fave, qualche gamberetto e alcune fave intere private della buccia (se sono surgelate, se sono fresche non è necessario né sbollentarle né sbucciarle).

Dopo la crema di fave potreste proporre pere con formaggio.

Tagliate a metà per lungo le pere (preferibilmente kaiser) e svuotatele del torsolo. Mettetele in forno per una ventina di minuti, poi inserite nella cavità lasciata dal torsolo pezzetti di emmental o di grana o di pecorino e rimettete in forno per qualche minuto.

In alternativa, un'insalata verde, con cubetti di formaggio di vostro gusto, arricchita con fette sottili di mele granny smith.

## QUINTO MENU: SOLO STUZZICHINI

Potreste anche decidere di non mettere in tavola dei piatti tradizionali, ma una serie di stuzzichini di cui gli ospiti si serviranno liberamente. Ecco alcuni esempi da cui potrete prendere ispirazione.

- Torte salate. Le ricette sono moltissime. Nel terzo menu trovate la ricetta della torta salata con pomodorini e acciughe, qui ne proponiamo un'altra altrettanto golosa.

Preparate la basta brisée o comprate un rotolo di pasta già pronta. Cuocete nell'acqua bollente per qualche minuto 3-4 etti di cimette di broccoli, scolatele e mettetele da parte. Passate in padella un etto di pancetta, fino a quando non diventerà croccante. Insaporite i broccoli nella padella della pancetta. Sbattete due uova, salate e aggiungete due cucchiai di parmigiano, mescolando il tutto. Nell'impasto di uova e parmigiano aggiungete i broccoli e la pancetta. Mettete la pasta brisée in una tortiera coperta di carta da forno, versateci sopra il composto di uova, formaggio, pancetta e broccoli. Ripiegate verso l'interno le eccedenze di pasta. Mettete in forno a 180 °C per circa 30 minuti. Se volete una torta più saporita, aumentate la dose di pancetta; se la volete più "verdurosa", aumentate quella dei broccoli.

- minifrittate con verdure e/o formaggio e/o prosciutto;
- barchette di radicchio con mousse di tonno (vedi ricetta nel menu n. 2) o con fagioli cannellini lessati (anche in scatola), frullati e conditi con olio e pepe;
- polpette di lenticchie.

Frullate 250 g di lenticchie (in scatola o lessate precedentemente) con una patata bollita, foglioline di timo e/o maggiorana e/o origano. Condite con sale e olio. Fate delle polpettine, ponendo all'interno di ciascuna un pezzetto di mozzarella. Passatele nel pangrattato. Infornate per una ventina di minuti a 180 °C.

- involtini di verza.

Sbollentate 8-10 foglie di verza in acqua salata, scolatele e fatele asciugare. Lessate 80 g di riso e scolatelo. Unite al riso parmigiano grattugiato e salame o prosciutto cotto tagliato a dadini. Riempite le foglie di verza, ripiegatele a forma di fagottini (se avete a disposizione steli di erba cipollina usateli come uno spago per chiudere i fagottini.) Sistemateli in una teglia imburrata, copriteli con besciamella o anche solo con una generosa spolverata di grana e infornateli per circa 20 minuti a 180 °C.

- insalata di riso nero con verdure: pomodori ciliegini tagliati in quattro, carote julienne, olive nere, cetrioli in rondelle molto sottili, cipollotti o scalogni affettati, mais (già pronto), foglie di basilico;
- insalata di arance e finocchi affettati sottili, condita con olio, aceto, sale e pepe.

## E IL DESSERT?

### Macedonia di frutta

La regina dei dessert, secondo me, è la macedonia di frutta fresca: leggera, squisita, dissetante. Usate la frutta di stagione, senza lasciarvi tentare da quella sciroppata. Tutt'al più, se vi sembra che la vostra macedonia richieda di essere arricchita, metteteci albicocche secche (ovviamente se non è stagione di quelle fresche) tagliate in quattro, mirtilli o lamponi disidratati. Non dimenticate qualche gheriglio di noce e, se ne avete, qualche foglia di menta. Se vi piace una punta di gusto piccante, aggiungete cubetti di zenzero candito. Non mettete zucchero e condite con succo di arancia o di limone. Potete accompagnare la macedonia con gelato e biscotti. Trovate alcune proposte di macedonie sfiziose nel capitolo *Pausa pranzo*.

### Mele cotte in forno

È, questo, un dolce povero, del tempo passato, quando si andava molto raramente per pasticcerie.

Prendete delle mele (calcolate una per ospite più un paio per un eventuale bis), possibilmente golden delicious o pink lady, lavatele accuratamente, togliete il torsolo usando il pelapatate, ma senza forare il fondo della mela. Nell'incavo che si sarà formato mettete miele o zucchero di canna, qualche ricciolo di burro, gherigli di noci tritati grossolanamente, eventualmente uvette. Disponete le mele così preparate in una teglia, facendo qualche piccola incisione sulla parte alta di ogni mela per impedire che scoppi durante la cottura. Versate un bicchiere d'acqua sul fondo della teglia e infornate a 180 °C per 45 minuti circa o comunque fino a quando le mele non saranno cotte. Servitele appena tolte dal forno, accompagnate da gelato di crema: il contrasto caldo/freddo è molto goloso.

### Crema di mascarpone

È un dessert sostanzioso, adatto a concludere un pasto leggero.

Sbattete a lungo tre tuorli d'uovo con 100 g di zucchero fino a ottenere una crema morbida e fluida. Unite 250 g di mascarpone, mescolando energicamente per far scomparire i grumi; a parte, montate a neve i tre albumi e incorporateli nella crema. Distribuite in quattro-cinque piccole terrine e coprite la superficie della crema con scaglie di cioccolato amaro. Tenete in frigo le terrine per qualche ora prima di servire.

**La torta**

È il dessert più classico. Non ricorrete alla pasticceria, altrimenti il vostro pranzo non sarà più low cost! Preparate voi una torta, scegliendo una ricetta semplice, come per esempio la classica crostata con confettura. Nel capitolo *Revisione critica della spesa* trovate la ricetta di una torta di frutta deliziosa ma molto leggera.

## E LA TAVOLA?

Se il pranzo è low cost, se gli invitati sono amici di lungo corso, non per questo la tavola dovrà essere sciatta e trasandata. Ovviamente, cercherete di abbinare in modo gradevole il colore di piatti, tovaglia e tovaglioli. Per una cena con gli ospiti vale la pena di investire in bei tovaglioli di carta spessi, morbidi e colorati. E non deve mancare il centrotavola: in una ciotola larga e bassa (altrimenti si impedisce la vista tra i commensali) mettete fiori di stagione oppure erbe aromatiche oppure, come fa Giovanna nel passo che apre il capitolo, qualche verdura. Io uso spesso, quando sono di stagione, rametti di fagioli borlotti, che hanno il baccello di un bel rosso screziato di bianco. Finita la funzione ornamentale verranno riciclati, per esempio in un minestrone.

Avete presente quei dischi di carta bianca contornati da un pizzo, sempre di carta, che si usano come sottotorta e si trovano in tutti supermercati? Se la tovaglia è scura, ne metto uno sotto i piatti di ogni commensale: la corona di pizzo che sporge fa molta scena. E la spesa è di pochi centesimi.

## QUALCHE CONSIGLIO IN PIÙ

- Se tra gli ospiti ci sono dei bambini, dopo il pranzo, oltre alla cucina da riordinare, ci sarà anche una tovaglia molto macchiata da pretrattare, mettere in lavatrice e stirare. Se gli ospiti sono persone con cui siete in confidenza, potreste sostituire la tovaglia con carta da pacchi (meglio se riciclata e opportunamente stirata) su cui, in attesa che il pranzo sia pronto, i bambini vostri e degli amici faranno disegni colorati secondo la loro fantasia.
- «Che fine hanno fatto quelle brave persone che mangiano un po' di tutto senza dare tanto fastidio?» si domanda spesso una mia amica che riceve molto e deve destreggiarsi tra vegetariani, vegani, crudisti, gluten free, seguaci della paleodieta e così via. In effetti, oggi è difficile che gli invitati siano tutti "brave persone": dunque, per evitare sia sprechi che ospiti scontenti, ricordate di informarvi prima sulle scelte alimentari di ciascuno. Sì, anche degli amici che invitate spesso: in campo alimentare le conversioni sono inattese e fulminee.
- Se l'idea del pranzo low cost vi sembra interessante, non fermatevi alle proposte di questo capitolo. Vi basterà inserire in un motore di ricerca "ricette low cost" per trovare moltissimi siti che ne presentano di ogni tipo. Però, le ricette del capitolo sono tutte sperimentate (tra l'altro, avrete notato che non sono solo low cost, ma anche decisamente speedy), su quelle dei vari siti non posso pronunciarmi. Abbiate dunque l'avvertenza di verificarle in privato, prima di metterle in tavola per gli ospiti.

# *Persona*

# 9. CURA DI SÉ

> Zia Erminia si trasferì da noi. Si portò dietro uno sciame di profumi e colori che lasciavano traccia di sé in ogni stanza della casa. Conoscevo la sua passione, un nuovo sontuoso profumo che un artigiano francese aveva dedicato a Chopin: un misto di gelsomino, arancio e rosa che sfumava in note orientali di ylang-ylang e sandalo. Aveva la concretezza, ai miei occhi magica, di un velo invisibile che le si allargava attorno a ogni passo, quando suonava, quando si girava per sorriderci, quando ci lasciava. Però dal bagno usciva anche la miscela di profumi delle creme per il corpo: la crema alla tuberosa che metteva sulle gambe, l'olio di mandorle con cui la notte faceva impacchi ai capelli.
>
> Mariapia Veladiano, *La vita accanto*

Per prima cosa, bisogna sfatare la leggenda secondo cui le donne spendono un sacco di tempo e di denaro per la bellezza; gli uomini invece si radono, si lavano con un rude sapone di Marsiglia a forma di mattonella e si fanno fare ogni tanto un virile taglio da marine, ed è finita lì. Niente di più sbagliato. La spesa degli uomini per la cura di sé sale vertiginosamente di anno in anno ed è vicina a realizzare una piena parità di genere.

## CHE COSA COMPRARE?

Non pretendo certo di darvi consigli di bellezza: sulle riviste e in rete trovate voci ben più competenti e autorevoli della mia. Il capitolo è invece mirato a riflettere su come si può spendere meno e meglio per la cura di sé.

### Indispensabili, utili, non veramente necessari

Che cos'è indispensabile per la vostra beauty routine? La risposta dipende dall'età, dal tipo di pelle, dalle scelte in fatto di trucco. Provate a compilare una tabella come quella che segue in base alle vostre necessità e abitudini. Scrivere serve spesso a fare chiarezza: in questo caso vi sarà utile per mettere a fuoco ciò di cui avete davvero bisogno in fatto di prodotti di bellezza.

| | |
|---|---|
| Prodotti indispensabili | |
| Prodotti utili, ma non veramente necessari | |
| Prodotti che sono una coccola, uno sfizio | |

### Due raccomandati

Due prodotti che mi sento di raccomandarvi sono l'acqua micellare e la BB Cream. Se li usate già, come è probabile, saltate direttamente al paragrafo successivo.

La procedura classica per la pulizia del viso prevede il latte (o la crema) detergente, seguiti dal tonico. L'acqua micellare (chiamata così perché contiene le "micelle", molecole che attraggono sebo e impurità) li sostituisce entrambi, con risparmio di tempo e di denaro. L'acqua micellare, infatti, costa 4-5 euro a confezione nelle linee di livello medio, e non arriva a 20 anche nelle linee più prestigiose. Nella beauty routine della sera, pulisce il viso e toglie anche il trucco *waterproof* degli occhi: basta lasciarla in posa sulle palpebre abbassate per circa un minuto. La mattina serve per svegliare la pelle, come dicono gli esperti, cioè, più prosaicamente, per pulirla di nuovo prima dei trattamenti di inizio giornata. Ci sono tipi diversi di acqua micellare, studiati per i diversi tipi di pelle. Come consiglio personale, pur apprezzando molto l'acqua micellare, vi invito a non abolire del tutto il latte detergente: una pulizia profonda con latte (o crema) più acqua micellare in funzione di tonico è una pratica molto utile, da attuare almeno un paio di volte la settimana.

La BB Cream (*beauty balm*, balsamo di bellezza) è un prodotto *multitasking* che idrata, uniforma il colorito illuminando la pelle, difende dai raggi solari. Può essere usata da sola, oppure (specialmente se non siete più molto giovani) sopra un siero. In pratica, svolge la funzione della crema da giorno, del fondotinta e di un solare a basso/medio indice di protezione. Se poi volete una azione correttiva più marcata, potete scegliere una CC Cream (*colour correcting cream*, crema correttiva del colorito). La BB Cream (o la CC Cream) rappresentano un risparmio: il costo va dai 7-8 euro delle linee di livello medio ai 50 dei top di gamma. In ogni caso meno del costo di crema da giorno + fondotinta. Inoltre (tenete presente che il mio è un parere soggettivo, non professionale), il fondotinta è meglio riservarlo per le serate eleganti: alla luce del giorno appare quasi sempre un po' pesante, mentre la BB o CC Cream hanno un effetto naturale, nel raffinato stile "trucco non trucco".

### Profumi e dintorni

I profumi rappresentano il prezioso completamento della routine di bellezza. Prezioso davvero in quanto i prezzi sono molto elevati, in particolare quelli delle essenze, cioè dei profumi più persistenti, in cui la concentrazione degli oli essenziali è molto alta (20-30%). Molto meno cara l'acqua di colonia, anche di marche prestigiose. La fragranza è comunque deliziosa (personalmente sono una fan dell'acqua di colonia alla verbena), ma svanisce molto più rapidamente di quella delle essenze.

Se non volete spendere troppo, ma neppure rinunciare ai profumi avvolgenti e persistenti delle essenze più famose, potreste ripiegare sui cosiddetti profumi equivalenti (o profumi dupes) che riproducono, ovviamente non in modo perfetto, le note olfattive dei profumi di lusso. Di quasi tutti i profumi più famosi sono stati creati gli equivalenti, che vengono immessi sul mercato a costi molto inferiori, grazie anche all'assenza di testimonial e di spese pubblicitarie e alla scelta di presentarli in confezioni molto semplici, quasi dimesse. Non pensate a una squallida operazione di taroccaggio: i profumi equivalenti nascono da una ricerca seria e sono realizzati con materie prime controllate. Ne è la prova il fatto che sono in vendita anche in molte farmacie e parafarmacie. Potete informarvi online, cercando *profumi equivalenti* oppure *profumi dupes*.

## DOVE/COME COMPRARE?

I prodotti di bellezza sono costosi, inutile negarlo, perciò è molto importante cercare i canali di acquisto più convenienti.

### La profumeria

La scelta più ovvia è la profumeria. Ma è anche la più costosa. Però ha anche qualche lato positivo: l'omaggio di campioncini di vari prodotti, di solito in quantità proporzionale alla cifra spesa, e la possibilità di avere consigli dalla commessa o dalla titolare e anche dalle rappresentanti delle varie case produttrici che periodicamente sono presenti in negozio. Tenete presente che potete chiedere di essere avvisate, per mail o con un messaggio sullo smartphone, sul calendario delle presentazioni e dimostrazioni dei prodotti (a volte con omaggi anche consistenti) e sulle promozioni più interessanti. Sia nei punti vendita delle catene, sia nelle profumerie "indipendenti" vi sarà offerta la tessera punti. Usatela!

### Le farmacie e le parafarmacie

Una scelta ampia quasi come quella delle profumerie e anche la stessa opportunità di approfittare delle presentazioni dei prodotti sono offerte da farmacie e parafarmacie (queste ultime in genere a prezzi un po' più contenuti).

### I supermercati

I supermercati, almeno quelli di livello medio alto, propongono in genere una vasta scelta di prodotti di bellezza, anche di marchi molto noti, a prezzi contenuti. Vale la pena, perciò, di verificare se sugli scaffali ci sono almeno alcuni dei prodotti che usate abitualmente. E se non li trovate sugli scaffali, provate a cercarli nella parafarmacia interna al supermercato (ce n'è una in quasi tutti i negozi delle catene più importanti): di solito i prezzi sono un po' inferiori rispetto a quelli delle parafarmacie esterne. Ricordate inoltre che gli acquisti nella parafarmacia interna a un supermercato valgono per l'accumulo dei punti. A proposito: date un'occhiata al reparto dei prodotti di igiene per l'infanzia: magari avrete la sorpresa di trovare qualcosa di interessante anche se non avete bambini piccoli. Io compro spesso la schiuma da bagno destinata ai neonati, che è sempre

molto delicata, qualunque sia la casa produttrice; i fazzoletti umidi, che tengo nella borsa e in auto per qualche pulizia d'emergenza; e qualche volta il latte detergente. I prezzi sono decisamente convenienti.

### I supermercati tematici

Da tenere in considerazione i supermercati specializzati, dedicati a pulizia per la casa e prodotti di profumeria. Vi trovate gli stessi marchi presenti sugli scaffali dei supermercati generici e altri marchi meno noti. Il vantaggio reale è la quantità e l'ampiezza della scelta. I prezzi sono allineati con quelli della grande distribuzione, tant'è vero che le offerte più interessanti si trovano nei volantini. Buona regola degli amanti del risparmio è sempre quella di tenere d'occhio questo tipo di opportunità, purché che si abbia il tempo e la pazienza per farlo.

### L'acquisto online

Un'altra possibilità da tenere presente è l'acquisto online. Si possono comprare prodotti di bellezza da rivenditori online che trattano ogni genere di merce, oppure da siti specializzati in prodotti per la cura del viso, dei capelli e del corpo. Vi basterà cercare "vendita online prodotti di bellezza" per trovare un lungo elenco di siti. In ciascuno troverete le immagini dei prodotti disponibili e i relativi prezzi, che vi sarà possibile confrontare sia con quelli degli altri siti che con quello del vostro fornitore abituale. Inoltre, tutti i siti lanciano offerte speciali a tempo, che spesso sono dei veri affari.

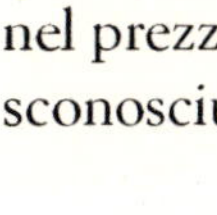

Preziosi anche per i prodotti di bellezza sono i siti che confrontano i prezzi, come Trovaprezzi (www.trovaprezzi.it).

Per tutti gli acquisti online bisogna verificare con attenzione se il costo della spedizione è oppure non è compreso nel prezzo indicato. Inoltre, vi sconsiglio l'acquisto di prodotti di marche sconosciute, anche se il prezzo vi sembra allettante.

### Le mistery box

Per i prodotti di bellezza, ma anche per molti altri articoli (in particolare i capi di abbigliamento), si sta affermando un particolare sistema di acquisto che sembra piacere molto ai più giovani: la cosiddetta mistery box. Si sottoscrive un abbonamento in cui si stabilisce la periodicità dell'invio della box e la sua "taglia" (la box più small è in genere quella da 20 euro). Il contenuto è una sorpresa, sia pure calibrata su alcune indicazioni del cliente; viene garantito però che il valore dei prodotti sarà sempre molto superiore al prezzo pagato. Se l'esperienza dello shopping al buio vi incuriosisce, immettete in un motore di ricerca "mistery box cosmetici" e scegliete il fornitore e la tipologia di box che fa per voi. Il mio consiglio: non sottoscrivete niente se non sono assolutamente chiari i tempi e le modalità per la rescissione del contratto.

Va da sé che questo tipo di acquisto poco si addice allo spirito della spending review. La filosofia delle mistery box è: "ti assicuro di farti risparmiare, ma ti vendo qualcosa di cui non è detto tu abbia bisogno". Non proprio un esempio di consumo consapevole… È sempre preferibile, secondo me, scegliere i prodotti necessari.

### La gestione

Usare il termine *gestione* a proposito dei prodotti di bellezza può sembrare un po' eccessivo. In realtà bisogna prendersene cura con una certa attenzione, non minore di quella che si dedica agli alimenti. Si sa che il tempo è sempre troppo poco, ma la fretta non può giustificare barattoli e tubetti lasciati aperti, con il rischio che si perdano tappi e coperchi e che i prodotti vengano contaminati dalla polvere e dai germi in circolazione nell'aria. Anche i pennelli, le spugnette del trucco, gli spazzolini del mascara devono essere sempre tenuti ben puliti, per conservarli più a lungo – e risparmiare dunque sul riacquisto – e anche per non rischiare irritazioni della pelle e degli occhi.

Le case produttrici, tranne poche lodevoli eccezioni come La Roche Posay, non mettono la data di scadenza sulla confezione dei prodotti di bellezza. Ma questo non vuol dire che siano eterni o giù di lì, soprattutto quando sono già aperti. Perciò, il first in/first out di cui abbiamo parlato a proposito degli alimenti vale anche per i prodotti di bellezza. Se avete comprato una crema da notte perché era in superofferta o perché vi ha convinto l'entusiastica recensione di una rivista, non cedete alla tentazione di usarla subito, lasciando a metà il vasetto di quella precedente, che finirà sprecata o utilizzata già "vecchia". A fine estate non mettete da parte i solari con l'intenzione di riprenderli l'anno dopo, soprattutto se avete una pelle molto delicata. Ma nemmeno vi consiglio di buttarli (non sarebbe in linea con la filosofia di questo libro): riciclateli come crema idratante per il viso, il corpo, le mani.

Se poi una crema vi sembra davvero troppo datata per spalmarvela addosso, usatela per lucidare i mobili di legno. Risultato strepitoso garantito.

## IL FAI DA TE

### Sì per i capelli

Quella del parrucchiere è una spesa che può essere ridotta senza troppe difficoltà. Nel periodo del lockdown più duro abbiamo verificato che il fai da te della capigliatura non è poi così difficile: lavaggio, piega con phon e spazzola – cercando di ricordare i gesti del parrucchiere – e perfino la tinta, da scegliere tra i numerosi prodotti presenti sugli scaffali del supermercato. Finita l'emergenza, si può pensare di ricorrere al parrucchiere solo per il taglio. Magari la piega phon fai da te non sarà perfetta come quella del parrucchiere, ma in compenso, lavando i capelli a (quasi) costo zero e dunque tanto spesso quanto volete, avrete capelli sempre lucidi e pulitissimi.

Un ultimo consiglio: se avete trovato un parrucchiere low cost che vi fa un buon taglio ma avete qualche dubbio sui prodotti che usa, portate in negozio il vostro shampoo e il vostro balsamo, con la scusa che siete abituati a quelli e non volete cambiare, oppure che ve li ha tassativamente prescritti il dermatologo.

### Sì per manicure e pedicure

Immettete in un motore di ricerca "fare la pedicure" e "fare la manicure": troverete consigli step by step con immagini, foto e anche video. Non ci vorrà molto a imparare. E, come per la piega dei capelli, il costo zero vi invoglierà ad avere mani e piedi sempre impeccabili. Per la manicure, io ho avuto per anni il problema della destra. Mi spiego: forse perché ho una manualità molto scarsa, mi trovavo in grande difficoltà quando dovevo spingere le cuticole verso i bordi con il bastoncino di legno o, peggio ancora, dare lo smalto sulla mano destra usando per forza la sinistra. Uso il passato perché ho risolto: faccio la manicure insieme a un'amica. Aiuto reciproco e un'ora di chiacchiere rilassanti.

**Un libro controcorrente**

Sono moltissimi i libri e gli articoli che esaltano i prodotti di bellezza *made in casa*, accusando i prodotti industriali di contenere ingredienti pericolosi per la salute. Vi proponiamo un testo che sfata molte fake news, a partire dalla leggenda dei parabeni cancerogeni:

Beatrice Mautino, *Il trucco c'è e si vede*, Chiarelettere, 2018.

### No per i cosmetici

Il fai da te mi sembra invece improponibile per i prodotti di bellezza. Le misture preparate in base a ricette pubblicate su riviste o trovate online hanno sempre un quoziente di rischio, anche se gli ingredienti sono naturali. Risparmiare qualche euro e ritrovarsi con una dermatite non è un buon affare.

## LINEA UOMO

I suggerimenti che avete letto in queste pagine sono al femminile, come da tradizione per ciò che riguarda le spese di bellezza. Ma (ricordate le prime righe del capitolo?) oggi tutti i prodotti per la cura del viso e del corpo (dal siero alla crema antirughe, dal fondotinta alla matita per gli occhi) esistono anche nella versione *for men,* specificamente studiati per la pelle maschile. Si tratta però di prodotti che ancora non trovate nella grande distribuzione ma solo in farmacie, parafarmacie e profumerie molto ben fornite. Ovviamente è possibile anche l'acquisto online: digitando "uomo bellezza viso corpo" o espressioni analoghe avrete solo l'imbarazzo della scelta, con la possibilità di confrontare i prezzi e di individuare le offerte più vantaggiose. Inoltre troverete molti consigli per la beauty routine maschile.

## QUALCHE CONSIGLIO IN PIÙ

- Quando scegliete un prodotto di bellezza di solito tenete conto del vostro tipo di pelle, del prezzo, della vostra esperienza diretta del prodotto o di ciò che avete letto su una rivista. A questi parametri vorrei che ne aggiungeste un altro: la scritta "non testato su animali".
- Avete mai sentito parlare dei prodotti solidi (o compatti) per la cura del corpo e dei capelli? Forse no, perché ancora si trovano in pochi punti vendita. Shampoo, balsamo, bagnoschiuma, detergente per il viso, crema idratante per il corpo, profumo, deodorante nella forma di panetti solidi in una semplicissima confezione di cartone: sono comodi perché occupano poco spazio e convenienti perché, non essendo diluiti con l'acqua, hanno una resa molto maggiore dei prodotti tradizionali. E sono anche amici dell'ambiente in quanto il packaging è privo di plastica. Se l'argomento vi sembra interessante, cercate in rete "cosmetici solidi": avrete informazioni più dettagliate sulle loro caratteristiche e anche indicazione su come eventualmente acquistarli.
- Non tutte le confezioni regalo natalizie vengono vendute! Dopo le feste di fine anno, se siete fortunati, trovate il prodotto che cercate a prezzi accattivanti, e con l'aggiunta di una piccola sorpresa!
- Che cos'è che vi dà a costo zero pelle luminosa, guance colorite e occhi splendenti? Una lunga camminata all'aria aperta, tra gli alberi, in un parco o su un sentiero di montagna.

# 10. NON SOLO PALESTRA

> Io non conosco altro che una ginnastica ragionata, fondata sulla conoscenza dell'anatomia, della fisiologia e dell'igiene, che dà all'infanzia la forza, l'agilità, la grazia, la salute, il buon umore, e rialza tutte le facoltà morali e intellettuali. Io credo a questi effetti perché sono provati e li vedo; credo quindi che la ginnastica sia la più utile, la più santa delle istituzioni educative della gioventù, e quelli che la combattono, mi scusi… mi fanno pena, mi paiono gente accecata, nemici incoscienti dell'umanità.
>
> Edmondo De Amicis, *Amore e ginnastica*

Pancia piatta, addominali scolpiti (anche senza arrivare alla tartaruga), portamento regale, gambe asciutte, braccia toniche. Almeno una volta nella vita, anche la persona più trascurata e più sedentaria ha sognato di avere un fisico così. E non solo per rincorrere modelli inarrivabili di bellezza e prestanza fisica, ma per sé: per sentirsi più forte, più in salute, più agile.

È deciso! Mi iscrivo in palestra! Mi informo: dove, come, quando? E ovviamente: quanto costa? Una settimana di prova e poi vai di abbonamento: mensile, trimestrale, semestrale, osiamo, annuale, così ho 15 euro di sconto… Ed ecco i dubbi: e se poi non ho tempo di andarci? Se, passata la trafila di visita medica (a pagamento, di solito non meno di 30 euro), scelta del pacchetto migliore, compilazione della scheda di allenamento, se poi devo fare i salti mortali per strappare un'ora e mezza alla mia giornata, due o tre volte alla settimana? Se poi pago i tre (o sei, o *dodici*!) mesi anticipati e *non ci vado*?

Tranquille! Tranquilli! Le alternative sono decine, e sono alla portata di tutte e di tutti! In grado di strapparci dalla pigrizia, di rimetterci in forma, anzi di darci un fisico che non abbiamo mai avuto, e, naturalmente, di proseguire sulla strada della spending review.

## IL LUOGO DEI DESIDERI: LA PALESTRA

Prima di scegliere se iscrivervi o no, fate una ponderata e completa indagine su *tutte* le palestre vicine a casa. Chiedetevi come cambiano i prezzi in relazione a:

– durata dell'abbonamento; se vi impegnate a sottoscrivere un abbonamento semestrale o annuale, il costo scende.
– orari; se scegliete di accedere in un orario poco richiesto, per esempio al mattino, risparmiate qualcosa; ma chi può permettersi un tale lusso?
– servizi; se volete accedere a tutti i corsi e a tutti gli spazi, senza alcuna limitazione, il costo sale. Più servizi, maggiori costi. Se rinunciate a qualcosa, il prezzo scende.
– programmi famiglia o coppia; più si è, meno si paga.

La palestra dei vostri sogni ha anche la piscina, la sauna, i campi di calcetto, il lounge bar, il solarium per l'estate? Nessuno ve li dà gratis! Prendete allora in considerazione anche corsi vari offerti da associazioni sportive, o singoli istruttori (o preferite chiamarli *coach*?) che prendono in affitto degli spazi adatti, a volte nelle scuole o negli oratori. Queste ultime soluzioni sono di gran lunga meno costose di un centro di fitness. Anche se meno glamour. Ma che cosa vi interessa davvero? Il movimento o l'atmosfera?

Se poi, in entrambi i casi, temete di iscrivervi e di non utilizzare l'abbonamento, coinvolgete qualcun altro. In due o in tre è più facile mantenere gli impegni presi con sé stessi! Se invece siete per una spending review ancora più severa, continuate a leggere.

## CAMMINARE

Facile come aprire una finestra in una mattina di primavera: camminate il più possibile! Camminare fa bene al fisico, fa bene all'umore, avvicina al mondo e alle persone. In più, è scientificamente dimostrato che mantiene sano il cervello e rende più creativi. Parte di questo manualetto che state leggendo è stato concepito camminando.

Tutto vero, tutto noto: il problema è come trovare il tempo. Chi può permettersi il lusso di camminare in una giornata che segue una tabella di marcia (ah! marcia: *lupus in fabula*!) ferrea? E nel caso del camminare si tratta non solo di trovare il tempo, ma anche di trovare lo spazio! Ecco qualche facile trucco.

### Nella vita di ogni giorno

Quando vi spostate, ingegnatevi per crearvi delle distanze che potete/dovete percorrere camminando. Parcheggiate un po' lontano dal luogo a cui siete diretti. No, al supermercato non si può fare, lo sappiamo. Ma se dovete andare in posta o da un amico, che bisogno avete di lasciare l'auto proprio a venti metri? E se state andando a prendere i bambini a scuola, sostare più in là vi permetterà di evitare la calca dei genitori e avrete anche un centinaio di metri in più per scambiare qualche parola con vostro figlio.

Usate i mezzi? Scendete alla fermata prima di quella più vicina alla vostra meta e concedetevi il lusso di percorrere l'ultimo tratto a piedi. Nel caso vi aspetti un appuntamento importante, la breve camminata vi servirà anche per raccogliere le idee e per costringervi a non arrivare all'ultimo minuto!

Se avete la fortuna di avere un cane, trasformate le uscite quotidiane in vere passeggiate, anche micro. Faranno bene a lui e faranno bene a voi, e con un po' di fortuna potranno anche trasformarsi in occasione di incontro: tra proprietari di cani c'è sempre una certa affinità.

### I gruppi di cammino

Non vi piace camminare da soli? Considerate la socialità un ingrediente insostituibile del mantenervi in forma? I "gruppi di cammino" vi aspettano! Sono per l'appunto gruppi di persone che si organizzano per camminare insieme, guidati da un capo camminata, chiamato pomposamente *walking leader*. Il loro punto di forza è un minimo di organizzazione che dà all'attività del camminare una cadenza fissa, degli orari, una durata, dei percorsi. Oltre naturalmente al piacere della compagnia e dell'incontro. Destinati solitamente a persone omogenee per aspettative e preparazione fisica, i gruppi di cammino sono spesso organizzati da istituzioni o associazioni che operano nel sociale e sono ormai diffusi su tutto il territorio. Non vi sarà difficile scoprire tramite Internet o i social se ce ne sono nella vostra zona.

Un ultimo consiglio: quando camminate, mantenete un passo veloce e soprattutto regolare. Più rapidamente camminate, più calorie consumate. Se siete al grado 5, 6 o 7 dello schema seguente, dimenticate pure questo suggerimento.

| Camminare | |
|---|---|
| Grado 0 | passeggiata con il cane |
| Grado 1 | passeggiata nel parco vicino a casa |
| Grado 2 | gruppo di cammino |
| Grado 3 | passeggiata in famiglia alla domenica |
| Grado 4 | trekking breve con un'organizzazione o con gli amici (weekend) |
| Grado 5 | cammino di più giorni (tipo la Francigena, per intenderci) |
| Grado 6 | trekking in Nepal |
| Grado 7 | mollo tutto e parto a piedi a esplorare il mondo (con o senza cane, da solo o in compagnia) |

## CORRERE

Se camminare vi sembra troppo poco, se siete dinamici e vi piace stare all'aria aperta, correre può diventare la soluzione economica che state cercando. Su Internet è possibile trovare una vasta scelta di siti di avviamento alla corsa. Uno su tutti è Dietagift (www.dietagift.it), che suggerisce un metodo ben ponderato e facile da seguire. App a iosa anche sullo smartphone. A ciascuno scegliere la propria! Alcune free, altre a pagamento. Alcune dialogano con i dispositivi in grado di monitorare i parametri fisici. Attenzione alla scelta delle scarpe: devono essere acquistate con la massima cura. Devono essere adatte al vostro modo di camminare e correre, ma non è necessario che costino una fortuna.

## SEMPRE IN MOVIMENTO

Cogliete ogni occasione che gli spazi della vita quotidiana vi offrono per muovervi con energia. Quando potete, niente ascensore: andate per le scale! A patto che non siano così intricate che rischiate di perdervi, come in qualche edificio pubblico di nuova costruzione. E le scale di casa diventano un vero tapis roulant, se lo volete. Basta che andiate su e giù per una decina di minuti al giorno, per tonificare gambe e glutei e trasformare gli scalini in una seduta di fitness efficace e gratuita. E anche in ufficio, in università, a scuola, ovunque vi troviate, preferite le scale: risparmiate energia elettrica, evitate spazi chiusi (il Covid insegna) e fate esercizio fisico aerobico, utilissimo al sistema circolatorio!

E, per tornare all'ambito trasporti, non dimenticate la bicicletta! Non usatela solo per la gita di primavera ma tutte le volte che potete, e combinatela con gli altri mezzi di trasporto: bici + treno è meglio che auto. La spending review è sempre green! Più usiamo la bici, più siamo di stimolo alle autorità perché investano in piste ciclabili.

## FITNESS A CASA O ALL'APERTO, CON INTERNET O SENZA

Per anni, nei periodi in cui sentivo il bisogno di fare movimento sono ricorsa a un manualetto trovato per caso. Lo cito perché gliene sono ancora oggi grata: si intitolava *Più snelle senza fatica* ed era incluso come omaggio in una rivista di arredamento. Era il 1994 e da allora l'ho usato regolarmente e ne ho addirittura fatto le fotocopie per gli amici. Conteneva esercizi a corpo libero incredibilmente efficaci. Ora, nell'epoca del digitale, sembra uno strumento preistorico. Su Internet trovate migliaia di video che vi guidano in ogni piegamento o flessione, che ora però si chiamano *crunch*, *squat*, *plank*, *jumping jack* e così via, ma sono, più o meno, gli antichi movimenti della ginnastica che si faceva a scuola, rivalutati recentemente dalla ricerca scientifica come ottimali e consigliabili per tutti. È provato: ci si può allenare anche senza i macchinari della palestra. E non serve procurarsi ingombranti cyclette o costosi vogatori di ultima generazione: bastano qualche pesetto, uno step, qualche fascia elastica

di diversa resistenza, una corda per i salti. Tutti oggetti, tra l'altro, che potete sostituire riciclando oggetti della vita quotidiana. I libri con tante pagine – per esempio – diventano in un attimo comodi pesetti.

Nell'arduo compito di fare movimento in autonomia non sarete soli! Potrete contare infatti su decine di siti o di app specializzati. Navigate, cercate con calma e trovate quelli più adatti a voi. Vi basterà impostare una sola volta una ricerca su Google per essere inondati di segnalazioni. Le chiacchiere nello spogliatoio o le occhiate di straforo durante l'allenamento, quelle, va da sé, l'online non ve li dà! Per tutto il resto, l'efficacia di tali siti è davvero comprovata! Se volete un vero coach online che se-

gua solo voi, sappiate che costa molto più della palestra. Ma si ottengono buoni risultati e ci si diverte anche affidandosi a siti completamente gratuiti o con costi relativamente bassi. Ve ne segnaliamo tre.

**Fixfit** (www.fixfit.it), che offre video chiari a difficoltà crescente. Si può accedere in modalità gratuita oppure a pagamento, per ottenere un piano di allenamento personalizzato. Anche il solo programma free è efficace, utile e divertente, e soprattutto graduale.

**Asana Rebel** (www.asanarebel.com), che è più orientato allo yoga e offre piani validi a prezzi contenuti. Presenta video in luoghi esclusivi ed elegantissimi. Gratuito solo il breve periodo di prova, cui si accede dopo aver fornito i dati della carta di credito, ovvero dopo aver deciso di iscriversi. Detto in altre parole, solo a pagamento, ma con tariffe davvero basse.

**Freeletics** (www.freeletics.com), che presenta una proposta ricca e completa. Adatto a chi è molto motivato e ha obiettivi ambiziosi in fatto di fitness. Pochi i contenuti gratuiti, per lo più dedicati al corpo libero e alla corsa. L'offerta più interessante combina un programma personalizzato con la consulenza sull'alimentazione.

### Le app

Da non dimenticare le app che monitorano parametri fisici come il battito cardiaco o la pressione, o dati come il numero dei passi e le calorie consumate. Spesso sono non solo gratuite, ma già preinstallate sullo smartphone. Sono più utili e precise nella misurazione se associate a uno smartwatch da portare al polso. Le più diffuse sono Salute per IOS e Google Fit per Android. Va da sé, mi raccomando, che quando c'è di mezzo la salute ogni decisione va presa con cautela, e che la prima regola da seguire è non fare nulla che possa nuocere. I siti o le app seri danno sempre utili avvertimenti e mettono in guardia sia dai danni che possono derivare da un eccesso di esercizio fisico sia da un uso improprio dei parametri raccolti. Nessuna app – è evidente – può sostituire il controllo medico. Va bene risparmiare, ma mai a rischio della salute e del benessere.

**Qualche libro per voi**

Scott Tudge, *La palestra in casa. In forma senza spendere. La guida completa per una perfetta forma fisica con un programma da seguire a casa vostra*, Edizioni Il Castello, 2011. Perfettamente in linea con la nostra filosofia, questo manuale vi guida passo passo verso la forma fisica, da conquistare in autonomia.

Maurizio Damilano, *Camminare bene, Il manuale del fitwalking*, Fusta editore, 2015. Tutto su come camminare guadagnando in salute, benessere e serenità.

Roberto Russo, *Corsa facile*, Red Edizioni, 2015. Manuale per chi comincia e non vuole smettere alla prima difficoltà.

Federico Mancin, *Corri che ti passa*, Anteprima edizioni, 2020. Correre per combattere lo stress e far pace con sé stessi.

Fabio Furlan, *Lo yoga, le parole e le immagini. Un manuale emozionale*, Ultra LIfe, 2018. Un manuale ricco di foto per accostarsi allo yoga, la disciplina che più di ogni altra fa dialogare mente e corpo.

## LE PASSIONI: IL BALLO E LO SPORT

Seguite le vostre passioni! Ballare e praticare sport sono due mezzi splendidi per mantenersi in forma in modo divertente. Il ballo è più economico, lo sport può essere decisamente caro. Alcune discipline, se praticate con continuità, sono addirittura proibitive, e possono diventare una voce di spesa consistente nel vostro bilancio personale. E comunque parliamoci chiaro: non si sceglie uno sport leggendo una guida!

### Fare sport

Per lo sport vi rimandiamo al capitolo *Una questione di metodo* in cui trovate le linee guida per gli acquisti cui non abbiamo dedicato un capitolo specifico.

D'altra parte, se avrete applicato con costanza i nostri suggerimenti, di risparmio in risparmio sarete riusciti a mettere da parte quello che vi serve per coltivare le vostre passioni, sport compresi! È questo il senso della spending review come la intendiamo Mirella e io. A ogni buon conto, prima di comprare attrezzature sportive costose o imbarcarvi in corsi impegnativi, un consiglio sempre valido è quello di verificare se uno sport fa davvero per voi. Cercate di iniziare in modo graduale, di prendere tempo, di farvi prestare o noleggiare capi di abbigliamento tecnico, strumenti, oggetti. Poi, con calma, prenderete decisioni più definitive e, eventualmente, acquisterete quello che vi serve, tenendo conto che per quanto riguarda lo sport oltre che a negozi particolarmente economici (e molto famosi), potete ricorrere anche a una vasta offerta di materiale usato.

### Ritmo, musica e movimento

Un mio collega di scuola, grande educatore e grande sportivo, professore di educazione fisica, insegnava polke e mazurke a studentesse e studenti divertiti e riconoscenti. Ballando si bruciano calorie, ci si diverte e, va da sé, si fanno nuovi incontri o si consolidano amicizie e relazioni. Se siete già dei ballerini provetti, dovete solo creare le occasioni per praticare la vostra passione: sagre di paese, feste, sale, o case ospitali. Se invece dovete iniziare, allora fanno di nuovo la loro comparsa i dubbi che già conosciamo. Un corso di ballo ha costi paragonabili a quelli di una palestra. Con la differenza, però, che, se dopo lunghi tentennamenti decidete di iscrivervi, ben difficilmente ve ne pentirete!

Anche in questo caso, d'altra parte, Internet vi fornisce una valida alternativa. Su YouTube trovate un'ampia scelta di tutorial che vi indicano un'altra via percorribile: imparare a casa, sfruttando le risorse online, e poi cimentarvi allo scoperto. Funziona solo se la vostra o il vostro partner è disposto a condividere con voi il percorso. Altrimenti oseremmo dire che questa volta la spending review compromette il risultato. Se invece vi tentano l'hip hop, il lounge e la danza jazz, potete dare un'occhiata a siti come Steezy (www.steezy.co): l'inglese e la danza in un colpo solo. Ideale per ricaricarsi dopo una giornata di lavoro o, se siete in smart working, per una pausa a metà giornata. Periodo di prova gratuito per sette giorni. Poi prezzi modici per un anno di divertimento.

## QUALCHE CONSIGLIO IN PIÙ

- Nel dubbio consultate sempre il vostro medico, che saprà consigliarvi per il meglio.
- Se il vostro scopo è mantenervi in forma, ricordatevi in ogni momento di assumere una postura corretta, cioè testa alta, sguardo diritto davanti a voi, schiena ben distesa e, se riuscite, addome contratto.
- Vi state accorgendo che il movimento a costo zero non sta dando risultati? Cambiate strategia. Muoversi è troppo importante per rinunciarvi completamente. Se avete bisogno della spinta in più che deriva dall'avere pagato qualcosa, allora scegliete un'attività che vi costi qualche euro. Saranno ben spesi.
- È necessario essere costanti per ottenere buoni risultati. Allenatevi almeno tre volte alla settimana per 20-30 minuti, seguendo il percorso che il libro, l'app o il sito che avete scelto vi propone.
- Non scoraggiatevi se non vedete subito miglioramenti estetici, concentratevi piuttosto sui progressi a livello atletico, che arriveranno prima

di quelli che saranno evidenti ai vostri occhi. A proposito, se riuscite a esercitarvi davanti a uno specchio, potrete confrontare i vostri movimenti e le vostre posture con quelle che vedete nelle app o nei video. Guadagnerete in precisione ed energia!

- Tra gli sport, uno dei più salutari e più economici è il nuoto. Ma avete il tempo di andare in piscina? Pensateci, prima di fare l'abbonamento!
- Attenzione allo smart working e alle tante ore passate davanti al computer. Un po' di stretching e due passi nella stanza ben arieggiata faranno bene a voi e al vostro lavoro.
- Anni fa andava di moda la Wii, la ricordate? Riutilizzatela!

# 11. TRENCH E T-SHIRT PER TUTTE LE TASCHE

> Era un bel posto, moderno, di quelli che all'epoca mi mettevano allegria, perché si trovava di tutto. Sbrigammo rapidamente la faccenda vestiario, rifornendoci di camicie bianche e azzurre, magliette, calze e mutande. Di pantaloni non avrei avuto bisogno. Ma papà insistette perché prendessi un paio di jeans nuovi.
>
> Gianrico Carofiglio, *Le tre del mattino*

Mirella e io riteniamo che in fatto di vestiti, la consumatrice o il consumatore "medi" non solo non esistono, ma non devono neppure essere presi in considerazione. Sarebbe tempo perso cercare di disegnarne il profilo e di immedesimarci nei suoi pensieri, nei suoi desideri, nelle sue manie. In fatto di abbigliamento, un consumatore medio semplicemente non c'è. I vestiti sono troppo vicino alla pelle, all'essenza stessa di ognuno di noi, perché si possa anche solo ipotizzare un comportamento medio, una spesa media. Sarebbe lo stesso che pensare a una donna o un uomo medio. Chi vorrebbe essere pensato così?

Per di più, quando si usa l'espressione "shopping", a questo si pensa: a comprare vestiti o, al massimo, accessori; "comprare" e "comprare vestiti", nel linguaggio comune, o meglio in quell'inglese base che tutti usiamo, sono diventati sinonimi. Come arginare un simile fiume in piena? Come invitarvi alla spending review per magliette, costumi, cappotti, collant, scarpe, giacche, giacchini, giubbini, gilet, cinture, cravatte, jeans?

Eppure, proprio per questo non possiamo far finta di niente: dobbiamo trovare strategie per risparmiare anche sull'abbigliamento, senza però negare che nel comprare vestiti e accessori per noi o per le persone che amiamo, c'è un gusto, un significato, un piacere in più rispetto a quello che proviamo nell'acquistare un altro oggetto.

## UNA LINEA GUIDA: POCO MA BELLO

Partiamo dall'atteggiamento più equilibrato e più saggio, il comportamento ideale sia per il nostro bilancio, sia per i nostri armadi, sia per l'ambiente, sia, forse, per l'eleganza e lo stile: acquistare pochi capi, sempre e solo quando abbiamo davvero bisogno, e badando alla qualità di quello che compriamo. È la regola dell'"un capo alla volta, ma bello" la strategia giusta se vogliamo essere sempre ben vestiti. Seguendola, avremo un guardaroba impeccabile e non rischieremo di fare spese avventate.

Già, ma che cosa distingue un capo bello? Buona qualità, buon taglio, buon tessuto, perfezione assoluta una volta indossato e, naturalmente, durata al di là di una stagione. Il problema è che un capo di vestiario di questo genere può costare parecchio, e un "parecchio" che può essere senza limite, se si tratta di un capo griffato. Allora come impostare la spending review? A questo punto si aprono due strade: la prima è cercare e cercare finché non troviamo quello che vogliamo a un prezzo accettabile; la seconda è aspettare i saldi.

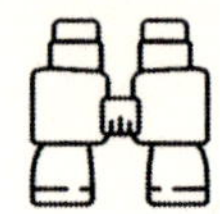

### Andare sul sicuro

La prima strada ci porta a selezionare nel tempo una serie di negozi, centri commerciali, punti vendita di cui possiamo fidarci e che propongono quel tipo di vestiti che possono essere adatti a noi. È una rete di solidi riferimenti per i nostri acquisti che si consolida nel tempo e non si crea dall'oggi al domani; una rete che affonda le sue radici nella nostra vita, nelle nostre esperienze, nei luoghi che siamo soliti frequentare. Se potete contare su una rete del genere, andate sul sicuro. Se non l'avete ancora e non sapete come fare per crearvela, leggete con attenzione il paragrafo *Il solito accorgimento: sapere dove comprare*. In mancanza di una mappatura del genere, la fase della ricerca può diventare estenuante e dispersiva. E chi può permettersi di dedicare giorni interi a un acquisto?

### I saldi

La seconda strada – dicevamo – ci porta diritto ai saldi. Per l'abbigliamento i saldi sono una specie di toccasana per ogni male, di pietra filosofale, di mantra salvifico, ma il problema è che i saldi più classici sono quelli di fine stagione. Questo obbliga a essere pazienti, molto pazienti, e a programmare i nostri acquisti. È anche vero, però, che le ricorrenti crisi economiche hanno moltiplicato questo superevento dello shopping. Tra Black Friday e pre-saldi, le occasioni di acquisti scontati sono diventate molto più frequenti di un tempo. Addirittura, qualche giorno prima dell'inizio delle svendite ufficiali molti negozi propongono sottobanco prezzi ribassati, o per tutti o per i clienti più fidati, che in questo modo hanno una scelta più ampia ed evitano l'inevitabile assalto. Giusto per non fare nomi: avete presente il primo giorno dei saldi invernali in un qualsiasi punto vendita della Rinascente?

A fronte di una maggiore offerta, è fondamentale acuire le nostre capacità di fiuto, o meglio di tatto e di vista, dal momento che stiamo parlando di tessuti e vestiti. Rischiamo infatti di cadere in trappole mortali, più che in occasioni di risparmio. Fondamentale è valutare attentamente quello che stiamo acquistando. Come? Leggendo con attenzione e spirito critico le etichette che indicano materiali, tessuti, istruzioni per il lavaggio e luogo di produzione; imparando a riconoscere al tatto i tessuti; osservando con attenzione cuciture e bottoni e altri dettagli; e naturalmente provando con calma in camerino ciò che abbiamo adocchiato. Se un capo non passa tutte queste prove, niente acquisto!

Troppi ostacoli? No! Di solito è raro non trovare, se si è andati al momento giusto nel posto giusto. E qui si torna alla prima strada! Quindi, i due percorsi non si escludono, ma possono intrecciarsi. Che cosa c'è di meglio dei saldi nel nostro negozio di fiducia?

Attenzione di nuovo: un buon capo di una griffe famosa, anche durante i saldi potrebbe avere un prezzo non solo al di là delle nostre possibilità, ma anche al di là di ogni ragionevolezza. E questo contrasterebbe con quella filosofia di equilibrio e saggezza che la regola del "pochi capi ma belli" porta con sé. Allora non ci sono altre vie se non quella di abbandonare la pretesa del "firmato" e limitarsi alla qualità. Qualcuno potrà obiettare che percorrere questa strategia ci porterà obbligatoriamente verso uno stile più classico. In effetti è così. Il pericolo è questo: ma è davvero un pericolo? Forse è una vera opportunità. E qui torniamo al discorso di partenza. I vestiti siamo noi.

Certo non abbiamo la pretesa di dirvi come vestirvi, ma solo come spendere meno per l'abbigliamento. Questo *non* è un libro di ricette, lo abbiamo già detto, e *non* è neppure una rivista di moda!

## L'ALTRA VIA: CHIC AND CHEAP

Non riuscite a rinunciare a comperarvi qualcosa ogni settimana? Avete bisogno ogni tanto di farvi un regalo acquistando una maglietta, una cintura, un paio di jeans, anche se sapete che in fondo in fondo non ne avete bisogno? Non disperate! Abbiamo qualche piccolo trucco persino per voi! Innanzitutto, imponetevi un budget: anche con una piccola cifra potete acquistare qualcosa che vi metta di buon umore. Ad esempio: non un maglione ma un paio di calze un po' speciali, non una giacca ma una sciarpina che rischiari un outfit un po' scuro.

E se proprio non potete fare a meno di concedervi questo piccolo piacere, puntate pure su capi più consistenti, ma scegliendo tessuti che, anche se non sono di grande qualità, una volta indossati non sfigurino: cotone e lino, prima di tutto; poi viscosa, meglio se unita ad altri materiali. Migliore ancora, rispetto alla viscosa, il lyocell, tessuto ricavato interamente dalla cellulosa con un ciclo di produzione altamente sostenibile. La lana è difficile da imitare con filati che diano risultati validi alla vista e al tatto, ma se proprio volete rischiare, un tessuto in tweed può fare una bella figura anche con filati sintetici, o "misti". Evitate il 100% acrilico.

Altro trucco per fare buoni acquisti con pochi euro è concentrarsi sulla vestibilità dei capi. Scegliete vestiti – non importa che tipo di capo – che siano perfettamente adatti a voi. Anche una maglietta davvero economica, se su di voi diventa unica e se vi *racconta* alla perfezione, può valere la spesa.

Scegliete vestiti e accessori che si possano abbinare per stile e per colore a quanto indossate di solito. E ricordate che, portato con qualcosa di speciale, per esempio un paio di scarpe da urlo, qualsiasi capo, anche il più umile, darà il meglio di sé e vivrà di luce riflessa.

Nel frattempo, però, educate voi stessi: se qualcosa non vi convince, non prendetelo! Se per una volta non trovate nulla, non disperatevi. Pensate che quello che non avete speso oggi potrà ampliare il budget futuro e permettervi acquisti più glamour!

Una precisazione forse inutile: quello che stiamo suggerendo, vale sia per lei sia per lui! Nessuno è immune dalla necessità e dal piacere di comprarsi qualcosa di bello da indossare!

## IL SOLITO ACCORGIMENTO: SAPERE DOVE COMPRARE

Al di là dei negozi di fiducia di cui abbiamo già parlato, un'infinità di possibilità si aprono di fronte a noi, sicuramente più numerose e varie che per le altre categorie merceologiche. E non c'è da stupirsi! Se pensiamo che la rivoluzione industriale è cominciata proprio dai tessuti, cioè, in fin dei conti, dai vestiti, ci rendiamo conto di quanto peso questi beni abbiano avuto e abbiano nel commercio, nella storia, nella cultura, nella società. Andiamo con ordine.

### Catene di abbigliamento

In Italia ha cominciato la Benetton, e si era negli anni Settanta, poi a valanga sono arrivate le altre. Inutile citarle tutte. Hanno modificato il nostro modo di acquistare i vestiti, hanno modificato e uniformato le vie del centro delle città italiane, e non solo. Ma il discorso ci porterebbe lontano. Tra i diversi marchi, menzione speciale per Zara e H&M per diritto acquisito, e a Uniqlo tra gli ultimi arrivati.

In questi punti vendita trovate sicuramente capi intriganti e fashion. Attenti però alla qualità dei tessuti e alle scelte troppo azzardate. Quasi tutti questi marchi hanno una linea basic, in cui pescare ottimi capi sia per stile sia per rapporto qualità prezzo.

## Outlet

Sono l'evoluzione contemporanea dello spaccio aziendale, una volta strettamente legato al luogo di produzione e alla fabbrica. Ora sono per lo più raggruppati in centri commerciali spesso smisurati. In Italia il primo complesso di questo genere è stato quello di Serravalle (2000); oggi per diffusione di questo modello di distribuzione il nostro Paese in Europa è secondo solo alla Gran Bretagna. O forse, dopo la Brexit, si dovrebbe dire primo in Europa...

Nei negozi outlet dei diversi marchi troviamo una scelta limitata di capi delle ultime collezioni, ma soprattutto gli invenduti delle stagioni precedenti, o quelli che presentano piccole imperfezioni. Negli ultimi tempi alcuni marchi hanno cominciato – attenti bene – a produrre linee particolari destinate solo agli outlet. Comprensibile che in questi punti vendita di solito si compri molto bene, ovviamente "bene" rispetto ai prezzi medi del brand. Imbattibili i saldi di fine stagione. Se puntate ai saldi, però, attenti alle code, sopportabili solo dai patiti dello shopping o da chi è in cerca dell'abito per il matrimonio della figlia.

## Mercati e mercatini

Il canale di vendita più antico della storia del commercio mondiale può avere ancora il suo fascino. Ci sono mercati storici, che coniugano risparmio e qualità, e mercati meno noti che godono comunque di una certa fama. Forse vi sarà capitato di fare acquisti nel mercato di Forte dei Marmi, che è diventato addirittura un marchio e da parecchi anni va in tour fuori dalla località in cui è nato. (Per il calendario guardate su www.gliambulantidifortedeimarmi.it).

Con un minimo di esperienza e di gusto, girando tra i banchi, distinguerete facilmente i capi che valgono un esame più approfondito da quelli che non durerebbero il tempo di un lavaggio e non meritano uno sguardo o una tastatina.

Una certa frequentazione dello stesso mercato è determinante per sapere quali sono i banchi giusti. È un'arte che si affina con il tempo: c'è chi diventa abilissima o abilissimo nello scovare capi che per vie imperscrutabili sono arrivati sotto il suo sguardi e che sono perfetti: belli ed economici. In alcuni casi sono esattamente lo stesso tipo di capo che trovereste negli outlet. Va da sé che nei mercati c'è spazio anche per l'usato, ma ne parliamo fra qualche riga.

### Online

Ecco, ci siamo: comprare vestiti su Internet. Scagli la prima pietra chi, dopo aver letto le notizie del giorno o risposto alle mail, non resiste alla tentazione di farsi un giretto su Zalando (www.zalando.it) e siti simili!

In Internet prezzi e foto sono così accattivanti ed è così semplice e veloce acquistare che sembra uno spreco *non* fare acquisti. È proprio così? Il problema – inutile dirlo – è che vi vengono proposti vestiti che non potete né vedere, né toccare, né provare. Che fare allora? Qualche trucco: preferite, anche su Internet, marchi di cui conoscete l'affidabilità, controllate bene non solo la taglia, ma anche le misure relative, scegliete sempre siti che vi consentono facilmente il reso. E leggete le descrizioni dettagliate e/o le etichette, nel caso siano fotografate. Infine comprate solo se siete molto, molto sicuri. Esistono

– siti che vendono vestiti di tanti marchi diversi, come il già citato Zalando;
– siti dei singoli marchi. Ormai tutti i marchi, nessuno escluso, dalle griffe più esclusive a quelli più economici, hanno il loro canale online;
– siti che vendono di tutto (come Amazon) e anche vestiti.

Mi chiedo come non abbiano ancora inventato una app che permetta attraverso una nostra foto di provare virtualmente i vestiti che ci piacciono. Avevo saputo che qualche grande azienda ci stava già lavorando, ma non mi risulta che sia in circolazione…

L'acquisto capolavoro l'ha fatto qualche anno fa mia figlia: durante i saldi di fine stagione ha provato in negozio una giacca bellissima, poi l'ha comprata online con un doppio sconto: il 20 % del 50% o qualcosa del genere. Le tecniche miste sono sempre le migliori. A questo proposito date un'occhiata al capitolo *Quando il tablet o la lavatrice ti abbandonano*.

## Usato

Un tempo c'erano solo i mercatini tipo il londinese Portobello o il romano Porta Portese; negli anni Ottanta sono arrivati i primi negozi di abiti usati; dal Duemila, più o meno, è scoppiata la passione (e il business) del vintage; e negli ultimissimi anni, all'insegna della green economy, c'è una vera e propria esplosione di interesse per il mercato dell'usato, anche per quanto riguarda i vestiti. Parliamo sia di negozi "in carne e ossa", sia di shopping online.

Non ci sono solo i classici eBay (www.ebay.it) e Subito (www.subito.it), ma anche e soprattutto, negli ultimi tempi, una serie di siti specializzati nell'abbigliamento. Un successo amplificato dai dettami della *green economy* e da idee guida come riciclo e riuso (Se siete curiosi, andate subito al capitolo *Riciclare, riparare, condividere vs usa e getta*). Il fenomeno è appena agli inizi. Dal momento in cui scriviamo al momento in cui il libro è andato in stampa, il numero di siti e app si sarà moltiplicato, ne sono sicura. Se volete saperne di più, non perdetevi il box!

### Siti e app per l'usato

**eBay** – Chi non conosce eBay, il primo e storico sito per vendere tutto il proprio usato? Ampia l'offerta anche sui vestiti, nuovi e usati.

**Greenchic (un tempo Armadioverde)** – È centrato soprattutto sull'idea dell'economia circolare e dello scambio. Oltre al pagamento diretto usa un sistema di punti interni, in cui se metti a disposizione i tuoi vestiti usati puoi ritirarne altri pagando solo una piccola differenza. Da segnalare la collezione Upcycled by Greenchic, che propone pezzi unici realizzati con capi che hanno terminato la loro prima vita. (www.greenchic.it)

**Secondtime** – La filosofia di questo progetto è già nel nome: il sito propone abiti e accessori di grandi stilisti e dà loro una nuova vita. Non del tutto a buon mercato (www.secondtime.com).

**Vintage** – Non solo vestiti in questo sito che propone anche accessori e arredamento. Per amanti dello stile vintage. Prezzi di conseguenza.

**Vindet** – È organizzato come un social. Usa meccanismi del tipo dei like per aumentare la visibilità di un certo capo o "negozio" e rende possibile l'interazione online tra chi vende e chi compra. (www.vindet.it)

**Zalando** – L'usato su Zalando lo trovate nella sezione Second Hand. Comodissimo il motore di ricerca interno (www.zalando.it).

Può essere consigliabile comprare vestiti usati? Ovviamente dipende da noi. Se vogliamo provare, basta applicare le regole del *cheap and chic* e in più trovare il modo di controllare l'usura nei punti a rischio: polso, collo, bottoni, cuciture. Facile di persona, più difficile online, ma alcuni siti vi permettono di comunicare direttamente con il venditore: potrete così chiedere foto dei dettagli da ispezionare da vicino.

C'è un caso in cui l'usato può essere una scelta vincente: i vestiti per bambini. Sono stati forse i primi negozi "veri" di vestiti usati ad avere una certa diffusione. E i motivi si spiegano da soli. Possono essere una buona scelta nel caso dobbiate acquistare per la vostra piccola o il vostro piccolo un capo che metterà poco; un vestito per una cerimonia o una salopette da sci, per esempio. Non conviene per la tuta da mettere tutti i giorni o i jeans…

A ogni modo, sulla spinta della crisi economica, coniugata con i sacrosanti principi della sostenibilità, l'usato è in grande espansione. Anche le griffe ci fanno un pensierino, per esempio la Levi's. In questo caso scordatevi i prezzi bassi.

L'usato più economico è ed è sempre stato l'usato fai da te! Capita a tutti nella vita di "dar via" a qualcuno cui siamo in confidenza un capo che non metteremo più perché siamo ingrassati o dimagriti, o perché siamo semplicemente stufi di indossarlo, ed è capitato a tutti di riceverne uno, esattamente per gli stessi motivi. Di solito sono cose che capitano per caso. Non si può pianificare di ricevere in questo modo il piumino nuovo di cui abbiamo tanto bisogno! Però, ecco: si può far accadere il caso! Vi piace invitare e avete tanti amici? Organizzate uno *swap party*, una festa in cui ognuno porta dei capi di abbigliamento da scambiare. Ottimo per i vestiti dei bambini. Naturalmente i capi devono essere in ottimo stato e pulitissimi.

Lo *swap* (parola inglese per "scambio") si sta diffondendo sempre più: eventi all'insegna dello *swap* sono ora organizzati persino in alcuni centri commerciali e ciascuno può fare i propri baratti grazie al sito e alla app Swapush (swapush.com).

## COSA TENERE, COSA BUTTARE

A proposito di usato, cosa fare di quello di casa propria? Fra i vestiti che ingombrano cassetti e armadi, quali vale la pena tenere e quali buttare? È un bel dilemma, specialmente per chi, come le autrici di questa guida, vede stratificarsi capi propri dagli anni Settanta in poi, e capi anni Cinquanta e Sessanta delle nonne e delle mamme.

Molto dipende da quanto spazio avete nelle vostre case, ma svariati sono i motivi che potrebbero spingervi a dedicare un angolo dell'armadio a vestiti che non mettete più. Innanzitutto il valore del ricordo personale, e qui ognuno fa i conti con se stesso e con il proprio rapporto con gli anni che se ne vanno via. Poi il ricordo, quasi la testimonianza, per gli altri: certi capi e certi accessori agli occhi dei ragazzi di oggi diventano dei veri e propri reperti storici, occasione di stupore e di divertimento. Tenete inoltre presente i corsi e ricorsi della moda: perché comprare vintage se abbiamo degli originali appesi nel guardaroba? E infine: può sempre capitare di essere invitati a una festa anni Ottanta. Meglio essere preparati!

## L'ULTIMA FRONTIERA: IL NOLEGGIO

Per le grandi occasioni, ricordatevi che c'è anche il noleggio. Se vi capita un evento importante in cui è d'obbligo un outfit particolare, o se per una volta nella vita volete o dovete indossare un abito da sera, consultate siti come Drexcode o Dressyoucan (drexcode.com e www.dressyoucan.com). Il noleggio è la prossima frontiera per le auto, per le attrezzature sportive, per quelle tecniche. Perché non dovrebbe esserlo anche per i vestiti o gli accessori? Certo, anche il noleggio ha un costo, ma non è confrontabile con quello che spendereste per un abito di una griffe famosa. Per smoking e frac è la regola, perché non dovrebbe esserlo anche per un tailleur o per un accessorio speciale?

Per restare nell'area della condivisione, questa volta gratuita e fatta con il cuore, se avete amiche o amici che hanno i vostri stessi gusti e misure (in senso letterale: altezza, spalle, giro vita), qualche prestito o qualche scambio potete concedervelo!

## QUALCHE CONSIGLIO IN PIÙ

- A ognuno il proprio *must*! Non fatevi influenzare da regole imposte da altri. Ognuno, in base al proprio stile di vita, ha i suoi capi irrinunciabili. Piuttosto che inseguire le liste altrui, chiedetevi quali sono i vostri *must have* e puntate su quelli, assicurandovi che i vostri capi preferiti siano sempre in ordine e di buona qualità.
- Vi ricordate le mistery box? Ne abbiamo parlato nel capitolo *Cura di sé*. Esistono anche per l'abbigliamento. Si ordinano online e si riceve un certo numero di capi, al buio, senza scegliere di persona. Si va dai siti che chiedono solo numero di scarpe e taglia e non prevedono resi (rigorosamente da evitare) a quelli che propongono capi scelti da uno *stylist* sulla base di un profilo molto accurato dell'acquirente e prevedono che si tenga e si paghi solo ciò che ci piace davvero (www.lookiero.it). Poco in linea con i principi della spending review, ma sulla carta i prezzi sono più bassi degli altri tipi di acquisto.
- In caso di usato da indossare, attenzione alla questione della sanificazione e dell'igiene: nella maggioranza dei casi i capi vengono venduti lavati a secco, in qualche modo certificati; in altri no. Controllate bene.
- Prendetevi cura dei vostri vestiti lavandoli con attenzione. Attenetevi scrupolosamente alle istruzioni di lavaggio, e ricordatevi che a volte la tintoria può essere un investimento.
- Benedetto chi sa usare ago e filo. Sfruttate le vostre doti, anche minime, per rinnovare i vostri capi più datati. Potrà bastare pochissimo: cambiare i bottoni, mettere o togliere tasche o bordi, accorciare orli.

# 12. GENEROSI MA NON TROPPO

Andrebbero istituite appositamente classi di educazione tecnica sulla scienza di fare i regali. Pare che nessuno abbia la minima idea di cosa vogliano gli altri, e le idee più diffuse sull'argomento non sono degne di una comunità civilizzata. C'è per esempio la parente convinta che <<una cravatta è sempre utile>> e te ne manda una orripilante a pallini che puoi indossare solo di nascosto. Sarebbe più utile se l'avesse usata per legare i cespugli di ribes, perché avrebbe avuto il doppio scopo di sostenere i rami e spaventare gli uccelli. Poi ci sono le zie. Se finalmente si riesce a convincerle che non si portano più le manopole di lana rossa, ecco che muoiono, o litigano con la famiglia o fanno qualcosa di altrettanto sconsiderato. Per questo le scorte di zie addestrate sono così scarse.

Saki, *Racconti*

Compleanni, feste, ricorrenze varie, Natale, grandi e piccoli eventi che riempiono di gioia le nostre vite. Un periodo un po' piatto può rischiararsi all'improvviso grazie a un invito speciale, o una festa che interrompa la routine. Ed ecco allora, subdolo e strisciante, il pensiero nascosto: che cosa regalo? Che cosa porto? Una preoccupazione capace per alcuni di moltiplicare il piacere della situazione, per altri di appiattirlo, annullarlo, azzerarlo. Conosco persone, soprattutto uomini, che si fanno prendere dall'ansia solo al lontano sentore di San Valentino o del compleanno del partner.

Perché fare un regalo, un "bel" regalo, non è facile, e richiede un mix di attitudini e disposizione che non si improvvisano. Ci vogliono attenzione, sentimento, tempo, fantasia e… soldi. Niente panico e affrontiamo la situazione dal nostro punto di vista: salviamo il piacere di regalare dalla minaccia sempre incombente della spesa fuori controllo.

Facciamo un accordo: noi vi diamo qualche suggerimento di spending review in tema di regali; voi ci mettete l'attenzione, la cura, l'affetto per le persone cui li darete. Si tratti del compleanno di un collega o dell'onomastico del nonno, non c'è nulla che possa sostituire il calore, l'amicizia, o anche solo la stima e il rispetto che nutrite verso la persona cui è destinato il vostro dono.

## I REGALI DI NATALE

Partiamo dal compito più arduo: i regali di Natale. Per una volta iniziamo da cosa *non* fare. Vietato ripetersi per settimane, a partire dai primi di novembre, che quest'anno basta, non regaliamo niente a nessuno e pazienza se qualcuno ci rimane male. Salvo poi la Vigilia di Natale entrare nella prima profumeria e fare incetta di profumi e dopobarba per tutti. Questo è il sistema migliore per spendere un sacco senza fare regali che siano particolarmente significativi e graditi. Visto che il Natale arriva ogni anno, tanto vale prepararsi per tempo... (Ah, il tempo! Eccolo di nuovo!)

Questi sono i nostri suggerimenti.

### Estate

Se in estate siete in giro, in vacanza, ovunque voi siate vi capiterà senz'altro di imbattervi in qualche mercatino o negozio che propone articoli carini, meglio se di artigianato, a costi abbordabili. Approfittatene! Chi riceverà il vostro regalo apprezzerà il fatto che avete pensato a lui o a lei anche in piena estate! Non importa il valore dell'oggetto, importa il gesto.

### Famiglia intera

Fate un regalo unico per tutta la famiglia, invece che una cosina per ogni componente. Se è una giovane famiglia con bambini o con figli già grandicelli, cercate un gioco da fare tutti insieme. Oppure potete puntare a un oggetto per la casa di cui tutti possano godere o a un classico regalo alimentare (meglio non un panettone!).

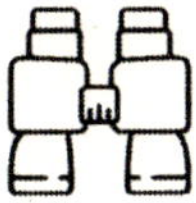

### Stesso regalo per tutti

L'alternativa è affrontare i regali di Natale come farebbe un'azienda, ovvero trovare un oggetto, lo stesso, da acquistare nella modalità che preferite e da regalare a tutti i vostri amici. Se comprate una quantità maggiore, probabilmente riuscirete a ottenere un prezzo migliore. Per una volta, sceglierete questo oggetto pensando a voi e non a chi lo riceverà. Dovrà essere qualcosa che comunica chi siete o ciò in cui credete. L'importante è che ci sia il cuore. Ho dei cari amici che fanno così: lo stesso libretto a tutti, accompagnato con un cioccolatino, il tutto confezionato con cura e con un bigliettino personalizzato. Molto gradito.

### Ironia (che sta bene con tutto)

Pensate a regalini sdrammatizzanti, leggeri, ironici, divertenti. Quel che conta è che siano di buon gusto. Non importa se sono di materiale povero. In questo caso, però, l'attenzione alla persona che lo riceve dovrà essere altissima. Anzi, più leggero e poco costoso è il regalo, più adatto deve essere a chi lo riceve. Pare che questa sia anche la regola di Natale della famiglia reale inglese.

### Generosi davvero

Se invece ritenete che il Natale vada vissuto in modo meno consumistico e volete mandare un messaggio ai vostri amici, optate per una donazione a un'associazione, un ente, un'istituzione di vostra fiducia. Poi scrivete un biglietto di auguri a ciascuno dei vostri amici, spiegando loro che quest'anno invece di spendere per i regali avete deciso di sostenere una buona causa, anche con il loro aiuto. In questo modo avrete reso gli amici partecipi della vostra scelta etica. E il risparmio si trasformerà in qualcosa che vale di più.

## IN OGNI OCCASIONE

Avete capito: leggerezza, sostenibilità e stile sono la chiave per fare felici sia chi dona sia chi riceve. E se queste regole valgono per la spending review del regalo natalizio, a maggior ragione valgono in ogni momento dell'anno. Ecco i suggerimenti validi per tutte le situazioni, o quasi.

### Usato

Ricorrete all'usato, senza spingervi al vintage, che può essere molto costoso a volte senza alcun motivo. Per l'amico appassionato di libri non sarà difficile trovare in qualche mercatino un vecchio volume, magari con un *ex libris* particolare. Per quello modaiolo un accessorio speciale del tutto fuori moda, scovato allo stesso modo. Per la collega elegante degli orecchini coloratissimi in plastica anni Sessanta faranno sicuramente bella figura.

### Buono regalo

Da usare solo se si è molto in confidenza. Perché non regalare il proprio tempo? All'amica che vi chiede ogni tanto di accompagnarla a fare spese e a cui dite sempre di no perché avete paura di essere trascinati in un vortice di acquisti, regalate un buono per "un sabato pomeriggio di shopping"! A vostra cognata, che, diciamolo, è decisamente schiava del suo cane, regalate un buono "dog sitter" e così via... Allo stesso modo potete regalare un buono per un pomeriggio di lavoro in giardino, o per dare una mano a fare la salsa, o per dare una sistemata alla cantina. Insomma, un buono per tutto quello che sapete fare a chi può aver bisogno del vostro aiuto!

### Andate sul classico

Da ultimo, la situazione più difficile: il regalo un po' formale, per l'occasione importante. L'occasione in cui non potete proprio lasciarvi andare alla strategia dell'ironia, anche se siete le persone più spiritose di questa terra. Come non fare brutta figura senza spendere una grossa cifra? Affidatevi al classico: un mazzo di fiori, delle buone bollicine o un bel libro fotografico andranno benissimo e non vi costringeranno a spendere una fortuna.

## IL REGALO FAI DA TE

Questa è la strategia preferita dalle autrici: il regalo fai da te. Il regalo autoprodotto è quello che contiene più di voi: le vostre doti, la vostra cura, la vostra fantasia, il vostro tempo. È come se donaste una parte di voi stessi. Diciamola tutta: non è solo un modo di risparmiare (anche quello, siamo qui per questo!), ma è un modo di regalare che va ben al di là della spending review.

E non dite che non sapete fare niente, perché non è vero! Se passate in rassegna le vostre abilità, qualcosa che sapete fare e anche bene lo trovate senz'altro, e se anche credete di non avere doti particolari scoprirete che non è così. Ecco qualche suggerimento...

### Il regalo fai da te alimentare

È la categoria più diffusa, sicura e di grande effetto, sempre gradita. Il vasetto di marmellata home made è un vero classico di questo genere, ma in realtà quasi tutto quello che sapete preparare e conservare in cucina può essere regalato, con grande soddisfazione vostra e di chi riceve. Perché

### In cerca di idee tra libri e siti

Pierre Lota, *Un'ora un oggetto. 35 idee fai da te in stile nordico*, Terre di Mezzo, 2018. Il design nordico è apprezzato per la sua linearità e il suo calore. Qui trovare tante idee per creare oggetti unici con materiale di recupero.

*Fatto a mano. 101 idee creative*, Demetra, 2017. Un manuale per esplorare le proprie doti creative. Tra le tante tecniche presentate in questo manuale, troverete senz'altro quella che fa per voi!

Alice Pispoli, *Il mio mondo creativo*, Demetra, 2020. Se siete social, apprezzerete questo manuale, che oltre a darvi preziosi suggerimenti su che cosa realizzare con le vostre mani, vi spiega come presentarlo ai vostri follower.

Archzine (www.archzine.it) In questo sito dedicato alla casa e al design, trovate delle sezioni sul fai da te con suggerimenti e tutorial per creare da soli i vostri complementi di arredo.

Pinterest (www.pinterest.it) Il social della creatività. Con un po' di pazienza, riuscirete a individuare le persone giuste da seguire, per intraprendere o continuare la vostra strada nel fai da te.

allora non fare omaggio di un vero kit per la colazione, con sacchettino di biscotti rigorosamente fatti da voi e marmellata? O un kit aperitivo con cracker e sottaceti? O un kit passeggiata all'aria aperta con frutta essiccata? Non è necessario essere dei maghi della cucina per confezionare regalini alimentari di sicuro successo.

Un'idea può essere del sale aromatizzato in vasetto, insolito e rapidissimo da preparare. Basta passare nel mixer del sale grosso con l'elemento che darà profumo. Potete scegliere erbe aromatiche, o, per un sale dall'aroma particolare, buccia d'arancia (solo la parte rossa). Frullate il tutto fino alla grandezza voluta e poi passate in forno sulla leccarda ricoperta di carta da forno. Lascerete essiccare per due o tre ore a temperatura tra i 50 e i 70 °C. Poi mettete in vasetti che decorerete a tema, con buccia d'arancia essiccata o rametti di rosmarino.

Naturalmente non potete regalare un vasetto di sale aromatizzato alla persona del cuore che compie quarant'anni! Non sarebbe adatto. Ma se vi fa piacere fare un regalino alle amiche che vedete di rado, o lasciare un pensiero a chi ha festeggiato voi, allora andrà benissimo!

Avete già letto il capitolo *Osare oltre la marmellata*? Lì trovate tante altre idee!

### Dal biglietto al libretto

Vi piace leggere e scrivere? Regalate un biglietto con una poesia o una filastrocca scritta da voi. (Mio marito, che detesta feste e compleanni, conserva ancora una poesia scritta da un'amica per i suoi quarant'anni). Se non ve la sentite, scegliete una poesia che avete letto e che vi sembra adatta alla persona cui volete fare il regalo, copiatela a mano o impaginate con cura e stampatela. Se questa idea letteraria vi piace, scegliete quattro o cinque poesie e confezionate un piccolo libro da regalare. Con computer e stampante, carta, cartoncino e spago, in una sola ora di lavoro riuscite a confezionare un librettino di tutto rispetto. Con la stessa tecnica potete confezionare volumetti fai da te con ricette, foto, ricordi di viaggio, o semplicemente un racconto che avete letto e che vi è piaciuto tanto! Per gli amici con cui avete passato un weekend al mare o una vacanza da ricordare potreste realizzare un bel volumetto con le vostre foto, i vostri selfie, i ricordi, i luoghi che avete visto, qualche frase...

### Sassi, legni, conchiglie

I materiali naturali si prestano più di altri per essere utilizzati in regali fai da te. Un sasso dalla forma particolare solo protetto da una vernice lucida può diventare un fermacarte che, con il vostro nome scritto in piccolo da qualche parte, vi ricorderà tutti i giorni all'amico cui l'avete regalato. Alcune conchiglie sono perfette così come sono: un forellino e sono pronte per essere infilate in un cordoncino e messe al collo. E che dire dei legni che le onde del mare hanno modellato e hanno portato sulla riva perché qualcuno li raccogliesse e ne facesse, dopo averli solo levigati e lucidati, delle meravigliose sculture da regalare agli amici?

| **Siete capaci di...** | **allora potete realizzare...** |
|---|---|
| disegnare e dipingere | magliette disegnate (anche se NON sapete disegnare)<br>quadretti a volontà<br>caricature<br>quadri (naturalmente) |
| cucinare | biscotti<br>conserve<br>sale aromatizzato (anche se NON sapete cucinare) |
| scrivere e usare un programma di scrittura | biglietti di auguri<br>libretti<br>ricettari<br>etichette (da mettere ovunque)<br>calendari |

| | |
|---|---|
| cucire | astucci<br>pochette<br>porta telefono<br>copertine<br>borse |
| lavorare a maglia o all'uncinetto | cappellini<br>sciarpe<br>pochette<br>(per tacere di maglioni e maglie e golf e golfini) |
| fotografare | poster<br>libretti<br>video |
| costruire con il legno | cornici<br>sculture<br>appendini |
| usare il cartoncino | scatole (anche da ricoprire con le foto stampate!)<br>segnalibri |
| lavorare in giardino | bustine di semi prodotti da voi<br>piantine<br>composizioni di piante |

## QUALCHE CONSIGLIO IN PIÙ

- Investite un po' di tempo nella confezione del vostro regalo economico. Se costudito in una confezione di gusto, qualsiasi oggetto acquista splendore.
- Anche la carta e i nastri hanno un costo. Abituatevi a tenere da parte, quando ricevete un regalo, eventuali elementi decorativi da riutilizzare. Vale la pena conservarli solo se sono in ottimo stato, altrimenti otterrete l'effetto opposto.

- Vi è piaciuta l'idea del libretto, ma realizzarlo vi sembra un po' complicato? Potete puntare a qualcosa di più semplice, per esempio un quadernino. Sarà molto apprezzato. È sempre utile averne uno con sé, anche nell'era degli smartphone.
- Riciclare un brutto regalo? Mai! Tenetelo da parte... Prima o poi verrà il suo momento di gloria. Forse tra qualche anno potrete dargli nuova vita!
- Tenete nota da qualche parte dei regali che fate, giusto per non ripetervi.
- Una laurea, un matrimonio, un traguardo raggiunto: c'è sempre qualcuno che si merita un regalo speciale. Concentrate su di lei/lui il risultato della spending review del regalo degli ultimi mesi, e per una volta non badate a spese!

*Casa*

# 13. I MAGNIFICI TRE E ALTRI

> Prima si prendeva un bello straccio e via, un veloce passaggio dove capitava. Adesso c'è il rimorso del lustro, del terso, del ricolorato, in una confusione di prodotti cui è difficile stare dietro e che possono portare a funesti risultati se scambiati: buchi nella biancheria, mobili affumicati, bicchieri corrosi, tappeti scoloriti, argenteria macchiata per sempre. Inoltre, se una fosse così martire da voler pulire ognuno degli oggetti di casa, dal cesso al tavolo di legno, dal lampadario al forno, con il personale apposito prodotto, andrebbe in miseria in pochi mesi, oltre che in casa di cura per le inenarrabili fatiche sostenute. [...] Questa famosa scienza, questa superba tecnica che sa farne di tutti i colori, che è in grado di inventare armi che in caso di conflitto eliminerebbero in pochi minuti tutti gli esseri viventi tranne le amebe, che sta probabilmente progettando come coltivare gli aranci sulla luna, perché non prova invece a inventare la casa che si lava da sola o meglio ancora che non si sporca, o studiare macchine che autodistruggono e autoriproducono o autoriordinano tutto quello che viene usato in casa?
>
> Natalia Aspesi, *Delle donne non si sa niente*

Le pulizie di casa assomigliano alle visite dal dentista: si devono fare, ma sono fastidiose e per di più costano. I vari detergenti in vendita sono cari e spesso decisamente inquinanti; inoltre, da qualche tempo a questa parte, è in atto un inarrestabile processo di superspecializzazione. Ha proprio ragione Aspesi quando ci ammonisce sui pericoli della ricerca (e del marketing): bisognerebbe comprare un prodotto specifico per i pavimenti, uno per il lavello, uno per il piano di cottura, uno per il frigorifero, uno per il forno e così via.

Quanto a ridurre il fastidio, temo che ci sia poco da fare. Posso consigliarvi, ma di sicuro lo fate già, di accompagnare i lavori di pulizia con una colonna sonora di vostro gradimento (cuffia o radio) o anche con un programma tv (meglio qualcosa che avete già visto e vi tiene compagnia senza richiedere grande attenzione). È possibile ridurre la spesa, invece, limitando drasticamente il numero dei prodotti e utilizzando per buona parte delle pulizie i magnifici tre del titolo, cioè candeggina, aceto bianco e bicarbonato di sodio, economici e poco inquinanti, e in più pochi altri.

Per questo, care lettrici e cari lettori, nel capitolo non troverete le consuete icone a guidare la vostra lettura. Non le troverete perché avrei dovuto inserire di continuo due sole icone, sempre le stesse, quelle che vedete qui accanto. La spending review in fatto di pulizie è tutta qui: sostituire i detersivi industriali con i nostri magnifici tre e imparare qualche trucco per usarli al meglio.

## LA CUCINA

La cucina è il locale della casa decisamente più impegnativo dal punto di vista delle pulizie.

### Il frigorifero

Cominciamo dal frigorifero. Per una pulizia completa è bene svuotarlo e staccare la presa elettrica. Perciò, qualche ora prima di cominciare, collocate nel freezer un paio dei cosiddetti *siberini*, cioè quei contenitori di plastica rigida, in genere blu, che hanno all'interno una miscela di acqua e varie sostanze chimiche. Una volta ben ghiacciati, li metterete in una borsa termica con i prodotti più deperibili del frigo e del freezer. Per lavare pareti e cassetti, del frigo come del freezer, il detergente migliore è quello formato da acqua calda (non bollente) e aceto bianco in pari quantità. Passatelo con una spugnetta, sciacquate con acqua tiepida e asciugate. Qualche goccia di succo di limone nell'acqua di risciacquo darà un buon profumo. L'asciugatura è molto importante per evitare che si formino lamelle di ghiaccio all'interno del frigo e del freezer.

Per prevenire i cattivi odori che a volte si avvertono nel frigo mettete una ciotola piena di bicarbonato, da cambiare almeno una volta al mese in modo che sia sempre ben pulito. Non gettate il bicarbonato usato, ma mettetelo nel contenitore dell'umido, dove continuerà a svolgere per un po' la sua funzione deodorante.

#### Il forno

Quella del forno è una pulizia che si ha sempre la tentazione di rimandare, sia perché l'interno non è in vista (e se un ospite ci vuol guardare dentro... beh, non invitatelo più), sia perché è un lavoro faticoso, richiedendo contorsioni acrobatiche. Proprio per questo, credo, hanno un certo successo i prodotti chimici da spruzzare e far reagire nel forno caldissimo. Non vi consiglio di usarli: sono costosi e soprattutto molto tossici, per l'ambiente e per voi, che dovrete necessariamente respirare i fumi che usciranno; per non parlare di eventuali residui che potrebbero finire nei cibi. Vediamo perciò quali possono essere le alternative.

Se il forno non è molto sporco (non si dovrebbe mai arrivare ad avere delle incrostazioni), basterà mettervi una teglia piena d'acqua e scaldarlo al massimo in modo che l'acqua, evaporando, vada a bagnare tutto l'interno. Quando il forno sarà diventato tiepido (non è il caso di finire al reparto grandi ustionati per amore della pulizia), si passa uno straccio (da sacrificare a fine operazione) bagnato in acqua e aceto (metà/metà) su tutte le superfici. Se lo straccio appare molto sporco, si può ripetere l'operazione. Infine sciacquate con la sola acqua tiepida. La griglia e la leccarda vanno pulite a parte, sempre con acqua e aceto, oppure con il detersivo per i piatti.

Se invece, come capita spesso, il forno è stato trascurato a lungo, bisogna intervenire in modo più drastico. Cominciate facendo evaporare l'acqua di una teglia; intanto preparate una pappa di acqua e bicarbonato cui potete aggiungere, se volete, un po' di succo di limone.

Quando il forno sarà tiepido, passate uno straccio usa e getta che si porterà via lo sporco più superficiale, poi spalmate l'interno del forno con un velo della miscela. Lasciate agire per qualche ora, poi sciacquate con acqua tiepida e aceto, infine con la sola acqua tiepida. Stesso trattamento, fuori dal forno, per la griglia e la leccarda.

Ancora poco conosciuto in Italia, è stato messo sul mercato il forno autopulente, o pirolitico: il vano interno del forno viene portato a una temperatura di 500 °C, che in due-tre ore igienizza e carbonizza i residui di cibo e ogni traccia di sporco e grasso presenti sulle pareti interne, sulla griglia e sulla leccarda.

I vantaggi sono, come è evidente, un bel risparmio di tempo e di fatica e una pulizia veramente perfetta, anche dal punto di vista igienico. Però i forni pirolitici costano mediamente il doppio di quelli normali e la procedura di pulizia è molto dispendiosa sul piano energetico. Non mi sento di sostenere il forno pirolitico, anzi mi sembra che abbia più aspetti negativi che positivi, però vi può essere utile prenderlo in considerazione se cambiate la cucina.

### Il forno a microonde

Il forno a microonde si sporca parecchio, perché, se il contenitore inserito non ha una copertura, spesso viene schizzato in giro un bel po' di cibo. Per una pulizia a fondo basterà ripetere, per fortuna questa volta in piccolo, la procedura del forno: una ciotola piena di acqua da far evaporare, poi, per pulire, acqua e aceto (o succo di limone); se la situazione è grave, si può usare la miscela di acqua, bicarbonato e aceto. Acqua e aceto vanno bene anche per pulire l'esterno.

### Lo scolapiatti

Lo scolapiatti spesso viene del tutto dimenticato e trascurato. Provate a estrarre il vassoio che raccoglie l'acqua che scola dai piatti: probabilmente verificherete che è molto incrostato di calcare, che è un ricettacolo di germi. Per eliminarlo, riempite di aceto il vassoio (non ce ne vorrà molto) e lasciate agire per qualche ora, poi sciacquate strofinando in modo energico con il lato ruvido di una spugnetta o con una spazzolina.

Per pulire la rastrelliera che porta i piatti bisogna ovviamente svuotarla, operazione un po' impegnativa se di solito lasciate lì i piatti tra un pasto e l'altro. Una volta che sarà svuotata, toglietela dal pensile e pulitela con la solita acqua e aceto o, se preferite, con il detersivo dei piatti.

### Il piano di cottura

Anche per il piano di cottura, piastre a induzione comprese, si può usare una miscela di acqua e aceto bianco (metà/metà), asciugando poi accuratamente. Eventuali incrostazioni, per esempio di cibo che si è carbonizzato, si possono coprire con una pappetta di acqua e bicarbonato: lasciare agire per circa un'ora e poi sciacquare.

### I piatti

Per i piatti ci sono naturalmente moltissimi detersivi tra cui scegliere. Una raccomandazione: usatene sempre pochissimo, per risparmiare ma soprattutto per inquinare meno. In alternativa al detersivo schiumoso si può usare sapone di Marsiglia. Oppure, se avete tempo, potreste immergere i piatti sporchi in acqua calda e aceto e passarli con una spugnetta dopo un paio d'ore. Il risultato è ottimo. L'aceto caldo è miracoloso per le pentole incrostate, se si lascia agire per qualche ora. Nelle situazioni estreme, come quando l'arrosto dimenticato si è carbonizzato sul fondo della pentola, ricorrete alla candeggina. Ma attenzione: dopo qualche ora potrebbe bucare il metallo. Naturalmente bisognerà poi risciacquare molto bene.

Se usate la lavastoviglie, potreste sostituire il vostro detersivo abituale con aceto in cui avete sciolto sale grosso e qualche goccia il limone. Messo nella apposita vaschetta, l'aceto sostituisce il brillantante con ottimi risultati.

### Il tagliere

Il tagliere è un oggetto di cui ci preoccupiamo poco; invece per la natura stessa della sua funzione si riempie di microfratture in cui si annidano germi e batteri. Bisogna lavarlo spesso, con acqua bollente e succo di limone oppure aceto puro, non diluito, e caldo. Quando vi resta un po' di spazio, mettetelo in lavastoviglie.

## IL BAGNO

Come la cucina, il bagno richiede una pulizia particolarmente accurata.

### I sanitari

Per pulire a fondo tutti sanitari vanno benissimo acqua calda e candeggina, ma bisogna poi risciacquare abbondantemente. Se avete due bagni e perciò potete lasciarne uno inutilizzato, oppure se state per uscire e prevedete di restare fuori parecchie ore, versate un po' di candeggina nel water: serve a disinfettare e a sbiancare il fondo. Sempre a proposito del water, la candeggina, essendo un liquido, ha il limite di non fermarsi sulle pareti. Qualche volta, diciamo ogni dieci giorni o giù di lì, preparate una pappa di acqua e bicarbonato (tre parti di bicarbonato e una di acqua) con l'aggiunta di mezzo bicchiere di aceto, distribuitela sulle pareti interne del water, in particolare nella zona in alto, sotto il bordo, lasciatela agire il più a lungo possibile (almeno qualche ora) e infine rimuovetela passando energicamente l'apposita spazzola. Non è proprio un'operazione tra le più poetiche, lo so, ma la pulizia del water comporta necessariamente interventi di bassa e sgradevole manovalanza. Potete usare la stessa miscela per una superpulizia di lavandino, bidet, vasca da bagno e piatto della doccia.

### I rubinetti

Un mix di bicarbonato e aceto bianco è perfetto per pulire i rubinetti (magari usando un vecchio spazzolino da denti). Per le incrostazioni di calcare, bisogna lasciare per qualche ora un panno o un batuffolo di cotone idrofilo imbevuto di aceto sulla zona da ripulire. Il soffione della doccia a volte è così incrostato di calcare che i fori per l'acqua sono quasi completamente ostruiti. In questo caso ci vuole un intervento drastico: smontate il soffione e lasciatelo immerso in una soluzione metà aceto metà acqua fredda per tutta la notte. Poi pulite con un panno intriso di aceto, passate uno stecchino nei fori che fossero ancora ostruiti e infine risciacquate. Il risultato non sarà inferiore a quello che si ottiene con gli anticalcare in commercio.

Acqua calda e aceto (in proporzioni uguali) oppure acqua calda e bicarbonato (un paio di cucchiai per ogni litro di acqua) servono anche a tenere puliti e liberi gli scarichi dei sanitari. Non usate i disgorganti chimici: oltre che costosi, sono molto tossici.

### Le muffe

Il bagno è il locale più umido della casa, e l'umidità provoca la formazione di muffe, che sono molto brutte da vedere, creando un effetto casa degli Adams che va bene ad Halloween ma non nel resto dell'anno. Inoltre le muffe emanano spesso un cattivo odore e possono provocare danni alle vie respiratorie. Bisognerebbe prevenirle, aprendo spesso le finestre, soprattutto dopo aver fatto la doccia, non lasciando pozze d'acqua sul pavimento e asciugamani e accappatoi umidi in giro. L'ideale sarebbe utilizzare almeno per un paio d'ore al giorno un deumidificatore, che però rappresenta un costo, per l'acquisto e per il consumo di elettricità. Una ciotola di sale grosso, da cambiare spesso, contribuisce a sottrarre umidità all'ambiente, anche se non con la stessa efficacia del deumidificatore elettrico.

E se le muffe ci sono già? Allora entra in campo di nuovo uno dei nostri supereroi, cioè la candeggina. Dopo aver passato energicamente uno straccio usa e getta sui punti incriminati, in modo da eliminare la parte più superficiale delle muffe, bisogna tamponarle con la candeggina, in questo caso non diluita. L'ideale sarebbe posizionare sulle muffe del cotone idrofilo

**Un libro per sorridere sulle pulizie**

I libri che forniscono consigli sulle pulizie di casa sono moltissimi, ma, almeno tra quelli che ho letto io, nessuno è veramente utile. O danno indicazioni assurde secondo cui basterebbero 10 minuti al giorno per avere la casa pulita e brillante (ma chi vogliono prendere in giro?), oppure demonizzano tutti i prodotti non *made in casa*, come se una goccia di detersivo di origine industriale bastasse a procurare intossicazioni letali a tutta la famiglia e forse anche agli inquilini del piano di sotto.
Vi consiglio perciò un libro del tutto diverso, in cui le pulizie di casa sono uno degli ingredienti umoristici dell'intreccio.

Stefania Bertola, *Le cure della casa*, Einaudi, 2021

imbevuto di candeggina, ma non in tutti i punti è possibile. Dopo qualche ora, si pulisce passando energicamente uno straccio o una spazzola. L'odore di candeggina svanisce, se aprite le finestre. Per muffe persistenti sarà necessario ripetere l'operazione un paio di volte. Non illudetevi: dal punto di vista estetico il risultato non sarà perfetto, perché resteranno aloni grigi che scompariranno solo tinteggiando di nuovo l'ambiente. Però, grazie all'energica disinfezione, le muffe non saranno più né pericolose né maleodoranti. In vendita ci sono moltissimi prodotti antimuffa, in genere costosi. Li ho provati quasi tutti, ma, parola di scout, nessuno è stato più efficace della candeggina.

### Il bucato

Dato che la lavatrice è quasi sempre in bagno, parliamo anche del bucato. Avrete certamente un vostro detersivo preferito. Ultimamente sono molto apprezzate le capsule. Dopo un breve periodo di entusiasmo, non le uso più: è vero che dosano il prodotto evitando gli sprechi, ma costano più del detersivo nella solita bottiglia di plastica. Inoltre non si riesce mai – almeno, io non riesco – a usarle tutte. Visto che vengono toccate con le mani umide, le ultime si appiccicano tra loro e spargono sul fondo della scatola il loro contenuto.

Al posto del detersivo, con un bel risparmio, potreste usare sapone di Marsiglia grattugiato e sciolto in acqua calda, con l'aggiunta di un cucchiaio di bicarbonato.

La candeggina è da sempre il prodotto che toglie le macchie più ostinate dai tessuti bianchi. Vi consiglio però di riservarla, oltre che ai capi molto resistenti, alle situazioni estreme. Prima di ricorrere alla candeggina, provate, in aggiunta al solito detersivo (acquistato o fatto da voi con il sapone di Marsiglia), a gettare tre o quattro cucchiaiate di bicarbonato direttamente nel cestello, tra i capi da lavare. Oppure a sfregare le macchie con la solita pastella di acqua e bicarbonato prima di mettere i capi in lavatrice.

L'ammorbidente è un prodotto che vi sconsiglio: a parte il fatto che contiene sostanze chimiche non del tutto rassicuranti, è costoso e lascia sui capi una specie di velo untuoso. Può essere sostituito con l'aceto, nel bucato in lavatrice come in quello a mano.

L'aceto bianco è l'ideale anche per pulire la lavatrice con un ciclo a vuoto ad alta temperatura: svolge la stessa funzione dei cosiddetti "cura-lavatrice", ma con un costo molto, molto minore. Prima del ciclo a vuoto ricordate di passare con acqua e aceto il cestello e l'oblò.

## TUTTA LA CASA

E vediamo adesso le pulizie che riguardano la casa in generale.

### I pavimenti

Per prima cosa: aspirapolvere o la classica scopa? L'aspirapolvere è certamente più comodo, ma consuma energia elettrica e richiede frequenti cambi del sacchetto, o, nel caso aveste un apparecchio più recente, continui svuotamenti dell'apposito contenitore. E più sporco raccogliete, più dovete accudire il vostro elettrodomestico. Io faccio così: tolgo il più della polvere (e del fango importato dal giardino e dei peli lasciati in giro da cane e gatti) con la scopa; ma ne uso una di silicone, più costosa ma più durevole e più efficiente di quella tradizionale, se non altro perché si può lavare con acqua calda e asciugare subito dopo. Ricorro all'aspirapolvere per gli angolini e per gli altri punti dove la scopa non riesce a fare il suo lavoro. Da qualche anno a questa parte sono in vendita scope particolari a cui agganciare panni usa e getta. È una soluzione molto comoda, ma i panni (e per forza di cose se ne usano molti) sono costosi, anche comprando

**App per le pulizie di casa**

Esistono numerose app per l'organizzazione delle pulizie di casa. Ve ne segnalo qui alcune gratuite.

- Clean May House
- Sweepy
- Nipto

Segnare sul cellulare o sul PC i lavori fatti o da fare può essere divertente, però tutto sommato non vedo molta differenza rispetto alla pianificazione cartacea. Ognuna di queste app ha anche una versione più ricca e articolata a pagamento: attenzione a non sceglierla inavvertitamente.

non gli originali ma quelli delle sottomarche. Inoltre, è sempre meglio evitare l'usa e getta.

Acqua calda o tiepida con candeggina è il detergente ideale per i pavimenti, a meno che abbiate una ceramica particolare, da pulire secondo le indicazioni del venditore. La proporzione standard è un bicchiere di candeggina ogni quattro litri, da aumentare o diminuire in base alle condizioni del pavimento.

La candeggina, che è decisamente low cost, ha anche il pregio di essere un potente disinfettante. I lati negativi sono l'odore, non proprio gradevole (ma ci sono in commercio candeggine profumate, a pochi centesimi in più rispetto a quelle tradizionali) e il pericolo che rappresenta per gli abiti: basta una goccia per creare una macchia rossastra sulle stoffe scure o un alone decolorato su quelle chiare, entrambi assolutamente irrimediabili. Un'altra soluzione economica è la pulizia dei pavimenti con acqua calda (3/4) e aceto (1/4) o acqua calda (4/5) e alcol (1/5). Ho indicato proporzioni di massima, da calibrare sul livello di sporco.

Dopo aver lavato i pavimenti, aprite *sempre* le finestre, anche se fa freddo: si rende più rapida l'asciugatura e si prevengono le muffe, riducendo l'umidità nell'aria.

A proposito di pavimenti, il Covid ci ha reso consapevoli che con le suole delle scarpe portiamo in casa non solo polvere e sporcizie di ogni genere, ma anche germi potenzialmente molto pericolosi. Allora perché non togliere le scarpe entrando, come è normale fare in Giappone e nei paesi scandinavi, dove sembra che restino in calzerotti anche i banditi in banca per una rapina? Meno sporco sui pavimenti, meno fatica, meno detersivo. Per non lasciare le scarpe abbandonate in giro, mettete nell'ingresso un contenitore, che può essere una cesta di vimini, una grossa scatola di cartone o una cassetta di legno, queste ultime da personalizzare con qualche autoadesivo o con i disegni dei bambini. Se anche voi, come me, non amate stare in casa in pantofole o in ciabatte, cambiate le scarpe "da fuori" con comode scarpe "da dentro" (ballerine, sneakers, espadrillas, vecchi mocassini).

### Il legno

Davanti al legno, del parquet o dei mobili, i nostri magnifici tre devono purtroppo arrendersi. In commercio trovate un gran numero di prodotti specifici, alcuni molto buoni, tutti piuttosto costosi. Con un'eccezione: un olio che trovate nei fai da te, nei negozi di vernici e anche nei supermercati, in posizioni defilate dato il suo basso costo. Le case che lo producono sono non più di due o tre; sulle confezioni (bottiglie di plastica che non concedono nulla all'estetica) trovate la dicitura *Olio per mobili e serramenti di legno.* Esiste nella versione rossa, per legno scuro, e nella versione gialla per legno chiaro, ma ho verificato che possono tranquillamente essere interscambiati. L'olio va steso con un panno di lana e lasciato asciugare per almeno una mezz'ora. I lati negativi di questo prodotto, di cui io sono entusiasta, sono infatti che asciuga lentamente e che, se non si fa attenzione, lascia macchie di unto sugli abiti e sulle mani (è meglio indossare guanti di plastica). Io lo uso anche sul parquet, con ottimi risultati, ma per una giornata bisogna camminare con un panno sotto le scarpe, cioè con le classiche "pattine" delle nostre nonne, che devono essere tornate di moda, dato che le vende perfino Amazon.

### I tappeti

I tappeti danno eleganza alla casa, ma hanno il difetto di trattenere polvere e sporco. Se avete tappeti di gran pregio, la cosa migliore è spazzolarli con delicatezza ogni due o tre giorni e farli lavare periodicamente in un laboratorio specializzato (i costi non sono bassi). Per i tappeti normali va bene invece il fai da te. Dopo aver tolto la polvere, potreste passare prima uno straccio o una spugna imbevuti di acqua e aceto, poi di sola acqua, infine uno straccio asciutto, evitando di calpestare il tappeto per qualche ora. Oppure potreste preparare una miscela di acqua (2/3) e aceto (1/3) e un paio di cucchiai di bicarbonato, distribuirla sul tappeto con uno straccio o uno spruzzino, lasciarla in posa per un'ora circa e poi toglierla con uno straccio umido. Oppure cospargere in modo uniforme il tappeto di bicarbonato e passare l'aspirapolvere un'ora dopo. Sono tutti metodi efficaci e pochissimo costosi, ma richiedono tempo e fatica.

Ogni tanto (mi sento in colpa a dirlo!) potreste concedervi di ricorrere alle bombolette di schiuma per tappeti, moquette e interno auto che trovate nei negozi e nei supermercati specializzati. Sono prodotti costosi e presentati in confezioni inquinanti, dunque vanno usati solo eccezionalmente.

### I vetri

Bellissime le porte finestra che danno sul giardino o sulla terrazza! Bellissimi i finestroni ampi, che fanno entrare tanta luce! Ma i vetri bisogna tenerli puliti. I prodotti specifici in commercio sono molti, ma è possibile preparane di altrettanto efficaci in casa con prodotti naturali, per esempio con acqua calda (3/4) e aceto bianco (1/4) o con acqua calda e sapone di Marsiglia grattugiato (un paio di cucchiai in un litro d'acqua). Personalmente non apprezzo molto quest'ultima miscela, perché basta una punta di sapone di troppo per ritrovare sui vetri tracce di schiuma. Altri, invece, la trovano eccellente per il suo potere sgrassante. Vi segnalo, perché ha molti estimatori, anche l'alcol. Secondo me però lascia degli aloni, e inoltre l'ansia di disinfettare suscitata dal Covid ne ha fatto lievitare il prezzo. Se i vetri sono molto sporchi, come succede per esempio quando la pioggia vi ha lasciato delle macchie quasi fangose, è molto utile pulirli con un panno asciutto prima di spruzzare la miscela scelta.

In casa si hanno di solito così tanti stracci che è un peccato comprarli. Solo nel caso dei vetri vi consiglio di usare i panni in microfibra, perché hanno il grande pregio di non lasciare i cosiddetti pelucchi. Non sono a buon mercato, ma durano a lungo, anche se messi spesso in lavatrice.

| In sintesi | |
|---|---|
| Aceto | diluito in acqua e/o con bicarbonato: pulizia del frigorifero, del forno, del microonde, dei tappeti, dei piatti, del piano di cottura, del tagliere, dello scolapiatti; pulizia dei vetri; puro: come curalavatrice, come anticalcare; come ammorbidente. |

| | |
|---|---|
| Bicarbonato di sodio | sciolto in acqua: pulizia del forno, del microonde, dei sanitari; con acqua e aceto: pulizia dei tappeti; da solo: deodorante del frigo, pulizia dei tappeti, in lavatrice a rinforzo del detersivo. |
| Candeggina | diluita in acqua: pulizia dei sanitari, pulizia dei pavimenti; nel bucato dei bianchi; pura: eliminazione delle muffe. |
| Sapone di Marsiglia | sciolto in acqua: detersivo per lavaggio a mano e in lavatrice, lavaggio dei piatti, pulizia dei vetri. |
| Olio per legno | mobili di legno e parquet. |
| Alcol | diluito in acqua: pulizia dei pavimenti, pulizia dei vetri. |

## QUALCHE CONSIGLIO IN PIÙ

- Se nonostante i miei consigli preferite acquistare prodotti specifici per le pulizie, rileggete attentamente il capitolo *Fare la spesa*. Lì trovate i trucchi e i suggerimenti che vi faranno risparmiare non poco!
- Per i capi di lana più eleganti, che avete deciso di lavare a mano perché non vi fidate della lavatrice, potreste utilizzare un cucchiaio di shampoo per capelli delicati: il risultato è ottimo.
- Se avete deciso di lavare i vetri, lavateli tutti (a meno che la vostra casa abbia le dimensioni della Reggia di Caserta, ma in tal caso non vi immagino a leggere questo libro); lo stesso vale per i pavimenti, i mobili di legno e i parquet. In questo modo non sprecate quel tanto di prodotto che resta inevitabilmente sugli stracci e lavate – o gettate – un unico blocco di stracci.
- Quando comprate un prodotto spray, una volta che l'avrete terminato ricordatevi di mettere da parte lo spruzzino vuoto. Lavato accuratamente, vi sarà utile in molte occasioni, oltre che per spruzzare sui vetri o sui tappeti le miscele fai da te di cui si parla in questo capitolo.
- Per finire: immaginate un giorno in cui sarebbero urgenti molte pulizie, ma vi dispiace interrompere la lettura di quel libro così appassionante, oppure un'amica vi invita a prendere il tè o a correre nel parco,

oppure avete voglia di una lunga telefonata con un vecchio compagno di scuola… è l'occasione per ricordare che un po' di sporco non ha mai ucciso nessuno.

# 14. ILLÙMINATI DI MENO

Dei flussi di energia che attraversano la nostra vita e soprattutto la nostra casa, sappiamo poco o nulla. Chiedo spesso alle conferenze se qualcuno mi sa dire quanti kWh di elettricità consuma ogni anno, quanti metri cubi di gas, quanti litri d'acqua. Silenzio. I contatori delle cose più importanti che presiedono al nostro comfort sono in genere nascosti in luoghi scomodi, bui e polverosi. Le unità di misura sono simboli sconosciuti, la fisica e la tecnologia che ci stanno dietro ancora di più. Resta solo la bolletta in euro, in genere bimestrale, la si paga lamentandosi che tutto aumenta, e finisce lì. Nessuna connessione tra il denaro e i propri comportamenti (è sempre colpa del governo…), anche perché il tempo trascorso dall'utilizzo al pagamento ha cancellato la memoria. In Inghilterra è stato fatto un esperimento, installando contatori elettrici con display ben visibili in cucina: la sola esplicitazione dei consumi in tempo reale di fronte a tutti i membri della famiglia ha permesso di realizzare risparmi nell'ordine del 15%.

Luca Mercalli, *Prepariamoci*

I consumi di energia elettrica, ma anche quelli del gas e dell'acqua, pesano parecchio sul nostro bilancio familiare. E sulla salute del pianeta. Dunque, in questo settore più che mai, il risparmio è doppiamente virtuoso.

## ENERGIA ELETTRICA

Cominciamo dall'energia elettrica, e cominciamo con due considerazioni pessimistiche.

Numero uno: alcuni gestori promettono energia elettrica a prezzi bassissimi, ma – a parte il fatto che bisogna vedere se questi prezzi stracciati resteranno nel tempo o sono solo una specie di omaggio di benvenuto – nella fattura dell'energia elettrica, oltre al costo del singolo kWh, pesano i costi relativi alla distribuzione e alle altre attività del sistema elettrico, e al tutto bisogna aggiungere accise (cioè imposte erariali sul consumo) e IVA. Dunque non vale la pena di stare attenti ai consumi? Niente affatto, perché tutti i costi elencati prima sono proporzionali ai consumi.

Considerazione pessimistica numero due: l'energia verde è verde fino a un certo punto. Per esempio, il fotovoltaico è di certo molto meno inquinante rispetto a una centrale termoelettrica. Ma anche lo smaltimento dei pannelli fotovoltaici, che sono pur sempre apparecchiature elettriche ed elettroniche, non è senza conseguenze per l'ambiente.

### La giornata annuale del silenzio energetico

*M'illumino di meno* è la giornata del risparmio energetico e degli stili di vita sostenibili lanciata dalla trasmissione radiofonica Caterpillar nel 2005. In questa giornata simbolo, che da allora viene riproposta ogni anno, tutti sono invitati a ridurre al minimo il consumo energetico, spegnendo il maggior numero possibile di dispositivi elettrici. L'invito è accolto ogni anno anche da molti enti pubblici, e infatti nella Giornata vengono spente le luci del Colosseo, della Torre di Pisa, dell'Arena di Verona, di Piazza del Campo a Siena, della Valle dei Templi ad Agrigento, della Madonnina del Duomo di Milano e di molti altri celebri edifici e monumenti. Nel 2008, con una edizione internazionale della Giornata, sono stati spenti anche molti monumenti europei, come la Tour Eiffel a Parigi, la Ruota del Prater a Vienna, la Colonna di Nelson e tutta Trafalgar Square a Londra. La Giornata è un importante momento simbolo dell'attenzione ai problemi ambientali. Vi invitiamo perciò ad aderire. Tenete d'occhio i media: di solito, ma non necessariamente, la Giornata viene indetta intorno al 16 febbraio, data in cui ricorre l'entrata in vigore del Protocollo di Kyoto.

Insomma, non illudetevi di poter consumare energia elettrica in modo spensierato. C'è chi, per motivi ambientali più che economici, arriva alla scelta estrema di rifiutare l'energia elettrica. Ma si tratta, appunto di una scelta estrema, che comporta disagi che non riesco nemmeno a immaginare fino in fondo. Limitiamoci, perciò, a qualche accorgimento, che ci farà risparmiare senza stravolgere il nostro modo di vita.

### La lavatrice

Anche se ne avete una di nuova generazione, classe di consumo energetico A, contrassegnata dal simbolo verde scuro, la lavatrice è una delle voci che pesano maggiormente nella fattura dell'energia. Per farla pesare un po' meno, usatela a carico completo, salvo situazioni straordinarie, come per esempio la necessità di non lasciare biancheria sporca prima di partire. Inoltre, non fate lavaggi ad alta temperatura, riservando i 90 °C alla manutenzione periodica della lavatrice stessa. Per il bucato di tutti i giorni, i 30 °C vanno benissimo per i colorati e i 40 °C per i bianchi. Per qualche macchia particolare, che comunque non se ne andrebbe semplicemente alzando la temperatura, fate un trattamento apposito prima del lavaggio.

Il Covid ci ha fatto sentire l'esigenza, piuttosto che di un bucato bianco che più bianco non si può, di un bucato sanificato: aggiungete perciò al detersivo un po' di candeggina, solo per i capi bianchi, oppure una

### Tre testi da leggere (o almeno da consultare)

La bibliografia sul risparmio energetico è vastissima, e spesso i testi sono molto tecnici di non facile comprensione per i non addetti ai lavori. Ne indichiamo qui tre che invece sono piuttosto accessibili.

Michael Grosvenor, *Risparmiare energia for dummies*, Hoepli, 2016. Il testo fa parte di una collana dedicata ai *dummies*, cioè agli inesperti nei campi più disparati.

Arturo Lorenzoni, *Il risparmio energetico*, Il Mulino, 2012. Il sottotitolo recita: *La più economica tra le fonti di energia*. Più chiaro di così!

Luca Mercalli, *Prepariamoci*, Chiarelettere, 2013. Il testo va oltre il risparmio energetico per affrontare i vari aspetti del problema ambientale. Il tono è un po' inquietante, ma forse è proprio quello che ci vuole per farci capire la gravità della situazione in cui ci troviamo.

cucchiaiata di bicarbonato, e usate come ammorbidente l'aceto, che svolge anche un'azione disinfettante (vedi il capitolo *I magnifici tre e altri*). Se poi queste ricette "della nonna" non vi convincono, scegliete un apposito additivo disinfettante tra i tanti in commercio: sarà sempre meno costoso, e meno stressante per i capi, di un lavaggio a 90 °C.

### L'asciugatrice

Ahi, l'asciugatrice è un elettrodomestico molto comodo, ma anche decisamente in contrasto con il risparmio. Consuma molto, e per di più lascia i capi così stropicciati che richiedono molto tempo, dunque molta energia elettrica e molta fatica, per la stiratura. Vi consiglio, in estate, di mettere lo stendino davanti a una finestra aperta (se poi avete un terrazzo o un giardino, meglio ancora); in inverno, di azionare l'asciugatrice al minimo (nella mia equivale a 30 minuti), giusto per togliere un po' di umidità dai capi (e dalla casa), e poi di mettere lo stendino davanti a un termosifone. Ricordatevi di girare lo stendino, quando i capi appesi dalla parte verso il termosifone saranno quasi asciutti.

### Il ferro da stiro

Anche il ferro da stiro non scherza, quanto a consumo. Allora cerchiamo di usarlo il meno possibile, ricorrendo a qualche astuzia. Gli asciugamani da bagno e gli strofinacci da cucina li tendo un po' con le mani, poi li metto direttamente su una bacchetta del portasciugamani: asciugheranno e saranno pronti all'uso nel giro di poche ore. Federe, lenzuola e maglioni di lana, questi ultimi di solito lavati a mano, li stendo ben tesi sull'asse da stiro (che copro sempre con un grande asciugamano di spugna, da lavare spesso, molto più igienico dei copriasse da stiro in commercio, che resistono a pochi lavaggi). T-shirt e camicie le faccio asciugare su una gruccia, badando a spianare le pieghe, in particolare dalle maniche. Sono tutte operazioni che rendono il lavoro di stiro più rapido e facile e dunque più economico, oltre che meno faticoso. Un ultimo consiglio: per quanto stirare possa annoiarvi e stancarvi, cercate di non frazionare troppo il lavoro, perché portare alla giusta temperatura il ferro e poi spegnerlo e riaccenderlo di nuovo

fa impennare i consumi. Se avete adesso la necessità di un nuovo ferro da stiro, orientatevi su un modello non solo di classe energetica A+++ (o etichetta verde scuro, quando la nuova classificazione sarà estesa anche ai ferri da stiro), ma anche a spegnimento automatico, cioè un ferro che si spegne da sé dopo una trentina di secondi di inattività, se è in posizione orizzontale, o dopo qualche minuto se è in posizione verticale. Questa funzione, presente ormai anche in molti modelli non particolarmente costosi, consente, come è evidente, di risparmiare energia, evitare le bruciature sui panni da stirare e prevenire gli incendi che possono essere provocati da un ferro lasciato acceso, magari prima di uscire o peggio prima di andare in vacanza.

### Le lampadine

Quanto alle lampadine per l'illuminazione degli ambienti, ormai ne avrete solo LED, che consumano meno e hanno una durata molto superiore rispetto a quelle a incandescenza, del resto ormai praticamente introvabili. Questo non toglie che spegnere la luce appena si lascia una stanza dovrebbe diventare un'abitudine consolidata, un vero e proprio automatismo, per gli adulti come per i bambini di casa. Inoltre, bisognerebbe sempre valutare se sia *davvero* indispensabile tenere accese sia la lampada centrale di un locale che quella o quelle che ne illuminano un punto, per esempio la zona conversazione accanto a divano e poltrone o la postazione di lavoro al computer. Di solito la risposta è no, dunque comportatevi di conseguenza.

### Il frigorifero

Del frigorifero non si può certo fare a meno, però si deve usare con intelligenza. Controllate che le guarnizioni di gomma siano in buono stato e non permettano uno scambio di aria, anche minimo, con l'ambiente circostante. Se necessario, sostituitele: non è una grossa spesa. Se cambiate il frigo, orientatevi su un modello di classe energetica A (etichetta verde scuro): costa di più, ma nel tempo vi ripagherà. Cercate di collocare il frigo nel punto più fresco della cucina, lontano dal forno e dal piano cottura e anche un po' distanziato dal muro a cui si appoggia.

Almeno ogni tre o quattro mesi pulite la serpentina sul retro: l'accumulo di polvere riduce la potenza refrigerante e quindi aumenta il consumo di energia. Prima di spazzolare la serpentina è meglio staccare il frigo, soprattutto se eseguite l'operazione con l'aspirapolvere.

Se il vostro frigo è un modello vecchio, privo della funzione *no frost*, sbrinatelo non appena vedete delle incrostazioni anche piccole di ghiaccio.

Molti adoperano il frigo nello stesso modo assurdo con cui adoperano il condizionatore, cioè con la logica del "più è freddo, meglio è". In realtà l'ideale sarebbe –18 °C per il freezer e, quanto al frigo, da 4 a 7 °C nella parte centrale, 2 °C per il ripiano più basso, 10 °C per i cassetti (ovvero il reparto per frutta e verdura). Prendete la temperatura con un normale termometro da ambiente e agite sulla regolazione fino a quando non avrete temperature almeno vicine a quelle ottimali.

Abituatevi a non mettere mai in frigorifero, e meno che mai nel freezer, alimenti caldi o anche solo tiepidi e cercate di ridurre al minimo il tempo di apertura. Non mettete la testa dentro al frigo sforzandovi di decidere cosa prendere per la cena: pensateci prima. Molti frigoriferi sono dotati di un sistema per cui quando sono aperti da un certo tempo, in genere trenta secondi, lanciano un segnale acustico: non mettetevi mai nella condizione di far piangere il vostro frigo!

La badante della mia mamma diceva che noi dei Paesi ricchi siamo matti e spreconi: in Bielorussia appena arriva l'inverno si spegne il frigo (o meglio, lo spegne chi ce l'ha) e si mettono i cibi fuori dalla finestra. Noi tutti a ridere. Però, se l'avesse detto Luca Mercalli…

### Il condizionatore

Ecco un altro vampiro che succhia energia elettrica a tutto spiano. Nei Paesi che hanno a cuore il problema energetico, molte ditte e uffici statali consentono ai dipendenti un abbigliamento quasi da spiaggia pur di non installare un condizionatore. Prima di pensare ad acquistarlo, chiedetevi se ne avete veramente bisogno e se non sarebbe possibile abbassare la temperatura di casa con sistemi "della nonna", come spalancare tutte le finestre il mattino presto e socchiudere le imposte (o le tapparelle) non appena comincia a far caldo. Anche un semplice ventilatore, orientato sul punto della stanza in cui vi trovate, può alleviare la sensazione di caldo. Negli ultimi tempi sono tornate di moda le pale da soffitto, quelle che si vedevano nei vecchi film di ambiente coloniale. Sembra siano molto efficaci, anche perché possono essere utilizzate in estate per smuovere l'aria e rinfrescare l'ambiente e in inverno per far ricadere l'aria calda che sale verso l'alto.

Se avete deciso per l'acquisto del condizionatore, non penso certamente di addentrarmi nelle varie tipologie e prestazioni, ma mi limito a due raccomandazioni:

– Non superate una differenza di 5-7 °C tra esterno e interno. Se fuori ci sono 32 °C e programmate il condizionatore per avere 18 °C in casa, non solo spenderete una follia per l'energia elettrica, ma vi esporrete al rischio di malattie respiratorie e contratture muscolari.
– Pulite accuratamente il condizionatore secondo le modalità e le scadenze indicate dal costruttore. Un condizionatore sporco consuma di più e immette nell'aria di casa germi e spore.

**Il forno elettrico**

I forni a gas sono ormai quasi introvabili e comunque non ve li consiglio, anche se sono decisamente più economici del forno elettrico, il quale però può consumare meno con qualche accorgimento.

– Ricordate che continua a essere moltò caldo per almeno un quarto d'ora dopo lo spegnimento, specialmente se era al massimo, quindi spegnete un po' prima che sia completata la cottura di quello che state cucinando.
– Programmate due piatti da mettere in forno: per esempio, gnocchi alla romana (teglia grande) e una tortina salata (teglia piccola)/torta e muffin nei loro pirottini distribuiti attorno alla teglia della torta/torta salata e pizzette. Io di solito non abbino piatti dolci e piatti salati, ma forse è solo un mio personale pregiudizio.

### Il microonde

Per l'estrema velocità delle sue prestazioni, il microonde consuma molto meno del forno elettrico. Fate un investimento acquistando gli appositi recipienti da microonde, con coperchio munito di sfiatatoio. Potrete cucinarvi quasi tutto. In rete trovate moltissime ricette, da scaricare gratuitamente. Provate per esempio a entrare nel sito del prestigioso mensile di cucina «Sale e pepe» (www.salepepe.it), oppure in quello di Giallo Zafferano (www.giallozafferano.it), oppure in quello di Petit Chef (www.petitchef.it), specializzato in dolci e dessert. L'elenco potrebbe continuare quasi all'infinito. Qui mi limito a consigliarvi il pesce: salmone, branzino, merluzzo, spada, trota, ecc. sono ottimi anche solo con succo di limone, sale, erbe aromatiche, un cucchiaio di acqua. Volendo, si può aggiungere un filo d'olio dopo la cottura. Ma non è necessario: il pesce cucinato così è comunque gustosissimo. E decisamente light.

Se a colazione bevete del latte, vi consiglio di scaldarlo in microonde, facendo qualche esperimento per individuare il tempo necessario a raggiungere la temperatura per voi ottimale. Non avrete più un pentolino incrostato da lavare, per non parlare del rischio di dimenticarlo sul fornello e ritrovarvi il piano cottura unto e allagato.

### Le spie luminose o led

Avete presenti le "lucette" che segnalano quando una apparecchiatura elettrica (tv, stampante, caricabatterie, radiosveglia, deumidificatore, ecc.) è in stand-by, cioè collegata alla rete anche se spenta? Queste spie luminose, o led, sono molto numerose in tutte le case, e spesso restano accese giorno e notte. Singolarmente consumano poco, tutte insieme pesano sulla bolletta elettrica e sull'ambiente, dunque non dobbiamo trascurare il problema. Alcuni elettrodomestici sono dotati di un interruttore per lo spegnimento completo, a volte posto dietro l'apparecchio, come nel caso di televisori ultrapiatti. Se invece l'interruttore non è presente, bisogna staccare la spina. Una soluzione semplice per ridurre lo spreco di energia è quella di collegare le spine degli elettrodomestici a una presa elettrica multipla, la cosiddetta "ciabatta", dotata di interruttore. In questo modo, basta un click per spegnere tutte le spie luminose.

### Le fasce orarie

Quasi tutti i contratti prevedono fasce orarie a costi diversi. Ci sono tariffe a fascia unica o monoraria, bioraria, trioraria. Leggete attentamente la vostra bolletta dell'energia elettrica per individuare l'arco di tempo più economico. In genere è quello tra le 23 e le 7, ma forse stirare o mettere una torta in forno verso mezzanotte è un eroismo eccessivo. Potreste però programmare "a ritardo" lavatrice e lavastoviglie, se non c'è il rischio di dare fastidio ai vicini di appartamento. Comunque, ricordate che la domenica, per tutte le ventiquattr'ore, si è in fascia economica. Negli altri giorni evitate le ore di punta (8.00-19.00) e stirate, fate la lavatrice e così via nelle ore intermedie (7-8 e 19-23). In ogni caso, considerate bene le vostre abitudini e le vostre esigenze prima di firmare il contratto.

## RISCALDAMENTO

Passiamo adesso all'impianto del riscaldamento, tanto comodo (i bisnonni ricordano ancora i caminetti che facevano sempre fumo e scaldavano solo chi stava a una prossimità da ustioni), ma tanto costoso e tanto inquinante. La caldaia a gas che manda acqua calda ai caloriferi è oggi il sistema di riscaldamento più diffuso, ma incalzano nuove tecnologie. Riscaldamento a pavimento, a battiscopa, a soffitto? Pompa di calore, infrarossi, geotermico? Scegliere in modo oculato tra tante possibili soluzioni richiede le competenze tecniche di persone esperte. Io non posso che suggervi alcuni accorgimenti utili a contenere i consumi, qualunque sia il tipo di riscaldamento scelto.

### La temperatura

In primo luogo, ricordate che la casa non è una serra: 20 °C vanno benissimo per cucina e soggiorno, anche qualcosa di meno per le camere da letto. E pazienza se dovrete mettere un golf o una coperta in più. Nelle stanze che non usate o usate raramente, per esempio quelle dei figli che studiano lontano, spegnete il riscaldamento. Perché non scendano a una temperatura da allevamento di pinguini sarà sufficiente aprire la porta per qualche ora al giorno.

### Isolamento fai da te

Attenzione agli spifferi; il meglio sarebbe avere infissi che garantiscano l'isolamento termico, ma se avete serramenti di legno di vecchia generazione, senza doppi vetri, potreste ricorrere a tende pesanti, per esempio di velluto, oppure alle cosiddette "tende termiche" (costose, ma molto isolanti), da chiudere quando fa buio e quando siete fuori casa. Non sono da disprezzare neanche i vecchi e buffi "salamini" da collocare nei punti da cui filtra aria fredda. Con un po' di fantasia potreste farli da voi, utilizzando sciarpe, coperte e maglioni fuori uso, ma potete trovarli in quasi tutti i supermercati e nei negozi di casalinghi. Se avete un minimo di pratica di bricolage, potreste comprare i pannelli termoriflettenti da incollare dietro ai caloriferi appoggiati ai muri perimetrali della vostra casa o del vostro appartamento. Sono fogli in polietilene rivestito di alluminio, che bloccano l'aria calda prodotta dal radiatore e, impedendo che si disperda verso l'esterno, la spingono verso l'interno dell'ambiente.

## L'ACQUA

Ultima, ma certo non per importanza (last but not least!), l'acqua. Sappiamo tutti che il pianeta è a rischio siccità e che forse in un futuro non molto lontano l'acqua sarà più costosa e più preziosa del petrolio. Ma se come me abitate in una zona in cui non capita mai che la rete idrica vada in secco, forse avete qualche difficoltà a rendevi pienamente conto del problema, che invece ben conosce chi vive in certe città del Sud dove d'estate è normale avere l'acqua solo per poche ore al giorno (quando va bene!). Per non parlare di quelle zone del pianeta in cui la mancanza di acqua non è una seccatura, ma una tragedia. Se il problema ecologico non vi coinvolge più di tanto, cercate di consumare meno acqua pensando al costo. Vediamo qualche accorgimento risparmia-acqua.

### L'igiene personale

La doccia va preferita al bagno nella vasca, ovviamente, ma anche sotto la doccia non è il caso di fermarsi a meditare. L'ideale è insaponarsi e poi mettere in azione il soffione per il tempo necessario al risciacquo. Volete accorciare il tempo doccia? Fatela con l'acqua fredda, che ha un'azione rassodante, contrasta la cellulite e vi fa desiderare di passare rapidamente all'accappatoio.

L'igienista dentale consiglia di lavare i denti tre volte al giorno, per almeno due minuti ogni volta, ma non è necessario tenere aperto il rubinetto per tutto quel tempo! E anche la barba si può radere a rubinetto chiuso.

I water di nuova generazione hanno un sistema di scarico dotato di un doppio pulsante (da 3 e da 6 litri) che consente di regolare l'acqua in base alle esigenze. Sembra che gli ecologisti più radicali vadano a scolare la pasta sul water per riutilizzare l'acqua della bollitura. Ma credo (spero) che sia una leggenda metropolitana.

### Le nostre amate piante

Orto, aiuole e vasi devono essere innaffiati, certo, ma risparmierete acqua se userete l'innaffiatoio invece della canna e farete di sera l'operazione innaffiatura, in modo che il calore non faccia immediatamente evaporare l'acqua.

### Piatti e pentole

Il lavaggio a mano consuma più acqua di quello in lavatrice e lavastoviglie. Se lavate a mano i piatti, ricordate di usare pochissimo detersivo, che costa, inquina e rende necessario sprecare molta acqua per il risciacquo. Anzi, se i piatti non sono particolarmente unti potete usare solo un po' di aceto sulla spugna.

Per lavare a mano gli indumenti, per esempio maglioni di lana e biancheria delicata, vale quanto detto per i piatti: usate la minor quantità possibile di detersivo e passate i capi dalla bacinella del lavaggio a quella del risciacquo (dove magari cambierete l'acqua due volte), senza cedere alla tentazione dell'acqua corrente.

Naturalmente, tutte queste economie saranno inutili se non chiudete sempre molto bene i rubinetti o, peggio, non fate riparare rubinetti che perdono: ecco un caso in cui i soldi per l'idraulico sono ben spesi.

### Un controllo periodico importante

Infine, un consiglio importante: controllate regolarmente il contatore, per esempio ogni tre mesi, per verificare che non ci sia qualche perdita. La tecnica è molto semplice: chiusi tutti i rubinetti, il contatore dovrebbe essere fermo; se "cammina" vuol dire che c'è una perdita, che va immediatamente individuata e riparata. Se vi allontanate da casa anche solo per qualche giorno, meglio chiudere il rubinetto centrale per prevenire lo spreco di acqua e i danni che potrebbero derivare dalla rottura di un tubo o di un rubinetto.

## QUALCHE CONSIGLIO IN PIÙ

- I gestori di gas ed energia elettrica sono molto numerosi e in dura concorrenza tra loro. Non scegliete per sfinimento dopo l'ennesima telefonata del call center. A questo proposito date un'occhiata ai suggerimenti del capitolo *Una questione di metodo*: qualcosa riuscirete a risparmiare.
- Avete presente quei negozi che in pieno inverno, con l'obiettivo di invogliare i clienti a entrare, tengono le porte aperte? Punite gli esercenti che prendono un'iniziativa così scellerata ed evitate i loro negozi, che sprecano risorse energetiche e contribuiscono all'inquinamento atmosferico. E non dimenticate che il costo di tutto quel calore che esce dalla porta ricadrà inevitabilmente sul prezzo dei prodotti in vendita.
- Stesso discorso per i bar che scaldano i dehors con stufette elettriche o a gas, cosa che in alcuni Paesi europei è ormai vietata. Mettete un giaccone pesante e scegliete un bar con dehors freddo, oppure bevete il vostro caffè all'interno del locale.
- Anche cucinare comporta consumo di gas (o di energia elettrica, nel caso abbiate le piastre a induzione): ricordate che le pentole a pressio-

ne abbreviano i tempi di cottura, che la presenza del coperchio fa bollire l'acqua più in fretta e che il fondo della pentola deve essere sempre più grande rispetto alla fiamma, altrimenti parte del calore va sprecato.

- Un tempo ce n'era almeno una in tutte le case, oggi è quasi una rarità. Parlo della borsa dell'acqua calda, preziosa per regalarci un po' di tepore in più senza alzare il termostato quando dobbiamo stare fermi a lungo a leggere, studiare, lavorare al computer.
- Non ho certo le competenze tecniche per azzardarmi a fare un discorso sui pannelli solari, termici o fotovoltaici. Mi limito a dire che, se siete proprietari di una casa – indipendente o in condominio – dovreste informarvi costantemente per verificare se potete usufruire dei vari Bonus o incentivi che negli ultimi anni vengono proposti in tal senso. Le normative e le procedure sono piuttosto complesse, ma sarebbe un peccato perdere l'occasione di migliorare la prestazione energetica della vostra abitazione. Cosa che non solo vi farebbe risparmiare, ma nello stesso tempo vi consentirebbe di dare il vostro piccolo contributo alla salvaguardia del pianeta Terra.

# 15. RICICLARE, RIPARARE, CONDIVIDERE VS USA E GETTA

> Un giorno d'estate, l'ottuagenario Enrico De Nicola apre l'armadio e tira fuori il cappotto, quello nero, lo stesso che indossava quando era al Quirinale. Se devo far lavorare il sarto, pensa l'ex presidente della Repubblica, è bene che lo avverta per tempo. Avrò pronto il cappotto ai primi freddi. Lo guarda, lo gira. Non va, occorre rivoltarlo, ha i polsi consunti e il bavero malandato. Il sarto esegue il lavoro e consegna il cappotto a domicilio. Nel pacco manca il conto. De Nicola telefona al sarto: «Vorrei saldare». All'altro capo del filo, l'uomo offeso replica d'un fiato: «Se il signor senatore avvocato De Nicola, se proprio lui che ha comandato tutti gli italiani, è costretto a rivoltare il cappotto, allora io, come cittadino italiano, ho il dovere di non chiedergli un bel niente». Forse, questo del sarto di De Nicola è un aneddoto di avarizia senile. Ma è più probabile che si tratti di una storia di vera, profonda parsimonia. [...] Dopo De Nicola, di presidenti della Repubblica con il cappotto rivoltato, non ne abbiamo visti più.
> Marta Boneschi, *Poveri ma belli. I nostri anni Cinquanta*

Fino alla metà del secolo scorso, e anche più avanti, non c'era bisogno di essere green, di avere a cuore le risorse del pianeta e il problema dello smaltimento: era assolutamente normale servirsi di cose durevoli, usarle il più a lungo possibile e riutilizzarle ancora più a lungo in ruoli declassati. I guanti di mia nonna, da nuovissimi, erano riservati a feste, cerimonie e ricorrenze; poi diventavano i guanti per andare a messa la domenica; dopo un ulteriore degrado delle loro condizioni, diventavano i guanti da indossare tutti i giorni per andare dal panettiere e dal salumaio (a quei tempi, qualunque fosse la destinazione, per uscire ci volevano i guanti), e infine, nell'ultima tappa della loro vita operosa, proteggevano le mani in qualche lavoro polveroso, come pulire la superficie in alto degli armadi. Ma i guanti non erano ancora arrivati al capolinea: le dita erano scucite, il palmo liso e sdrucito, ma restava comunque un po' di materiale per fare scarpe e borsette per le bambole delle nipotine. E i bambini che portavano quasi sempre maglioncini a righe multicolori? Provate a indovinare: la mamma anticipava in modo geniale lo stile Missoni o riciclava la lana di altri capi ormai importabili?

Negli ultimi decenni siamo vissuti all'insegna del "compra/getta/ricompra", come se le nostre risorse e quelle del pianeta fossero inesauribili. Ma ormai abbiamo capito che le cose non stanno affatto così, e dunque bisogna cambiare atteggiamento.

## NO ALL'USA E GETTA

Nella vita quotidiana ci serviamo spesso di prodotti usa e getta. Sono troppo comodi per farne a meno del tutto, ma possiamo cercare di ridurli drasticamente, sostituendoli con altri che sia possibile riutilizzare più e più volte. Vi propongo qui qualche esempio, ma voi, facendo una ricognizione critica delle vostre abitudini, certamente troverete altre possibilità di risparmio, per il vostro conto in banca e per l'ambiente.

### Le buste per la spesa

Oggi gli shopper devono essere di carta oppure di plastica biodegradabile e compostabile. Questo non vuol dire però che si possano usare con spensierata larghezza: costano, sia pure solo pochi centesimi, e rappresentano uno spreco di materie prime (la plastica dei sacchetti deriva solo in parte dal riciclo, e la carta, come ben si sa, implica il sacrificio degli alberi). Se non lo avete ancora fatto, dunque, comprate – o cucite da voi – tre-quattro sacchetti riutilizzabili. I migliori sono quelli di cotone pesante, che si possono lavare in lavatrice.

Anche quando non siete in spedizione supermercato, tenetene uno ripiegato nella borsa per qualche commissione imprevista.

### Piatti e posate usa e getta

Con il Covid hanno avuto un vero e proprio boom i piatti e le posate usa e getta; a partire dal gennaio 2022 è però consentita la vendita solo di quelli biodegradabili, che hanno un costo maggiore, così come sono piuttosto care le stoviglie realizzate con derivati del bambù o altri materiali compostabili. Se avete ospiti a pranzo e volete essere sicuri dell'igiene, vi consiglio, invece di ricorrere all'usa e getta, di mettere in tavola le solite posate di metallo e i soliti piatti di ceramica, di porcellana o altro, e di far bollire poi per qualche minuto tutto ciò che avete usato.

E poi, se proprio volete usare stoviglie e posate di plastica, per esempio per un pic-nic o per una festa di bambini, chi l'ha detto che si debbano buttare? Si possono lavare delicatamente in acqua tiepida, detersivo per i piatti e una cucchiaiata di aceto, che ha potere disinfettante, e usare di nuovo.

### I fazzoletti di carta

I fazzoletti di carta non costano molto, ma è anche vero che se ne sprecano tanti, appallottolati in fondo alle borse e nelle tasche di cardigan, piumini e pantaloni. Un fazzoletto di cotone o di lino o di batista, magari con una spruzzata di profumo, è decisamente più raffinato, oltre che più confortevole per il naso. Riserviamo i fazzoletti di carta solo ai casi di raffreddore.

### I tovaglioli di carta

Se, come me, avete quella che si definisce eufemisticamente "una certa età", ricorderete certamente le buste di stoffa destinate a custodire i tovaglioli per metterli al riparo dalla polvere e anche per impedire scambi tra i commensali. Spesso erano ricamati: con trenini e orsacchiotti quelli dei bambini, con fiori o austeri disegni geometrici quelli degli adulti. Se avete conservato uno di questi cimeli ormai storici, provate a metterlo sotto gli occhi di un ragazzo: scommetto che non avrà la minima idea di che cosa fosse e a che cosa servisse. Oggi infatti i tovaglioli di carta sembrano aver ormai completamente soppiantato quelli di stoffa, tranne che nei ristoranti di lusso e, a casa, in occasione di inviti formali. È una scelta più giustificabile di quella dei fazzoletti di carta, perché i tovaglioli di stoffa necessitano di essere lavati (e stirati) molto di frequente, con la fatica e la spesa che ne derivano. D'altra parte i tovaglioli belli, di carta morbida e colorata costano molto e vanno smaltiti. Una soluzione che pratico e che vi propongo è di adoperare come tovaglioli porzioni di carta da cucina rigorosamente bianca, senza fiorellini e pupazzetti: costa meno dei tovaglioli e può essere messa nell'umido o nel compost, perché la cellulosa senza coloranti si trasforma in concime.

### La carta da cucina

I rotoloni di carta usa e getta presenti oggi in tutte le cucine sono una new entry: fino a qualche decennio fa non c'erano, o almeno erano ben lontani dall'essere diffusi come oggi. La carta da cucina è utilissima e molto versatile. Può servire anche, come dicevo prima, come surrogato economico dei tovaglioli di carta. Il problema è proprio la sua versatilità. Si tende a usarla in tante, troppe occasioni: da una macchia sui vetri a un po' di cibo sversato nel microonde o caduto sul pavimento, dalla pulizia e asciugatura del piano di cottura all'uovo che si è spiaccicato su un ripiano del frigo… e così i rotoli finiscono in un attimo. E non costano pochissimo. Non vi dico di non usarla più (è troppo comoda!), ma di affiancare alla carta di cucina, che comprerete sempre e solo bianca, una scorta di pezzetti di stoffa da sacrificare, cioè da gettare dopo l'uso, senza la spesa del lavaggio. Lenzuola, asciugamani, camicie ormai inservibili forniscono a costo zero così tanti stracci che se ne ha sempre in abbondanza.

### La pellicola per alimenti

Un altro prodotto relativamente nuovo, che si è diffuso nelle nostre cucine solo negli ultimi decenni, è la pellicola per alimenti. Qui non è il luogo – e io non ho certo le competenze – per discutere se davvero, come sostengono alcuni, le pellicole per alimenti sono dannose oppure sono ormai così controllate nei loro componenti da non presentare assolutamente più alcun pericolo per la salute. Piuttosto mi domando se è un prodotto veramente necessario, considerando che è un tipico usa e getta (chi mai ha riutilizzato anche solo due volte lo stesso pezzo di pellicola?) e dunque rappresenta un costo per qualcosa che presto finirà nei rifiuti. Sulla pellicola che ricopre i prodotti dei vari banchi di alimentari del supermercato non possiamo fare molto (a parte privilegiare, se possibile, gli alimenti non preconfezionati), ma di quella di casa possiamo tutto sommato fare a meno, o almeno limitarne l'uso. Per avvolgere il formaggio vanno benissimo vecchi tovaglioli (un tempo alle tovaglie ne erano allegati almeno una decina), per la verdura una borsa della spesa di stoffa a cui avrete tolto manici. Per conservare i vari alimenti e gli avanzi nel frigo e nel freezer investite in un set di contenitori, possibilmente di vetro, con coperchio. E non dovete neppure comprarne molti, perché potrete usare anche barattoli di vetro riciclati.

## L'ARTE DI RICICLARE

La grande offerta di prodotti di ogni genere, per lo più a costi non proibitivi, da qualche decennio a questa parte ci ha indotto a disfarci di tante cose che potremmo invece riutilizzare, come si faceva un tempo. È il momento di cambiare atteggiamento: forse scoprirete che riciclare può essere un'attività divertente, oltre che un'occasione per risparmiare, contribuendo anche a ridurre la quantità di rifiuti e il consumo di materie prime. Come ho già detto a proposito dell'usa e getta, vi propongo qualche indicazione, spero utile, che starà a voi integrare in base alle vostre esigenze e abitudini.

### I barattoli di vetro

Nella nostra cucina transitano moltissimi barattoli di vetro, delle più diverse dimensioni: da quelli piccolissimi del chutney e della marmellata per accompagnare i formaggi a quelli kingsize dei carciofini sottolio o delle acciughe. Tenete presente che il vetro è inodore, resistente, igienico, indeformabile, può essere immerso nell'acqua bollente e può essere utilizzato nel microonde; quando va in pezzi, si mette nella differenziata per il riciclo. L'unico difetto è che si rompe formando schegge che possono essere pericolose, se avete in casa bambini piccoli. E dunque non buttiamoli, i barattoli di vetro, perché si possono riutilizzare in molti modi.

**Il riciclo in un libro**

I libri che danno suggerimenti e anche dettagliate istruzioni pratiche sul riciclo sono moltissimi. Cito, ma solo come esempio,

Max McMurdo, *Upcyling. L'arte del recupero,* Logos, 2017 (in copertina c'è uno sgabello realizzato con i pallet!).

In cucina, come contenitori del cibo nel frigo e nel freezer, e nella dispensa, per spezie, frutta secca, marmellata, biscotti fatti in casa, caramelle, sale, zucchero, caffè e così via. Sulla scrivania, verniciati in vari colori, per dividere matite, biro, pennarelli ed evidenziatori; e anche per non lasciare sparpagliati in giro elastici, graffette, rotolini di scotch, scatoline dei punti della cucitrice; nel cestino del cucito, come contenitori di bottoni, rocchetti, spagnolette, matassine. L'elenco potrebbe continuare a lungo. Mi limito a indicare ancora altri tre possibili riusi dei barattoli di vetro.

– Con vasetti dall'imboccatura larga si possono creare miniserre inserendovi terra e piantine (sono particolarmente adatte quelle grasse) ovviamente di dimensioni molto ridotte.
– Con una candela all'interno, i barattoli di vetro diventano minilampade, da usare in estate per cenare all'aperto. A Natale, è molto suggestivo mettere un lumino in tanti barattoli piccoli e, spente tutte le luci elettriche, creare un percorso luminoso verso l'albero e i regali. Ai bambini piace molto l'atmosfera magica che si crea.
– Infine, i vasetti dalle forme più gradevoli possono essere utilizzati per i fiori. Quattro o cinque vasetti di altezze diverse vicini l'uno all'altro sono ornamentali quanto un vaso grande e prezioso.

### Carta, nastri e scatole

Specialmente a Natale, quando ce n'è in giro una grande quantità, carta, nastri e scatole vengono spesso gettati spensieratamente nella spazzatura. Ed è proprio un errore. Certe carte da regalo sono bellissime (e costose): vale la pena di stirale con il ferro appena tiepido e di utilizzarle di nuovo per incartare regali, oppure per foderare cassetti o libri. Quelle particolarmente lucenti, color oro, argento, blu acceso, sono molto adatte anche a fare i festoni per le feste dei bambini. E sempre a proposito di bambini: si divertiranno molto se li coinvolgerete nel gioco di unire con lo scotch fogli di carta luccicante per farne una tovaglia per la loro festa di compleanno o per una cena in famiglia.

I nastri, oltre che servire di nuovo per i pacchetti dei regali, possono legare i capelli delle bambine di casa ed essere intrecciati per formare ornamenti di vario tipo; se sono morbidi, possono essere utilizzati per fissare le piante dell'orto ai loro sostegni (invece della corda che incide fusti e steli).

Le scatole, meglio se rivestite con carta da regalo riciclata, possono servire per mettere in ordine l'armadio e i cassetti, tenendo divisi slip, collant, calzerotti, fazzoletti e così via. E non dimentichiamo che le scatole sono sempre uno dei giocattoli preferiti dei bambini: diventano trenini, case delle bambole, slitte, teatrini, maschere e travestimenti di carnevale. Con pennarelli, colori, colla e anche immagini ritagliate da riviste già lette, che così saranno a loro volta riutilizzate.

**Le due anime del riciclo**

Una sola azione, il riuso, può condurre a due esiti diversi. In un caso, un oggetto o un materiale viene semplicemente salvato da una fine ingloriosa e riutilizzato, ma in un certo senso degradato (l'esempio più classico è quello dei jeans che diventano resistentissimo straccio per la polvere); in un altro caso, lo stesso oggetto o materiale viene consegnato a una nuova vita e esaltato nelle sue qualità. Questa volta i nostri jeans diventano una borsa o un paio di bermuda sfrangiati da usare nelle sere d'estate. Gli esperti del settore chiamano la prima via *down-cycling*; la seconda *up-cycling*. Noi siamo per la seconda, ma ben venga anche la prima!

### I pallet

I pancali di listelli di legno, cioè i pallet, che servono per l'imballaggio e il trasporto di vari materiali offrono molte possibilità di riciclo. Io me li faccio regalare da un negozio di piastrelle vicino a casa (altrimenti andrebbero in discarica), li levigo in modo grossolano con la carta vetrata e infine li passo con l'impregnante. Sovrapposti, mi servono per disporre su varie altezze vasi di fiori e di erbe aromatiche, con un effetto decisamente piacevole. Ma i pallet si possono utilizzare in moltissimi altri modi: per fare tavolini e librerie, sedili, attaccapanni, cornici di quadri e foto, per dividere gli spazi di un locale, per formare aiuole e così via. Mettete in un motore di ricerca "riciclo pallet": sarete stupiti dai risultati e vi verranno mille idee.

### Abiti & C.

L'abbigliamento è forse il campo più fertile del riciclo. Un capo si può ridurre per i bambini, modificare per renderlo più trendy, scucire completamente recuperando la stoffa per altri utilizzi. Oppure – è una forma di riciclo anche questa – si può vendere o scambiare con altri capi, come vi dice Lia nel capitolo *Trench e T-shirt per tutte le tasche*.

## AGGIUSTARE: SPESSO SI PUÒ

Bisognerebbe sempre fare qualche tentativo di aggiustare o far aggiustare prima di ricomprare. Le riparazioni degli elettrodomestici eseguite dai tecnici della casa sono di solito molto care: la strategia aziendale dei produttori punta a vendere i nuovi modelli, non ad avere come caratteristica qualificante le riparazioni low cost. Ma chiamare l'idraulico o l'elettricista della porta accanto invece dei tecnici autorizzati non mi sembra una buona soluzione, se non altro per il problema dei pezzi di ricambio. Piuttosto, valutate la possibilità di un'estensione della garanzia per i grandi elettrodomestici, cioè frigorifero, lavatrice e lavastoviglie. Di solito non è a buon mercato, ma può essere un investimento: naturalmente dovete valutare bene il costo e l'arco temporale della copertura.

Per moltissime altre riparazioni (il manico di una borsa, il piedino di un mobile, la fibbia di una cintura e così via) si può invece cercare l'artigiano locale, anche ormai in pensione. Non è facile da trovare: in genere ci si affida al passaparola, ma, proprio perché sta crescendo la consapevolezza dei danni dello spreco, anche in rete cominciano a comparire dritte per scovare i "riparatori". In caso di bisogno potreste consultare, per esempio, il sito di Aggiustare (www.ag-giustare.org), che fornisce nominativi e indirizzi città per città. Però, attenzione: a volte l'artigiano, se è in pensione, proprio perché non ha più la necessità di tenersi la clientela richiede un compenso assurdo, che vi fa pentire di aver scelto la strada della riparazione. Perciò chiedete sempre un preventivo, senza fidarvi di rassicurazioni generiche sul basso costo della prestazione richiesta.

In questi ultimi anni, forse per effetto della crisi economica, molte lavanderie fanno anche, di solito a costi contenuti, piccole riparazioni di sartoria e perfino il terribile cambio delle cerniere dei piumini e dei parka. Io ne approfitto spesso.

## LA CONDIVISIONE

Molti hanno una certa resistenza a condividere con altri la spesa e l'uso di un attrezzo, e invece la condivisione è un accorgimento decisamente vantaggioso per la nostra economia familiare. Ci sono molti oggetti che abbiamo comprato perché ne avevamo bisogno in una certa occasione e poi non abbiamo usato mai più. E ci sono oggetti che usiamo molto raramente, troppo raramente perché risulti ammortizzato il prezzo che li abbiamo pagati. Ecco qualche esempio di beni adatti alla condivisione.

### L'attrezzatura da giardino e da orto

Per quanti mesi all'anno si usa l'attrezzatura per l'orto e il giardino? Non più di sette-otto, e non certo tutti i giorni. Dunque il tagliaerba, la motozappa, il decespugliatore, il biotrituratore per rametti, fogliame e sfalcio dell'erba, la motosega per la potatura possono essere in multiproprietà e utilizzati a turno.

### L'attrezzatura per imbiancare

A maggior ragione si può acquistare in condivisione l'attrezzatura per imbiancare, operazione che non si fa certo di frequente. Condividendo la spesa si possono acquistare, oltre ai soliti rulli e i pennelli, anche attrezzi costosi come la pistola a spruzzo per la vernice e il trabattello, cioè la mini impalcatura che rende meno faticoso dipingere la parte alta delle pareti e i soffitti.

### La casa delle vacanze

Anche per la casa delle vacanze si può ricorrere alla condivisione: in luglio e agosto gli affitti nelle zone di villeggiatura sono di solito molto alti, ma potrete ottenere un prezzo più ragionevole prendendo per tutto l'anno un'abitazione in cui vi alternerete con i vostri "soci" in estate e anche nelle vacanze di Natale, di Pasqua e nei fine settimana. Nel capitolo *Viaggiare leggeri* trovate altri spunti in merito.

### Il *car pooling*

Almeno per ora, comprare un'auto in società è una scelta azzardata, in cui si ritroverebbero, moltiplicate, tutte le occasioni di scontro tra i comproprietari che sono il grande rischio della condivisione. Invece è assolutamente praticabile il cosiddetto *car pooling*, cioè l'accordo tra persone che abitano vicino e lavorano nella stessa azienda – o in un'altra non lontana – per andare al lavoro usando alternativamente l'auto di ciascun socio. Esiste anche il *car pooling aziendale*: in questo caso la condivisione dell'auto viene organizzata dalla ditta stessa, eventualmente in collaborazione con altre aziende. Troverete tutte le informazioni sul sito di Jojobrt (www.jojobrt.it).

### Il *car sharing* e il *bike sharing*

Una forma particolare di condivisione, infine, è il *car sharing*, un servizio istituito da alcune amministrazioni cittadine: dopo aver effettuato la prenotazione nei tempi e nei modi indicati, si noleggia un'auto, pagando in proporzione all'utilizzo. I costi sono molto inferiori a quelli praticati dai garage privati, perché il *car sharing* rientra in una politica volta a disincentivare il possesso di auto private. Con il sistema del *car sharing* si possono noleggiare anche furgoncini di varie dimensioni, ideali per un trasloco fai da te e anche per acquisti molto voluminosi. Se la cosa vi interessa, digitate su un motore di ricerca *car sharing* e il nome della città in cui volete usufruire del servizio. Avrete tutte le indicazioni necessarie.

Si può noleggiare anche una bicicletta, nelle località in cui l'amministrazione cittadina ha predisposto un servizio di *bike sharing*: in questo caso le procedure sono più semplici, ma diverse da comune a comune. Per avere le informazioni necessarie è sufficiente cercare online *bike sharing* seguita dal nome della città in cui si vuole noleggiare la bici.

## QUALCHE CONSIGLIO IN PIÙ

- Come e che cosa riciclare dipende dalle abilità di ciascuno: chi se la cava con forbici, ago e filo potrà dare nuova vita a tutto ciò che ha nell'armadio. Chi usa con disinvoltura trapano, sega, sparachiodi, levigatrici, spruzzatori di vernice… insomma tutta l'attrezzatura del bricolage avrà infinite possibilità di trasformare cose da buttare in oggetti utili e decorativi. Se siete abili almeno in un campo, potete proporre degli scambi con chi è esperto in un altro. Insomma, per esempio, io ti imbianco la cucina e tu mi confezioni un bel maglione con i ferri riutilizzando la lana riciclata di un vecchio cardigan.
- Oggi riciclare è molto trendy. Non solo ci sono molti libri sull'argomento, ma basta immettere in un motore di ricerca "riciclare" e il nome di ciò che volete riutilizzare e trasformare (bottiglie di plastica, tappi di sughero, pezzetti avanzati di sapone e così via) per trovare un lungo elenco di idee e suggerimenti, spesso anche istruzioni dettagliate e corredate da foto e video. Non potete immaginare che cosa troverete con "riciclare una cravatta"!
- Se volete trovare consigli antispreco nei campi più diversi, potete andare al sito Non sprecare (www.non sprecare.it/occhio del riciclone).

- Infine, non dimenticate che una forma di riciclo è anche regalare o vendere. Per entrambe le cose, vi saranno utilissimi i siti dedicati all'usato, per esempio Subito (www.subito.it) o anche lo spazio Marketplace di Facebook: sono provvidenziali sia per chi vuole regalare o vendere sia per chi desidera ricevere o acquistare, e costituiscono un'eccezionale alternativa alla discarica. Se poi avete un ripostiglio o una cantina da svuotare, date un'occhiata al box *Un canale sostenibile: l'usato* nel capitolo successivo.

## 16. QUANDO IL TABLET O LA LAVATRICE TI ABBANDONANO

Devo portarmi via la lavatrice. L'amore finisce, gli uomini si cambiano, ma le lavatrici buone no.
Le lavatrici buone sono come i diamanti: per sempre.
O, se non proprio come i diamanti, sono come i fidanzati: bisogna tenersele finché durano.
E poi al mio bucato ci voglio pensare io, come ho sempre fatto. Non lascerò a quella mazza di scopa che mi ha soffiato il fidanzato la mia fedele lavatrice: le auguro di vivere tutta la vita con il mio ex, ma la mia lavatrice me la tengo io.
È l'unica cosa che salverò dalle macerie del castello in cui vivevo: la casa a viale Parioli, quell'uomo che mi adorava, le feste...
Sì, dalle macerie salverò perlomeno la lavatrice. È questo che mi sono detta il giorno in cui ho preso la decisione: dire addio a Roma per cominciare una nuova vita.
Io e la mia lavatrice.

Caterina Balivo, *Gli uomini sono come le lavatrici*

Non è una tragedia: è solo una situazione da affrontare con sangue freddo, lucidità, metodo. Qui la spending review si fa seria: non si tratta di risparmiare euro su euro, giorno per giorno, ma di concentrare gli sforzi di review in pochi giorni per averne un beneficio consistente. Non più maratoneti, ma centometristi alle Olimpiadi: una batteria per volta verso la medaglia.

Se state leggendo questo libro, significa che siete attenti alle vostre spese e che non siete preda della frenesia dell'acquisto. Significa che non cambiate lo smartphone compulsivamente, inseguendo l'uscita dell'ultimo modello, e che cercate di far durare il più a lungo possibile i vostri elettrodomestici. Significa che quando dovete affrontare una spesa importante, una che riguarda quelli che gli economisti chiamano i beni durevoli, ci pensate un po' su. Anche un paio di jeans o un maglione sono beni durevoli, certo. In questo caso si può andare veloci e leggeri (vedi il capitolo *Trench e T-shirt per tutte le tasche*), ma ora stiamo parlando di acquisti più impegnativi: elettrodomestici, computer, smartphone, stampanti, divani, biciclette.

Prima di tutto una considerazione: se l'acquisto nasce da una piccola tragedia come un elettrodomestico che di punto in bianco smette di funzionare, allora il problema è da risolvere in fretta, ma se invece l'acquisto è programmabile, le cose cambiano. È sempre una buona regola scegliere con attenzione i tempi per l'acquisto. Comprare fuori stagione può farvi risparmiare parecchio. In autunno il condizionatore, in piena estate la scorta della cartoleria di tutto un anno di scuola, in maggio-giugno la stufa a pellet e così via... Non si può fare sempre, però tenetene conto!

Premesso questo, affrontiamo insieme l'ipotetico acquisto di una lavatrice. Il metodo potrà essere esteso a qualsiasi altro oggetto di un certo valore.

## PRIMO STEP: PENSATECI SU

Pensateci un po' su e riflettete se quella che avevate prima vi andava bene oppure no. Chiedetevi che cosa vi aveva soddisfatto e che cosa vorreste dalla prossima. Le dimensioni esterne erano giuste? Il metodo di carico? E la capacità del cestello? Vi aveva dato problemi? Sì, visto che ne dovete comprare una nuova. A meno che non abbia alle spalle almeno dieci o quindici anni di onorato servizio. Se è un nuovo acquisto e non una sostituzione, cercate di immaginare quanto spesso la utilizzerete, per quante persone e per quali tipi di lavaggi. Se abitate a Palermo, forse una lavatrice da 10 kg con programma speciale per i piumini non vi serve; se abitate a Bolzano, può essere utile.

Tra gli elementi su cui riflettere considerate la classe energetica. Per la lavatrice è uno dei criteri fondamentali, visto che si tratta di uno degli elettrodomestici che consumano di più. Imparate a leggere l'etichetta energetica: contiene informazioni importantissime, tra cui il consumo annuo stimato, che nel caso della lavatrice è riferito a cento cicli di lavaggio a 40-60 °C. Se moltiplicate il costo di un singolo kilowattora (che desumete dall'ultima bolletta o dal contratto di fornitura della luce) per il consumo indicato nell'etichetta avrete un dato in più, e non certo secondario, da prendere in considerazione. Ce ne ha già parlato Mirella nel capitolo *Illùminati di meno*.

## SECONDO STEP: CHE COSA OFFRE IL MERCATO

Fatevi un giro sui siti delle grandi catene di distribuzione per vedere che cosa offre il mercato e quali sono i prezzi. Sarà un'esperienza scioccante: i prezzi possono variare in modo impressionante. Che cosa potrà mai fare di più una lavatrice che costa 1.600 euro rispetto a una che ne costa 300? La verità è che sono in gioco non solo le prestazioni, ma i materiali, la durata, la tecnologia, la fama del brand. In questi ultimi anni potremmo avere delle sorprese dai nostri elettrodomestici. Un esempio su tutti: la lavatrice che preleva dal dispenser la giusta quantità di detersivo per ogni singolo lavaggio e vi avverte quando il serbatoio è vuoto, o che differisce la centrifuga in modo che quando tornate a casa, troviate il bucato strizzato da poco, oppure il modello che vi comunica, come fanno già da decenni le auto, se c'è un guasto e in quale punto. Naturalmente queste informazioni vi arriveranno via app sul vostro cellulare, esattamente come le notifiche della mail, o di Facebook.

## TERZO STEP: IL BUDGET

Stabilite il vostro budget. È fondamentale! Altrimenti non avrete limiti nella vostra scelta. Alcune volte il budget sarà obbligato, altre volte potrete concedervi qualcosa di più. In ogni caso, da questo step in poi, dovrete cercare il meglio di quello che offre il mercato entro la cifra che intendete spendere.

## QUARTO STEP: DI PERSONA

Un'oretta in un centro specializzato a caccia di informazioni. Va bene Internet, ma dare un'occhiata di persona può aiutarvi a scegliere meglio. Esplorando la distesa di lavatrici, toccandole, aprendo gli oblò, potrete confrontare quello che vi offre l'industria con quello che vi serve davvero. E magari potrete scoprire che esiste sul mercato qualcosa che non sapevate neppure esistesse, ma che viene incontro alle vostre esigenze. Nello stesso tempo, continuate a riflettere su quello che per le vostre abitudini e per la vostra situazione è irrinunciabile. Tanto per dire, se avete già l'asciugatrice, potrete fare a meno della centrifuga a 10.000 giri al minuto (non c'è ancora, era solo un esempio!). Se in famiglia siete in due, ma nel giro di pochi anni potreste diventare tre o quattro, non accontentatevi di una 5 kg.

Chiacchierare con un venditore potrà essere utile. Capirete subito se è disposto a informarvi o se vuole solo pilotare il vostro acquisto verso un modello o una marca precisa. Meglio ancora se gli ponete delle domande precise nate dagli step uno e due.

## QUINTO STEP: SCEGLIERE IL MODELLO

È arrivata l'ora di scegliere il modello! Vedrete che, come per magia, la scelta vi verrà quasi in automatico e il ventaglio delle aspiranti lavatrici si sarà ridotto di un bel po'. È questo il momento di consultare qualche sito affidabile di confronto di modelli (e di prezzi): Altroconsumo su tutti (vedi box). Perché solo ora, direte voi? Perché non prima? Perché ormai sapete bene che cosa fa per voi e che cosa no e saprete utilizzare al meglio le informazioni che altri mettono a vostra disposizione. Le classifiche e i test, anche i più completi, sono il frutto di un compromesso e di una

**Un sito unico e speciale**

C'è un sito che dovete imparare a conoscere e a consultare: quello di Altroconsumo (wwww.altroconsumo.it). Altroconsumo è un'associazione nata nel 1973 a tutela dei consumatori. Gestisce il sito e una newsletter e pubblica riviste e manuali destinati ai suoi soci. Anche se non siete socio, semplicemente registrandovi al sito potete accedere a contenuti utili per il consumatore. Tra questi, particolarmente interessanti sono i test che confrontano modelli diversi di una certa categoria merceologica, comparandoli in base a parametri di volta in volta diversi e individuando i migliori acquisti per rapporto qualità/prezzo. Da consultare ogni tanto.

valutazione soggettiva. Ma in fin dei conti siete voi che dovete fare la vostra classifica e decidere quali sono i due o tre modelli, o uno solo se siete decisissimi, sui quali puntare. E le vostre scelte sono frutto anche della vostra storia, dei vostri ricordi, dei vostri gusti, che vanno rispettati e assecondati con saggezza. Solo marchi tedeschi? Solo marchi italiani? Solo marchi usati da sempre in famiglia? Solo marchi emergenti? Come preferite! Nessuno vi obbliga ad acquistare qualcosa che non volete, però siate pronti a prendere in considerazione anche dei brand che non conoscevate e di cui scoprite i punti di forza.

## SESTO STEP: SCEGLIERE IL CANALE

Siamo al momento cruciale: decidere dove acquistare. È tempo di confrontare i prezzi che le diverse modalità di acquisto e i diversi venditori vi propongono, tenendo presente che non ci sono regole fisse: non è sempre vero che online costi meno rispetto al negozio, così come non è detto che il centro commerciale costi meno del venditore sotto casa. C'è una sola regola: confrontate senza fretta. Vi racconto che cosa è capitato a me: arrivata al punto sesto, proprio per l'acquisto di una lavatrice, ho scoperto che i prezzi online variavano e tendevano ad abbassarsi a mano a mano che facevo ricerche su Internet. Un sito molto noto di vendita di elettrodomestici ha abbassato i prezzi prima di 1 euro, poi di 40, e nel giro di qualche ora anche altri siti hanno abbassato i prezzi nello stesso modo.

E per un precedente acquisto di un grande elettrodomestico avevo scoperto che il negozio sotto casa, dove ero andata di persona per il quarto step, vendeva online con i prezzi più bassi di tutt'Italia! Controllate bene, molto bene, anche i costi di spedizione e di installazione, che possono fare la differenza.

La biancheria nel cesto sta lievitando e quindi sapete bene che anche il fattore tempo è determinante. Se acquistate online ci vorrà qualche giorno di più; i siti seri informano quanti giorni passano tra l'ordine e la consegna.

Va da sé che, nel caso il quinto step vi abbia dato risultati ex aequo, e quindi siete indecisi su due modelli differenti, questo è il momento di scegliere quello che costa meno, o perché è meno caro sempre, o perché per un caso fortuito è in promozione da qualche parte. In questa fase molto utile è il sito Trovaprezzi (www.trovaprezzi.it) che confronta i prezzi online con cui uno stesso modello viene venduto. Utilissimo! Fa per voi quello che dovreste fare voi stessi!

## SETTIMO STEP: L'ACQUISTO

Non vi resta che effettuare l'acquisto. Credete di essere alla batteria finale? Vi vedete già tagliare il traguardo vittoriosi? Sì, è così, ma attenzione: sia in un negozio fisico, sia online, vi sarà chiesto se volete un'estensione della garanzia oltre i due anni canonici, oppure qualche altro servizio aggiuntivo, come l'assicurazione contro il furto tipica per i cellulari. Non lasciatevi andare proprio ora! Sangue freddo! Aggiungete qualcosa solo se pensate che ne valga la pena. Una certa attenzione va prestata anche alla modalità di pagamento. Se siete in un negozio e potreste pagare in contanti, ricordatevi che è sempre meglio il pagamento elettronico, che rimane tracciato; se siete online, il bonifico è più lento e macchinoso, la carta di credito o PayPal sono più veloci. Nei magazzini più grandi usate la tessera fedeltà, eventualmente chiedendola per l'occasione. Non dimenticatevi, a ogni modo, che vi aspettano i bucati in arretrato.

## Un canale sostenibile: l'usato

Considerate anche l'opzione di acquistare un usato, un'opzione preferita da un numero sempre maggiore di persone alla ricerca di abitudini di consumo più sostenibili. Se avete letto il capitolo precedente, lo sapete bene.
Se quello che state cercando è un mobile o una bicicletta o gli sci da fondo, questa può essere la soluzione vincente. Vi fa risparmiare e consente di ridurre gli sprechi. Cercate sia nei negozi veri sia online e vi stupirete della quantità di offerta.
Se andate su beni più costosi, ci sono i prodotti ricondizionati. Quello che un tempo nel mercato delle auto prendeva il nome di usato garantito ora si chiama così, ma il senso è lo stesso. Molti sono i marchi, per esempio Apple, che dedicano grande attenzione all'offerta di usati di questo genere; in alternativa dovete organizzarvi da soli, muovendovi tra negozi fisici dell'usato e opportunità in rete. Di solito si tratta di un mercato trasparente, in cui nessuno ha interesse a prendersi gioco del compratore.
Sul sito Rigeneration (www.rigeneration.com), per esempio, trovate elettrodomestici usati rigenerati, oppure nuovi ma con lievi difetti estetici, che non influiscono sul funzionamento. Avete presenti quanti elettrodomestici finiscono in discarica prima di aver terminato il loro ciclo di vita? Lo staff di Rigeneration li recupera e li rimette in uso. A questo aggiungete che è un'impresa sociale che offre lavoro a chi è in difficoltà. La stessa Amazon, d'altra parte, da qualche tempo propone in vendita i prodotti resi, come usato ricondizionato o garantito che dir si voglia.
Per i mobili quello che fa per voi è il sito di Dimanoinmano (www.dimanoinmano.it), ma anche gli enormi punti vendita Ikea ospitano uno spazio dedicato all'usato: i clienti, infatti, possono restituire i loro vecchi arredi quando ne acquistano di nuovi.
Tra i patiti del cellullare "ultimo modello top di gamma", infine, non sono pochi quelli che mettono in vendita il proprio, che loro ritengono superato ma che a voi può andare benissimo. Con un po' di fortuna e di pazienza potrete scovare delle proposte interessanti, da privato a privato, sui siti dell'usato. Un filo di rischio c'è, ma può valere la pena… ed è anche divertente!
Siti da tenere d'occhio sono eBay (www.ebay.it), Subito (www.subito.it), Secondamano (www.secondamano.it) e lo spazio Marketplace di Facebook. Alcuni lettori forse ricorderanno il settimanale «Secondamano», nato negli anni Settanta e antesignano della filosofia del riuso e del riciclo: ora è presente online come Secondamanoitalia (www.secondamanoitalia.it).

## QUALCHE CONSIGLIO IN PIÙ

- Leggete bene l'introduzione e il capitolo *Una questione di metodo*, soprattutto se siete tentati dall'acquisto a rate.
- Smartphone, televisioni, stampanti, macchine fotografiche, computer hanno bisogno di un primo, secondo e quarto step particolarmente ben fatti. Potrebbero essere necessarie più di una conversazione con un venditore o con un esperto, ed eventualmente letture approfondite di siti o riviste specializzati. Non abbiate fretta. Tanto più la tecnologia è sofisticata, quanto più avete bisogno di una mano. A volte tra i vostri amici si nascondono dei veri esperti: ricorrete ai loro consigli e poi decidete in autonomia!
- Una volta che avrete l'oggetto dei vostri desideri, dedicate il giusto tempo a leggere il libretto di istruzioni. Scoprirete tutte le potenzialità di ciò che avete comperato, che spesso sono più ampie di quanto non supponete. Nello stesso tempo imparerete come fare una corretta manutenzione, indispensabile per farlo durare.
- Mettete lo scontrino in un posto sicuro: è la garanzia ufficiale che vi servirà in caso di guasto o di cattivo funzionamento. L'ideale è una cartelletta apposita dove terrete anche i libretti di istruzione.
- Avete risparmiato 150 euro con un acquisto ben ponderato? Andate subito al capitolo successivo, *Viaggiare leggeri*, e fatevi ispirare!

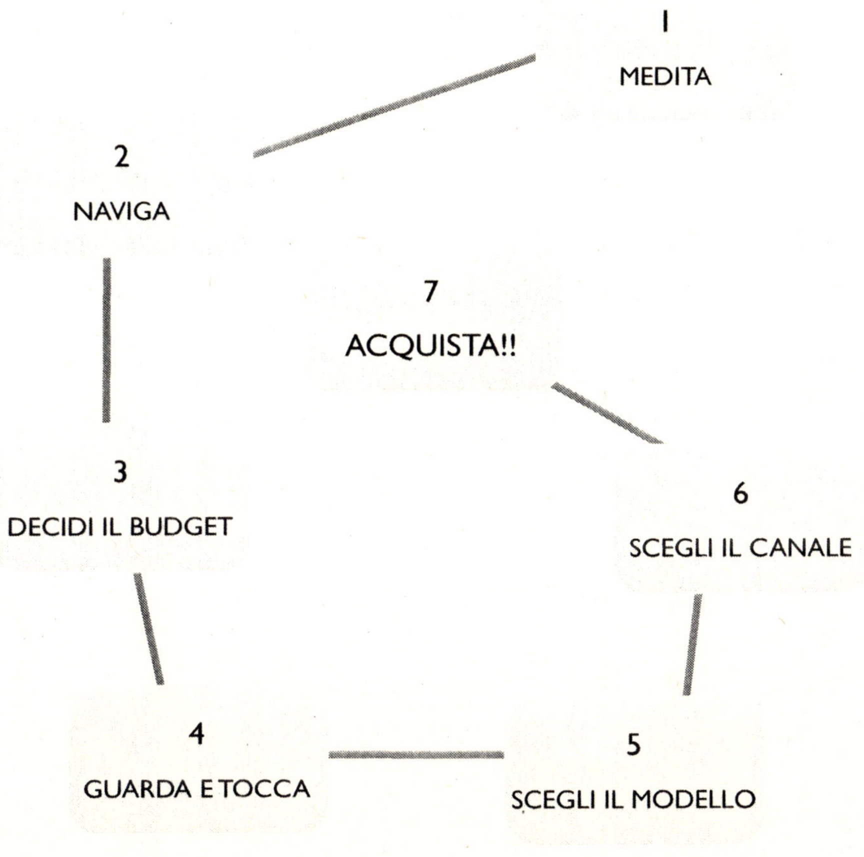
1
MEDITA
2
NAVIGA
3
DECIDI IL BUDGET
4
GUARDA E TOCCA
5
SCEGLI IL MODELLO
6
SCEGLI IL CANALE
7
ACQUISTA!!

*Cultura*

# 17. VIAGGIARE LEGGERI

«Ebbene! Fatelo allora!».
«Il giro del mondo in ottanta giorni?».
«Sì».
«Lo farò volentieri».
«Quando?».
«Subito. Soltanto vi avverto che lo farò a vostre spese».
Jules Verne, *Il giro del mondo in 80 giorni*

Secondo l'Istat, nel 2019 gli italiani hanno fatto 63.975.870 viaggi per svago. Un bel numero, anche se leggermente inferiore al 2018.

Va da sé che in epoca post Covid viaggiare richiede una maggiore cautela e qualche limitazione, ma chi rinuncerebbe a un tale piacere? Programmare qualche giorno lontano da casa, decidere la meta, scegliere dove e come e con chi, assaporare l'avvicinarsi della partenza e poi, finalmente, preparare i bagagli e partire. Poche cose, nella vita, danno un'ebrezza simile. Dal momento che viaggiare o andare in vacanza sono attività che pesano non poco sul bilancio familiare, vale la pena di impostare una spending review ben ponderata.

Intendiamoci bene: c'è viaggio e viaggio, c'è vacanza e vacanza. Per l'Istat – e anche per noi – un weekend a Firenze, una settimana in Giamaica o quindici giorni in campeggio a Tropea sono ugualmente, e a buon diritto, dei "viaggi". E lo sono anche visitare l'Irlanda con carro e cavallo, raggiungere il Marocco in camper (anche noleggiato), seguire un corso di ceramica in Umbria, affittare una barca a vela con o senza skipper. Impensabile suggerirvi in un capitoletto come risparmiare in ciascuna delle mille variabili possibili. Ci limiteremo a dare dei suggerimenti generali che poi starà a voi applicare nelle diverse occasioni. Una cosa è certa: più abbassiamo la spesa, meglio è. Ma nello stesso tempo non possiamo avere un budget troppo risicato che ci impedirebbe di godere il piacere di viaggiare.

Una precisazione: in questo capitolo parliamo molto di trasporti. Ma i trasporti, si sa, sono una voce di spesa anche nella vita di tutti i giorni. Leggete dunque i nostri suggerimenti tenendo conto che alcuni vi potranno essere utili anche nei periodi "normali".

## QUANDO PRENOTARE: *LAST MINUTE* O *EARLY BIRD*?

Ci hanno illuso con i miracoli del *last minute*! Ma diciamoci la verità, chi può arrivare in aeroporto e chiedere «C'è un posto libero su uno dei voli in partenza? Dove mi ritroverei? Oslo? L'Avana? Brindisi? Tallin?». Siamo realistici. Sono pochi – se anche esistono – le viaggiatrici e i viaggiatori che possono concedersi questa leggerezza. Per la maggior parte delle persone non funziona così.

La prima regola per una vacanza a prezzi abbordabili, invece, è programmare con largo anticipo. Quanto prima decidete e prenotate, tanto più risparmiate. Per un sacco di motivi. Innanzitutto, riservando prima avete più scelta: più scelta sui posti nei treni e aerei e autobus, più scelta per la sistemazione. Avrete infatti a disposizione i posti e le camere meno cari, quelli che normalmente si esauriscono più rapidamente. In seconda battuta potrete programmare con precisione anche i più piccoli dettagli del viaggio ed essere sicuri di godere al meglio di tutto ciò che un certo luogo offre.

Giocare d'anticipo può essere una strategia vincente non solo nel viaggio fai da te, ma anche nell'ambito dei pacchetti vacanze. Da qualche tempo esistono sul mercato le offerte *early bird*, che sono proprio il contrario del *last minute*. Si tratta di proposte di viaggio con condizioni particolarmente favorevoli (sconti fino al 40%) per prenotazioni fatte con largo anticipo (anche un anno!). Questo sistema può essere molto vantaggioso per chi è certo dei propri impegni e scadenze, o per chi non vive paralizzato dall'ansia che un imprevisto sconvolga i suoi piani. Nel caso vi troviate in queste condizioni, non fatevele scappare. A volte si trovano buone opportunità per prenotazioni fatte anche solo due mesi prima della data del soggiorno. È un tempo accettabile di programmazione dei propri movimenti. Alcune agenzie e tour operator offrono condizioni vantaggiose a chi prenota per primo o entro una certa data. Per ogni evenienza, se approfittate di una di queste offerte, controllate con certosina meticolosità le clausole di cancellazione e di restituzione dell'eventuale acconto versato. Giusto per non dovervi pentire del vostro ottimismo! In epoca Covid, d'altro canto, il settore turistico è forse quello che ha sofferto di più, e si sono moltiplicate le offerte che includono la cancellazione gratuita in caso di rinuncia. In alternativa, spesso viene offerta un'assicurazione contro il rischio di impossibilità a partire. Potrebbe valere la spesa.

Al di là delle vere e proprie offerte, giocare sul fattore tempo con i viaggi è sempre una buona regola. Se siete sicuri che passerete qualche giorno al mare in agosto, perché non prenotare in anticipo? E se poi non disdegnate il brivido della sfida, potete spingervi oltre! Perché non spendere 40 euro per un volo a/r che farete tra un anno? Se riuscite a partire, vi sarete costruiti una bella occasione di vita a prezzi stracciati; se non riuscite, la perdita non sarà eccessiva e vi consolerete rapidamente.

E dopo questa spassionata difesa della programmazione, ecco un suggerimento che ribalta tutto quello che vi ho detto finora: a volte le agenzie o i tour operator si trovano ad aver "bloccato" dei pacchetti che restano invenduti, e piuttosto che lasciare un albergo aperto per poche persone, o far volare un aereo semivuoto, capita che svendano letteralmente soggiorni, viaggi, vacanze. È il momento di approfittarne! Questo è il vero *last minute*! In questo caso fatevi dire qual era il prezzo di partenza e fatevi dimostrare che si tratta di un affare. Trovate offerte del genere in siti come Lastminute (www.lastminute.com) o Piratinviaggio (www.piratinviaggio.com) oppure su Groupon (www.groupon.it). Può valere anche per camere d'albergo, case in affitto, mezzi di trasporto da noleggiare o qualsiasi altra cosa di cui possiate avere bisogno.

## QUANDO PARTIRE: ALTA E BASSA STAGIONE

Naturalmente, un'altra variabile decisiva è il periodo in cui vi muovete da casa. Un conto è fare una vacanza o un viaggio in agosto o a Capodanno, un conto poter partire in giugno o in ottobre. Non per nulla esistono la bassa e la alta stagione. Certo potersi muovere in controtendenza non è da tutti. In Italia la maggioranza delle persone, nonostante tutto quello che si dice, è quasi obbligata a fare le ferie in agosto, quando tutte le attività si bloccano o quantomeno rallentano. E questo accade sebbene tutti sappiamo che, se consideriamo la classica vacanza al mare, in giugno le ore di luce sono di più, i luoghi meno affollati e la maggioranza delle persone che devono lavorare per la buona riuscita delle nostre vacanze (bagnini, affittacamere, cuochi…) sono più fresche, più entusiaste e, forse, più gentili. Con un innegabile vantaggio per i viaggiatori e i vacanzieri.

Muoversi in date e giorni diversi rispetto a quelli in cui partono tutti non è sempre possibile, ma si può sempre provare. Io, ad esempio, sono solita concedermi una pausa durante l'inverno, ma evito rigorosamente Capodanno. Preferisco i giorni immediatamente prima o immediatamente dopo, e sicuramente risparmio.

Se a questa accortezza aggiungo una prenotazione fatta per tempo, sono sicura di ottenere una spending review di tutto rispetto.

Un esempio: ho in programma qualche giorno in Sicilia tra Natale o Capodanno. Il biglietto low cost andata e ritorno Milano Malpensa-Palermo costerà

- quattro mesi prima poco meno di 50 euro,
- tre mesi prima poco più di 50 euro,
- due mesi prima oltre 100 euro,
- pochi giorni prima oltre 200 euro.

L'accoppiata giorni non di punta/prenotazione anticipata è una sicurezza!

## DOVE: DESTINAZIONI PIÙ O MENO CARE

Le diverse località (città, regioni o interi Paesi) presentano di per sé differenze di costo molto rilevanti. Allora attenzione: cercate destinazioni meno battute, defilate rispetto ai grandi flussi turistici. Così facendo, unirete il piacere di esplorare con il piacere della spending review.

Se pensiamo alla classica vacanza residenziale al mare o in montagna, le differenze di prezzo tra le località famose e quelle meno note sono impressionanti. Perché allora non preferire la località più tranquilla, magari a pochi chilometri da quella più blasonata? Sicuramente risparmierete, e quando vorrete potrete sempre godere dei servizi e del glamour delle località più alla moda. Tanto per dire: non Forte dei Marmi ma Marina di Pietrasanta (il risparmio medio su una settimana di affitto in alta stagione può arrivare anche a 1.000 euro), non Positano ma Atrani.

Se invece state programmando un viaggetto in Europa, perché non optare per una città meno famosa rispetto alle capitali? Lyon e Bordeaux invece di Parigi. Oviedo e Bilbao invece di Madrid e Barcellona. Senza dimenticare che in Europa non ci sono solo la Francia e la Spagna: l'intero Est Europa vi attende. La Croazia si è già conquistata, a ragione, la fama di meta accogliente ed economica per gli amanti del mare, ma anche Slovenia, Slovacchia, Repubblica Ceca offrono molto ai viaggiatori. Ma non chiedeteci troppo: questo libretto come *non è* un libro di ricette, allo stesso modo *non è* una guida turistica.

## COME: RUOTE, ALI, ROTAIE, SCAFI?

La scelta del mezzo di trasporto in una vacanza non è – ovviamente – solo una questione di costo. È proprio la filosofia del viaggio che cambia. Il successo dei cammini, e non solo del Cammino di Santiago, o delle vacanze in bicicletta lo dimostra. Ma queste sono scelte in cui il fattore economico c'entra poco. Ci sono viaggi in cui il coprire la distanza con un certo mezzo è l'essenza stessa del viaggio. Se state progettando di raggiungere Shangai in monopattino, non avete bisogno dei nostri consigli.

Prendiamo in considerazione giusto il viaggio-base, uno spostamento che vi porti dal luogo A al luogo B e ritorno, con qualche notte in mezzo, di nuovo il viaggio secondo il significato Istat, per intenderci. In questo caso la decisone del mezzo di trasporto dipende dalla distanza che devo coprire e dal tipo di soggiorno che mi aspetta. Certe distanze impongono l'aereo, senza discussioni. Le distanze sotto i 1.000 km, per contro, richiedono bravi e metodici confronti, in cui far confluire tutte le variabili in gioco, ovvero:

– *quanto tempo avete a disposizione.* Se avete un fine settimana e andate a Parigi, l'aereo sarà il vostro mezzo preferito. Ma se vi fermate a Parigi per almeno sei o sette giorni, allora potete considerare anche il treno o l'auto.
– *quanti siete.* Se andate a Parigi per una settimana e siete in quattro, allora l'auto potrà essere quello che fa per voi. Se siete da soli, l'auto smette di essere conveniente;
– *se usare mezzi diversi.* Andata in aereo e ritorno in treno o viceversa? Prendetevi tutto il tempo necessario per fare questa verifica. Farete delle scoperte interessanti.
– *quali sono i vostri programmi.* Se vi fermerete solo nella Ville Lumière, l'auto sarà proprio inutile. Ma se avete tempo anche per fare un salto sulla Manica, allora l'auto vi può servire, sempre che non scopriate che vi convenga di più noleggiarne una o prendere il treno da una delle fascinose stazioni parigine;
– *quali sono i vostri gusti e le vostre preferenze.* Viaggiare è un piacere e deve restare tale. Assecondate i vostri gusti. Se odiate guidare, preferite il treno, anche se risparmiereste viaggiando in auto! E prendete in considerazione anche la stagione in cui vi mettete in viaggio; non è la stessa cosa farsi ore e ore al volante in estate o in inverno;
– *quanto manca alla partenza.* Se decidete il martedì di concedervi il weekend fuori casa, non avrete il tempo materiale di applicare la regola d'oro dell'*early bird*: trovare tariffe abbordabili per voli o treni sarà difficile, a meno che non incappiate in una vera offerta *last minute.* Se non siete fortunati, meglio ripiegare su una meta più vicina. E programmare con maggior margine il weekend più impegnativo. Questa è la vera arte della spending review!

<table>
<tr><th colspan="3">Mezzi di trasporto In breve</th></tr>
<tr><th>Auto/ Autobus</th><th>Aereo (low cost)</th><th>Treno</th></tr>
<tr><td>Con la tua auto<br>– fai manutenzione prima di partire, eviterai spese impreviste dal meccanico<br>– prevedi tratti anche fuori dall'autostrada<br>– fai benzina usando il servizio self service<br>– evita i distributori dell'autostrada dove il carburante è di solito più caro<br>– vai piano: è più sicuro e consumi meno carburante<br>– condividi il viaggio con amici e dividi la spesa<br>– non fermarti all'autogrill, porta tutto da casa<br>– controlla tempi e costi con Viamichelin (www.viamichelin.it)<br>– se il viaggio è lungo, non fidarti solo di Google Maps. Una cartina è meglio!<br>– offri un passaggio a pagamento con Bla Bla Car (www.blablacar.it), l'evoluzione Internet dell'autostop.</td><td rowspan="3">– prenota in anticipo<br>– sii flessibile nelle date<br>– se non hai una meta precisa, sfrutta i voli in offerta<br>– controlla i voli con Skyscanner (www.skyscanner.it), il sito che confronta i voli e le tariffe di tutte le compagnie<br>– evita di volare nel weekend<br>– confronta il prezzo dei portali di voli con quelli dei siti delle singole compagnie, assicurandoti che non ci siano commissioni<br>– considera la possibilità di usare scali o compagnie diverse per i tuoi voli a/r<br>– controlla dove si trova l'aeroporto rispetto al luogo in cui sei diretto<br>– se puoi, porta solo il bagaglio a mano e controlla sempre le condizioni e i prezzi del bagaglio in stiva<br>– portati da mangiare e da bere per il tempo che passerai in aeroporto<br>– accontentati del posto che ti viene assegnato in automatico<br>– stai molto attento nel momento della prenotazione: i siti cercano di farti comperare di tutto: assicurazioni, pasti a bordo, posti più spaziosi</td><td rowspan="3">– prenota in anticipo<br>– sii flessibile nelle date<br>– confronta i prezzi delle diverse compagnie (in Italia confronta i prezzi di Trenitalia con quelli di Italo, per esempio)<br>– se non hai una meta precisa, sfrutta le destinazioni in offerta<br>– se viaggi con Trenitalia, procurati una carta (gratuita) con cui usufruire di sconti e opportunità<br>– informati per scoprire se hai offerte dovuti alla tua età o condizione<br>– evita di viaggiare nel weekend<br>– porta con te da mangiare e da bere durante il viaggio<br>– se viaggi in Europa, informati sui biglietti agevolati, tipo Interrail. Un tempo erano solo per giovani, ora ce ne sono anche per adulti.<br>– il sito delle ferrovie tedesche www.bahn.de fornisce gli orari delle principali tratte europee, anche in italiano<br>– se fai viaggi lunghi, risparmia sull'albergo, viaggiando in treno di notte</td></tr>
<tr><td>Viaggia con Flixbus (www.flixbus.it), gli autobus low cost che ti portano ovunque in Italia e in Europa o con Itabus (www.itabus.it), la compagnia che ti porta nelle principali città italiane con prezzi da 3,90 euro.</td></tr>
<tr><td>Usa Bla Bla Car, da autista o da passeggero, come meglio credi.</td></tr>
</table>

## DOVE: DORMIRE IN UN ALTRO LETTO

Dormire in un altro letto, al mattino aprire un'altra finestra, riempire gli occhi di altri colori: ciò che dà la dimensione dell'essere altrove è proprio questo. Magari bastano cinquanta chilometri di distanza!

**Due siti imperdibili**

Appartamento, casa singola, albergo, campeggio, house boat, rifugio, tenda, B&B? Naturalmente dipende dalla durata del soggiorno, dal tipo di viaggio, da quanti siete, e soprattutto da *chi* siete. La bibbia da consultare per avere un'idea base è senza dubbio Booking (www.booking.com), il sito più ampio e completo di alberghi e, in misura minore, anche di case. Di facile consultazione, fornisce informazioni chiare e veritiere, e difficilmente inganna. Presenta anche occasioni o offerte: una su tutte quella riservata a chi è disposto a cambiare camera durante il soggiorno. Imbattibile la possibilità, consentita da Booking, di prenotare a costo zero con cancellazione gratuita, in alcune strutture anche senza la carta di credito. Nella maggior parte dei casi potete disdire fino a una settimana prima, senza pagare un euro. Quante volte ho fatto una prima scelta e poi ho continuato a cercare finché non ho trovato una sistemazione migliore! Senza dimenticare che potete cercare con Booking e poi contattare di persona la struttura preferita. A volte si risparmia qualcosa. Utili anche i portali tipo Trivago (www.trivago.it) che, individuata una sistemazione, permettono di confrontare i prezzi dei diversi siti di prenotazione.

Vantaggioso e altrettanto trasparente uno dei fenomeni Internet dell'ultimo decennio, ovvero Airbnb (www.airbnb.it), che dà la possibilità di soggiornare in case di privati o camere condivise. Nell'epoca d'oro, includeva il vantaggio di farvi incontrare persone del luogo e di assaporarne lo stile di vita, ora è molto meno spontaneo, ma può fornire ottime sistemazioni a prezzi concorrenziali.

### Ancora più economico

Come per i luoghi, anche per gli alloggi, battere vie più solitarie può portare a ottimi risultati e a grandi risparmi: in quasi tutte le città, per esempio, ci sono gli ostelli, che hanno perso la loro connotazione di luoghi per autostoppisti dotati di zaino (un tempo li chiamavano *globetrotter*); ora sono adatti anche per le coppie con i trolley, o per le famiglie con valigie. Il servizio e gli arredi non sono quelli di un quattro stelle, ma spesso si rivelano più confortevoli di un alberghetto e riservano opportunità uniche, per esempio l'uso condiviso della cucina. Un innegabile risparmio.

Un'altra possibilità da esplorare è quella delle strutture religiose, che hanno prezzi decisamente competitivi, a fronte, questo è ovvio, di una certa essenzialità nei servizi prestati. A volte sono ospitati in pieno centro storico, o per contro in luoghi del tutto isolati, ma spesso affascinanti. Avete mai dormito nella foresteria di un'antica abbazia tipo *Il nome della rosa*? In Toscana non è difficile trovarne.

Attenzione ai campeggi: un tempo erano sinonimi di risparmio e garanzia di uno stile di vita spartano, a contatto con la natura. Ora sono sempre più simili a villaggi vacanza, con tanto di animazione e discoteca. Informatevi bene. Si sta diffondendo anche il *glamping*, ovvero il campeggio in tende di lusso, super accessoriate e con finiture di pregio. Prezzi di conseguenza. A voi scegliere.

### Privati coraggiosi

Se invece viaggiate spesso e siete disposti a cedere la vostra abitazione per un breve periodo, potete provare lo scambio di case. I due siti storici Scambiocasa (www.scambiocasa.it) e Homeexchange (www.homeexchange.it) si sono ora fusi, e al costo di 120 euro all'anno offrono ai loro iscritti la possibilità di usare le case degli altri soci in tutto il mondo. Se avete uno spirito avventuroso, siete generosi e avete fiducia negli altri, potete approfittare di questa possibilità.

### Vecchi metodi

Non dimenticate poi i vecchi metodi sempre validi: il passaparola tra amici che vi possono dare indirizzi utili e sperimentati. La regola generale, a questo punto del capitolo e del libro ormai lo sapete, è sempre la stessa: provare tutti i canali di contatto. Anche arrivare in un posto senza alcuna prenotazione e chiedere in giro: chi viaggia in bicicletta o a piedi a volte lo fa ancora adesso.

Se cercate casa per un periodo un po' più lungo, da una settimana in poi, non disdegnate neppure le classiche agenzie immobiliari, specie nelle località più tipiche delle vacanze italiane. Soprattutto se state prenotando all'ultimo momento, possono darvi ottime indicazioni, anche quando sembra che non sia rimasto neppure un buco! Sono tornate in auge in periodo post-Covid, quando l'incertezza generale ha incentivato le vacanze in Italia.

## CON CHI: DA SOLI, IN COPPIA, IN GRUPPO?

La scelta se viaggiare da soli o in compagnia non è tanto una questione di risparmio quanto di scelta: dipende da chi siete e dal viaggio che volete fare. Non è la spending review che vi fa decidere con chi viaggerete. È ovvio che se siete da soli, o anche in coppia, sarete più liberi di risparmiare sulle spese spicciole: per esempio dove mangiare, se vedere o no un certo museo, se fare o no una certa esperienza durante il viaggio. Per contro, se avrete bisogno di una guida che vi porti in un luogo inaccessibile non avrete nessuno con cui dividere la spesa. E neppure potrete dividere le spese di sistemazione – per esempio condividendo l'affitto di una casa – o di trasporto, nel caso usiate l'auto, né beneficiare di sconti per gruppi numerosi. Ma, al di là dei costi, nessuno che ama viaggiare da solo sarebbe disposto a prendere parte di un tour in torpedone, e viceversa.

Viaggiatori solitari o viaggiatori di gruppo, pescate qua e là nel capitolo i consigli che fanno al caso vostro!

## COME: CHI FA PER SÉ FA PER TRE?

Ed eccoci alla questione spinosa: viaggi fai da te o viaggi organizzati? Internet in solitaria o agenzia di viaggio? Ancora una volta non è solo una questione di budget, ma una questione, oserei dire, antropologica ed esistenziale. Non sono in ballo solo i costi, ma il vostro rapporto con i viaggi e con le vacanze.

**Le parole del turismo**

*Agenzia viaggi* > agenzia che vende al singolo viaggiatore.

*Tour operator* > azienda che vende viaggi, soggiorni, trasferimenti, servizi assicurativi alle agenzie.

*DMC (Destination Management Company)* > agenzia che fornisce servizi per il turismo, riferiti esclusivamente a una certa aerea o regione. Hanno come clienti sia le agenzie, sia direttamente i viaggiatori.

È evidente che Internet e i voli low cost hanno cambiato completamente le regole del gioco. La prima tentazione del viaggiatore orientato alla spending review è quella di evitare l'intermediazione di un'agenzia, e un viaggio acquistato in agenzia, in linea di massima, costerà un po' di più di uno fai da te. Ma la differenza reale non è tanto il prezzo, quanto il fatto che acquistando da un'agenzia il viaggiatore compra un servizio in più: la sicurezza e l'assistenza di fronte all'imprevisto. Se un volo viene cancellato, se si allaga la casa presa in affitto, per esempio, il viaggiatore fai da te si troverà a risolvere da solo il problema; quello assistito dall'agenzia troverà aiuto e supporto. Non è un vantaggio da poco. Potrebbe valere quel 10-15% di spesa in più! Ma una volta deciso che preferite affidarvi a un'agenzia si apre di nuovo il solito bivio: negozio fisico o agenzia online? Ovviamente non c'è una regola fissa. L'importante è, in entrambi i casi, fare le cose con calma, controllare che cosa è compreso nel vostro pacchetto e che cosa no, leggere tutto per bene, soprattutto le clausole scritte con un font piccolissimo.

Insomma, con viaggi e vacanze, la regola d'oro è non dare mai nulla per scontato. Anche il solo acquisto dei biglietti aerei, che sembra essere la cosa più semplice del mondo, può rivelarsi più sicuro con l'aiuto di un'agenzia. Se sto organizzando un viaggio in una capitale europea, posso acquistare in tutta tranquillità, da solo, il biglietto aereo su Internet, ma se devo prenotare un volo dalle cascate di Iguazù (Argentina) a Fiumicino, forse è preferibile che mi affidi a un'agenzia specializzata, che ha un quadro completo dei voli interni e dei tempi di spostamento da un aeroporto all'altro.

Siete al vostro primo viaggio intercontinentale? Non vi sentite sicuri al cento per cento? Inutile guastarvi il piacere del viaggio. Affidatevi a un'agenzia e, se necessario, viaggiate in gruppo con una guida. A poco a poco imparerete a muovervi in autonomia. E comunque in certi paesi è sempre consigliabile, talvolta obbligatorio, farsi accompagnare prima e durante il soggiorno.

Un'ultima osservazione: non temete che l'agenzia vi rubi il piacere di organizzare il vostro viaggio. Potete scegliere una formula mista: voi fate il programma, l'agenzia vi suggerisce indirizzi e contatti. In questo caso la spending review consisterà nel rivolgervi a diversi soggetti e confrontare i preventivi.

**Libri che portano lontano**

La produzione editoriale sui viaggi e le vacanze è sterminata. A ogni tipo di viaggiatore, il suo libro. Ci limitiamo a suggerire qualche titolo sugli argomenti toccati nel capitolo.

Valeria Pavia, *Guida all'ospitalità religiosa in Italia. Monasteri, abbazie, eremi, ostelli*, Magenes Editoriale, 2019. Un testo per scoprire le potenzialità ricettive delle strutture religiose in Italia, un modo di viaggiare che permette di vivere esperienze ricche di storia e di spiritualità.

Giuseppe Ortolano, *Weekend in Europa. Guida anticrisi per viaggiatori con piccoli budget e grandi aspirazioni*, Rizzoli, 2016 Il titolo dice tutto: 46 mete facilmente raggiungibili in Europa, con indirizzi, suggerimenti, orari e tutto quello che può servire.

Claudio Pelizzeni, *In viaggio*, Mondadori Electa, 2020. Un grande viaggiatore svela i suoi "trucchi", mescolando consigli, racconti di vita, riflessioni sul senso stesso del viaggiare.

Massimo Acanfora, Laura Dell'Oro, *Il campeggio ecologico. Guida alle vacanze a basso impatto e nella natura*, Edizioni Altraeconomia, 2022. Una guida completa ai luoghi in Italia in cui è possibile praticare un turismo nel più rigoroso rispetto dell'ambiente.

## STAYCATION

La scorsa estate non vi siete allontanati da casa neppure una notte o due? Avete fatto quello che la lingua inglese chiama *staycation*, ovvero le vacanze a casa. La parola corrispondente in italiano non c'è, eppure sarebbe utile, visto che il già citato rapporto Istat sulle ultime vacanze pre-Covid rivela che il 63% dei residenti in Italia nel 2019 ha fatto una *staycation*, ovvero, detto brutalmente, non è andato in vacanza. E negli anni successivi sono stati sicuramente di più.

La *staycation* è già di per sé una forma di risparmio, e la più rigida, e allora – qualcuno dirà – che altro c'è da aggiungere? In realtà s*taycation* non significa solo "stare a casa", ma anche godere del relax e del divertimento della vacanza, *stando a casa*. Allora in termini di spending review c'è molto da dire e da fare! Ognuna delle attività tipiche delle vacanze a casa può essere affrontata in maniera più o meno dispendiosa.

– Gita al parco? Portate con voi il classico picnic. Fatevi ispirare dai nostri suggerimenti del capitolo *Pausa pranzo*.
– Se frequentate la piscina, controllate le fasce orarie in cui i prezzi sono più bassi, o le offerte dedicate a coppie e famiglie, verificando se un abbonamento per l'estate potrebbe essere conveniente.
– Approfittate della *staycation* per conoscere meglio la regione o la città in cui vivete, ma per i vostri spostamenti in auto preferite le strade statali piuttosto che le autostrade. Non solo risparmierete, ma vi sarà più facile imbattervi in luoghi di interesse artistico o paesaggistico.
– Approfittate delle giornate in cui i musei sono gratuiti.
– Per alcune gite fuori porta, usate la bicicletta. Una persona in buona salute può coprire senza difficoltà una distanza in piano di 30-40 km al giorno, anche senza allenamento.

Va da sé che ciò di cui stiamo parlando non è la *staycation* che alcuni alberghi di lusso delle grandi città vi propongono, ovvero "un incantevole soggiorno nella vostra città, in una location da sogno, con una cena preparata da uno chef stellato". Se siete attirati da questa possibilità, allora, forse, avete sbagliato libro. Se invece quello che vi aspetta la prossima estate è una vera *staycation*, nei consigli che come sempre chiudono il capitolo ce n'è uno che fa per voi!

## QUALCHE CONSIGLIO IN PIÙ

- Se siete in viaggio e vi spostate da una località all'altra, potete alternare alberghi più comodi e costosi con altri più economici.
- Se vi piace viaggiare, ma non avete molte risorse, potete adottare una sorta di rotazione triennale: un anno di *staycation*, l'anno successivo Italia, l'altro dopo ancora estero.
- Se si avvicina un compleanno importante, suggerite ai vostri amici di regalarvi, tutti insieme, un pacchetto viaggio tipo Smartbox.
- A volte un'assicurazione può salvarvi da spese impreviste, che potrebbero rovinarvi la vacanza.
- Una buona guida aggiornata, da scegliere con grande attenzione, anche ai tempi di Internet, può farvi godere al meglio il vostro viaggio. La trovate anche in biblioteca a costo zero.
- La visita al centro informazioni turistiche non è mai tempo sprecato, però siate critici e selettivi sulle proposte!
- Avete un amico che ha una seconda casa al lago, al mare, in montagna? Probabilmente sarà felice di metterla a vostra disposizione in cambio di una cifra simbolica. Chiedeteglielo, al massimo vi dirà di no...
- Durante un viaggio la spesa per il cibo può incidere notevolmente. Quando scegliete una camera in hotel o in bed and breakfast, la presenza del bollitore e del frigobar possono liberarvi dall'obbligo di bar e ristoranti e farvi risparmiare parecchio. Per contro ricordatevi che quello che trovate nel frigobar, generalmente non è un omaggio.
- Fare colazione in albergo è piacevolissimo, ma a volte piuttosto caro. Una colazione al bar può essere ben più conveniente.
- Rileggete, sempre per lo stesso motivo, il capitolo *A cena fuori? Si può!*
- Viva lo street food!

- Attenzione ai mezzi di trasporto locali! Informatevi sulle tariffe speciali per turisti, a volte abbinate agli ingressi nei musei.
- In alcuni musei, dopo una certa ora, l'ingresso costa meno o è gratuito. Date un'occhiata a questo proposito al capitolo *Alla cultura non si rinuncia!*
- Anche le navi sono mezzi di trasporto. Dall'Italia si possono raggiungere oltre che le isole, anche Spagna, Marocco, Grecia, Tunisia, Malta. Le crociere, per contro, sono davvero un modo poco sostenibile di viaggiare.
- A volte, per compiacere i turisti, vengono dilapidate preziose e insostituibili ricchezze ambientali. Prestate attenzione ai souvenir che acquistate: da evitare oggetti in corallo, avorio o conchiglie e altri materiali naturali, da preferire manufatti di artigianato per cui pagare il giusto prezzo.

# 18. ALLA CULTURA NON SI RINUNCIA

> Caro Giacomo,
> oggi vorrei parlarti della collezione (quasi) completa dei romanzi di Urania del babbo. Anche questa collezione, pur incompleta com'è, ha un alto valore commerciale, considerando la cura che il babbo ha sempre avuto nel conservare questi libri, il rivestimento in carta velina con cui li ha protetti uno per uno e il conseguente, sbalorditivo stato di conservazione in cui si trovano dopo cinquanta o sessant'anni...
>
> Sandro Veronesi, *Il Colibrì*

Il primo pensiero in merito, condiviso sia da Mirella sia da me, è "risparmiamo su tutto, ma non sulla cultura". Non su libri e giornali, formazione, scuola; non su teatro, musica, concerti, buona televisione; non su mostre, musei, visite culturali. Non su tutto quello che può renderci persone migliori e cittadini più consapevoli. Perché è questo che la cultura fa di ciascuno di noi.

Nonostante ciò, vi darò ugualmente qualche suggerimento di spending review. Come per tutto il resto, anche per la cultura possiamo ridurre la spesa senza essere costretti a rinunciare a ciò a cui teniamo.

Ogni tanto, in questo stesso capitolo, vi inviterò, apparentemente in controtendenza con i principi della spending review, a pagare di vostra spontanea volontà per qualcosa che potreste avere gratis! Non sono impazzita: sono invece consapevole che il digitale e Internet hanno modificato completamente alcuni settori e che talvolta occorre essere più generosi!

## INNANZITUTTO: I LIBRI

Partiamo dall'abitudine che viene considerata tipica della persona "colta": leggere. I cosiddetti "grandi lettori", ovvero coloro che divorano almeno un libro al mese, sanno benissimo quali sono le tecniche per contenere la spesa per l'acquisto degli oggetti di culto. Si tratta di applicare strategie che, se ci avete seguito fin qui, ormai conoscete: cercare i canali di vendita più economici; percorrere le vie della condivisione, più o meno strutturata; praticare la via dell'eliminare/sostituire.

### Librerie e affini

Anche nel caso dei libri è possibile puntare alle offerte e alle occasioni, esattamente come faremmo per alimentari e vestiti. Si tratta di sfruttare le promozioni che spesso le librerie, specie quelle appartenenti a catene o a case editrici, propongono in alcuni momenti dell'anno, a volte in estate; in questo caso non sono saldi di fine stagione, ma vendite pre-stagione, per permettere ai lettori di farsi una scorta di libri per le vacanze.

Molto diffuso nelle librerie è il sistema delle tessere punti, tipo supermercato. Permette di ottenere sconti e facilitazioni. In più, se frequentate la stessa libreria, ovvero siete stati "fidelizzati", potrete avvalervi del servizio aggiunto dei consigli di un libraio, che con il tempo avrà imparato a conoscere i vostri gusti e saprà consigliarvi per il meglio. I libri, purtroppo, non possono essere provati prima dell'acquisto...

Poi c'è la grande distribuzione. I libri che trovate nel reparto dedicato in supermercati e store vari sono di solito scontati del 10 o del 15%. Può essere una buona opzione se ci tenete a essere aggiornati sugli ultimi best seller. Certo, perdersi tra gli scaffali di una vera libreria è un'altra cosa... (A proposito, questo libro come vi è arrivato tra le mani? Fatecelo sapere attraverso i nostri canali social o scrivendo alla nostra mail. Siamo molto curiose!).

### Online

All'inizio furono i libri. Non tutti sanno o si ricordano che Amazon ha cominciato come libreria online. Poi dai libri è passata a tutto quanto sia legalmente commerciabile. Comprare libri su Amazon è rimasto comodo, affidabile ed economico. Se preferite un portale specializzato – e per di più italiano – c'è Ibs (www.ibs.it), molto conveniente per le tariffe di consegna competitive, a volte nulle, per il sistema a punti che riserva promozioni e vantaggi e per le offerte. Una novità editoriale di solito è scontata del 5% su entrambi i portali. Da non trascurare i canali online delle singole case editrici, alcuni dei quali vendono anche i libri della concorrenza e non solo i propri. Naturalmente anche le librerie online offrono le loro promozioni. Alcune, inoltre, quando è presente la versione e-book permettono di scaricare le prime pagine di un libro prima di acquistarlo. È l'alternativa al poterlo sfogliare nella vostra libreria preferita.

Per i libri usati e rari altamente consigliato Maremagnum (www.maremagnum.com), perfetto se cercate un testo introvabile o ritirato dal commercio. Non male anche il ben noto eBay (www.ebay.i), specie nella sezione "negozi", vetrine online specializzate per argomento o epoca o tipologia dei volumi venduti.

**Libri di scuola**

La spesa per i libri di scuola è molto consistente ed è concentrata in un preciso momento dell'anno: un vero problema per molte famiglie. Nessuna meraviglia che questo tipo di testo abbia una lunga tradizione di vendita con modelli alternativi. Sintesi brevissima:

- nuovo nei supermercati e grande distribuzione, con sconti che si aggirano attorno al 15%
- nuovo online, vantaggioso soprattutto per i dizionari;
- usato tra privati per mezzo di passaparola (specialmente all'interno della stessa scuola);
- usato 'organizzato' da associazioni e gruppi studenteschi o dal comitato dei genitori (informatevi se c'è qualcosa di simile nella scuola frequentata dai vostri figli);
- usato in negozi tipo Il Libraccio. Un avvertimento: in tutti e tre in casi controllate bene che il codice identificativo del volume (il famoso IBS) sia corretto perché le edizioni scolastiche vengono aggiornate di frequente ed è facile sbagliare acquisto.

### Edizioni più o meno economiche

Attenzione alle edizioni. Spesso le nuove uscite hanno una veste tipografica più raffinata. Dopo qualche mese, viene pubblicata l'edizione economica. Questa trafila ora avviene sempre più raramente e solo per alcune case editrici e collane. A ogni modo, nel caso di un testo pubblicato in versioni tipografiche differenti o da diverse case editrici, cercate le edizioni meno care. Un tempo per lo sterminato invenduto dell'editoria c'erano anche le librerie remainder, ora in Italia si sta diffondendo la rete Booklet. La sezione "rimanenze" la trovate anche in tutti i portali online. Con le tecniche attuali di stampa e di distribuzione, però, i volumi destinati al macero sono sempre meno. Il Pianeta ringrazia.

### E-book

Super economici sono gli e-book, che costano decisamente meno dell'equivalente cartaceo, ma stentano a conquistare il pubblico italiano, visto che solo il 9,4% dei lettori (dato Istat 2022 riferito al 2020) utilizza esclusivamente gli e-book, mentre il 16,6% legge in qualsiasi formato, audiolibro compreso. Eppure l'ebook è molto economico: si va da riduzioni del 50% nel caso di una novità editoriale al 90% per altri tipi di libri. È necessario munirsi di un lettore apposito o di un tablet. È un sistema molto comodo – quando siete in viaggio o se sugli scaffali di casa i libri sono già in doppia fila – e amico dell'ambiente, perché non viene tagliato neppure un albero. Se non siete fanatici della carta e siete grandi lettori, non perdetevi le formule che con pochi euro al mese vi permettono di scaricare tutti gli e-book che volete. Indovinate chi la fornisce? Ma Amazon, naturalmente! La scelta di ebook scaricabili, pur se ampia, non è tale da coprire tutte le ultime novità. Sfruttate il periodo di prova gratuito per verificare se i vostri gusti coincidono con l'offerta.

Da provare anche i siti che permettono di leggere gratis interi libri non più protetti dal copyright, che in Europa decade settant'anni dopo la morte dell'autore. Il più noto e fornito in Italia è Liberliber (www.liberliber.it), il cui motto è "il sapere condiviso è un'utopia possibile"! Grazie al lavoro dei suoi volontari mette a disposizione migliaia di testi, in prevalenza classici, ma anche opere contemporanee date in concessione dagli autori. Tutto gratis e legale!

Da consultare anche la sezione di Google dedicata ai libri. 15 milioni di volumi di cui è possibile leggere o il testo completo o un estratto. Da perderci le giornate!

### Prestare e farsi prestare

Non c'è dubbio: i libri sono tra gli oggetti che vengono più condivisi. Provate a confrontare quante volte avete prestato o ricevuto in prestito un capo di abbigliamento con il numero di volte in cui avete condiviso un libro! Tra me e Mirella c'è uno scambio continuo, giusto un po' rallentato negli ultimi anni dagli e-book che hanno conquistato i favori di Mirella, i miei un po' meno.

Il prestito tra lettori non solo è un'abitudine che fa risparmiare, non solo è un modo magico per cementare e rafforzare un'amicizia (o un amore), ma è esso stesso un atto culturale. Il libro nasce per essere condiviso e le istituzioni culturali per eccellenza – biblioteche e musei – sono proprio luoghi di condivisione. Per cui sfruttate le biblioteche e i loro servizi: oltre al classico prestito di volumi, potete accedere a una vasta scelta di testi in formato elettronico, comprese le ultime novità degli scrittori più in voga. È sufficiente che, usando le vostre credenziali di accesso alla biblioteca, vi registriate sul portale MLOL, ovvero Media Library On Line (www.medialibrary.it). Avrete così a vostra disposizione una certa quantità di ebook gratuiti al mese. Attenzione: gli ebook scaricati dopo un numero definito di giorni spariscono dal dispositivo su cui li state leggendo: siate rapidi nella lettura! Sullo stesso portale MLOL quotidiani e riviste online sono inoltre completamente gratuiti. L'unico problema è avere il tempo per leggerli.

### Il *book crossing*

Lo cito, con uno spazio dedicato, perché si tratta di un'iniziativa che unisce l'amore per la pagina scritta con un pizzico di follia. Si tratta di far circolare liberamente un libro per il mondo, lasciandolo a disposizione di chi lo trova lungo la sua strada, lo legge e poi lo lascia a qualcun altro. Un modo per non intrappolare un libro sugli scaffali di casa e per far in modo che venga letto dal maggior numero di persone. Il *book crossing* ufficiale ha regole rigide e un suo sito. Permette di "liberare" libri che vengono tracciati grazie a un codice specifico; in questo modo è possibile seguire il passaggio di ciascun libro di mano in mano. Nel sito Bookcrossing.com trovate tutte le informazioni a riguardo. Sull'onda di questa sono nate altre iniziative, gestite in maggiore libertà. Guardatevi intorno: i luoghi in cui scambiare libri sono più diffusi di quanto non pensiate. Io li ho trovati in negozi, cinema, ospedali, stabilimenti balneari, condomini. Il vero problema è essere fortunati con i titoli a disposizione. Seguendo la moda linguistica del momento, questo sistema di scambio è chiamato il "libro sospeso", esattamente come il caffè a Napoli o la spesa in alcuni supermercati. Regola di buona educazione è che, quando si prende un libro, se ne lasci un altro, possibilmente in buono stato.

## LE BUONE ABITUDINI: GIORNALI E RIVISTE

Non avete abbandonato l'abitudine di leggere quotidiani e riviste, sebbene gran parte delle notizie passi per Internet e i giornalisti più accreditati affollino i talk show televisivi ogni benedetta sera? Bravi! Siete dei benemeriti dell'informazione. A voi va il mio plauso. Nonostante ciò, vi comprendo nel caso siate tentati di fare una spending review su questo tipo di spesa. E come al solito sono al vostro fianco, questa volta rapidamente, perché alcune strategie sono le stesse valide per i libri. Andiamo con ordine.

### Se preferite la carta

Se non volete – giustamente – rinunciare al piacere di acquistare il quotidiano o la rivista cui siete abituati, potete decidere di saltare qualche numero. Questo è il sistema più banale, ma vi consente un controllo totale sulla spesa. Potete scegliere il giorno con o senza inserti a seconda dei vostri gusti e preferenze, sfruttando anche questa piccola variazione del prezzo per risparmiare.

Per contro, se non siete disposti a rinunciare neppure a un numero del vostro quotidiano o della vostra rivista preferiti (vi capisco!), scegliete la strategia opposta: abbonatevi! Senz'altro risparmierete qualcosa! Fate come me: io per l'abbonamento al mio settimanale preferito, ho scelto la formula del rinnovo biennale, risparmiando circa 30 euro. Di solito, inoltre, gli abbonamenti al cartaceo vi permettono di scaricare la versione digitale in più utenti; la spesa in questo caso è abbondantemente ammortizzata.

### Solo in digitale

Rinunciare alla carta può essere molto conveniente. Abbonamenti o singoli numeri solo in digitale costano meno. Se poi vi accontentate degli articoli che vengono pubblicati sui portali online dei quotidiani, l'accesso costa ancora meno: pochissimi euro al mese nel periodo di prova, pochi euro (10 al mese circa) esaurita l'offerta iniziale. Fino a pochi anni fa i portali di informazione erano completamente gratuiti. Poi quasi tutte le testate hanno messo delle limitazioni. Non lamentatevi! Il buon giornalismo ha i suoi costi. Con una piccola spesa mensile, potrete godere di un'informazione di qualità. Avrete un numero di articoli minore rispetto alla versione cartacea, ma otterrete in più tutto quello che può darvi un sito: innanzitutto notizie aggiornate di continuo, poi video, foto in abbondanza, podcast, link esterni. E per la versione completa, completamente gratuita – come ho già ricordato – c'è il portale MLOL!

## SPETTACOLI DI OGNI TIPO

Il Covid ha chiuso cinema, teatri, auditorium, palazzetti, stadi, praticamente tutti gli spazi per concerti e spettacoli dal vivo. Per più di un anno ne abbiamo dovuto fare a meno e ci siamo dovuti accontentare dell'online, dello streaming, della registrazione. Ora che ne siamo fuori, cerchiamo di recuperare il tempo perduto. Spending review anche in questo caso? Certamente!

### A teatro

Se andate spesso a teatro, considerate l'idea di un abbonamento. Ce ne sono di tutti i tipi: relativi a una sola sala oppure validi per diversi spazi cittadini. Informatevi bene e scovate la formula più adatta ai vostri gusti. Tenete d'occhio anche le associazioni culturali, le biblioteche, le scuole dei vostri figli: spesso hanno biglietti a prezzi più bassi. Quest'ultimo sistema è meno vincolante dell'abbonamento e non vi obbliga a una spesa anticipata che può essere consistente, anche se poi il prezzo di un singolo spettacolo è molto vantaggioso.

I grandi teatri – Scala di Milano, San Carlo di Napoli e Regio di Parma, tanto per fare qualche esempio – hanno prezzi da capogiro, ma hanno anche tantissime promozioni, sia per età, sia per condizioni di vendita, sia per posti particolari. Se siete interessati, consultate con attenzione i siti dei diversi enti lirici. Con un po' di attenzione trovate senz'altro ghiotte e uniche occasioni.

Non perdetevi gli eventi gratuiti. Soprattutto durante l'estate non è raro che vengano proposti sia nelle località di villeggiatura sia in città. Un tempo questo tipo di offerta era un motivo di vanto delle amministrazioni culturali, oggi è meno frequente.

### Il fattore tempo

Vi ricordate il capitolo sui viaggi? Siamo di nuovo lì: il fattore tempo è fondamentale: giocate d'anticipo. Se non volete assolutamente perdere un certo spettacolo, prenotate per tempo: potrete scegliere il posto che più vi garba. Ricordatevi che quello che piace a voi, probabilmente piace anche agli altri. Cercate di arrivare prima. Ormai da tempo, giusto per fare un esempio, se intendete acquistare il biglietto di un grande concerto rock non dovete più fare la coda alle prime luci dell'alba fuori da un negozio, cosa che mi è capitata diverse volte. Oggi si tratta di piazzarsi davanti al computer con una buona connessione ed essere veloci... Per contro, allo stesso modo potete trovare dei last minute, o attraverso i siti dei teatri, o attraverso il passaparola social. C'è chi è costretto a rinunciare all'ultimo momento a uno spettacolo e, pur di non perdere tutti gli euro spesi, lo cede a poco prezzo.

### Non tutte le poltrone sono uguali

Se è un periodo in cui state facendo molte spese, ma non siete disposti a perdervi un certo spettacolo, non rinunciate! Semplicemente optate per un biglietto più economico. E pazienza se un lato del palco dovrete solo indovinarlo... In questo caso arrivare presto potrebbe essere non così determinante; certi posti non li vuole nessuno. Anche il giorno fa la differenza: confrontate i prezzi degli spettacoli del sabato con quelli degli altri giorni della settimana.

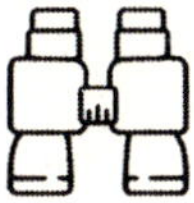

### La settima arte

Non ditemi, per favore, che voi siete tra quelli che al cinema non vanno più, perché «tanto prima o poi in televisione o su Netflix passa tutto». Noi siamo ancora convinti che l'emozione immersiva che vi dà una sala cinematografica non ve la dà nessun altro spazio e che, almeno ogni tanto, al cinema si debba andare. E lo si può fare senza spendere troppo: in primo luogo da un po' di anni i cineforum hanno una programmazione molto simile alle sale normali, con un ritardo di due o tre mesi sulla prima visione. In secondo luogo, durante la settimana, specialmente martedì e mercoledì, i prezzi sono più bassi che nel weekend. Attenzione, anche in questo caso, alle offerte per le famiglie.

### Pay-tv

Siamo sinceri: se avete un abbonamento a una pay-tv, difficilmente anche in un periodo in cui avete bisogno di ridurre le spese troverete le forze per disdirlo. I contenuti sono così vari e interessanti che è difficile tornare indietro. Però l'offerta oggi è molto vasta, per cui, se decidete di contenere la vostra spesa per la pay-tv senza rinunciarvi completamente, senza dubbio ci riuscirete. Le strade da percorrere sono due: rinegoziare il vostro contratto (magari chiudendolo e riaprendone un altro con un membro diverso della famiglia), oppure passare alla concorrenza. Le offerte di benvenuto di solito sono convenienti. È con il passare del tempo che, in un modo o nell'altro, i costi lievitano. Preferite, in ogni caso, quei pacchetti che permettono a più persone di usare uno stesso abbonamento (per esempio Netflix), o che sono associate ad altri servizi (come Amazon Prime).

Se invece optate per una spending review radicale, sappiate che il digitale terrestre offre gratuitamente una gamma sterminata di canali televisivi e che su YouTube trovate un'offerta vastissima.

## MUSICA

Da quando c'è Spotify la musica è diventata gratis per tutti! Potete ascoltare tutto quello che volete, quando lo volete! Vi serve solo una connessione Internet. Se non siete disposti a pagare l'abbonamento mensile, basta che vi adattiate ad ascoltare un po' di pubblicità ogni tanto e vi rassegniate a non scaricare i vostri pezzi preferiti. Per cui, dal punto di vista della spending review, siamo a posto. Niente spese per ascoltare la musica. Ma: avete mai pensato ai musicisti? Soprattutto a quelli emergenti? Se non vendono i CD, come campano e come pagano i tanti professionisti che lavorano con loro? Molti di loro si affidano al *crowfunding*, espressione di gran moda che significa più o meno "ricerca di finanziamenti grandi o piccoli, prevalentemente online". Ogni tanto qualche euro lo potete anche dare. Decidete voi la cifra! Meglio di così!

Per i concerti vale quello che abbiamo detto per gli spettacoli a teatro. Attenti alla fase di acquisto dei biglietti. Fidatevi solo dei canali ufficiali, segnalati dal sito dell'artista. Le altre vie sono ben più care e al limite dell'illegalità.

## MOSTRE, MUSEI, VISITE CULTURALI

Ci piacerebbe tanto poter entrare gratis nei luoghi in cui regna la bellezza. Ma come – ci chiediamo – devo pagare per entrare in un palazzo storico? In un parco archeologico? In una torre medievale? La bellezza dovrebbe appartenere a tutti e ci pare inconcepibile l'idea che si debba pagare per goderne. In realtà conservare la cultura e l'arte costa, e anche tanto, per cui eccoci qui alle prese con la spending review della spesa per musei e affini.

### Offerte e promozioni

Anche per mostre e musei, cercate l'offerta e la promozione più interessante; troverete occasioni di risparmio per famiglie, per gruppi più o meno numerosi (questo a volte vi obbligherà a comporre su due piedi una comitiva con perfetti sconosciuti) e per orario (di solito gli ultimi ingressi sono i più economici, perché impongono una visita più affrettata). Anche se vi trovate nel luogo in cui abitate, date un occhio alle iniziative per i turisti e valutate l'opportunità di acquistare biglietti cumulativi, tipo il 3x2 del supermercato: il tal museo, abbinato al tal palazzo, abbinato alla tal mostra. Attenti al pericolo sempre in agguato con le offerte, che, illudendovi di avervi dato di più, vi fanno acquistare qualcosa che in realtà non vi interessa. Nel caso di saponi o dentifrici può essere un problema, nel caso di un museo o di una mostra in fondo quello che rischiate è essere costretti a visitare qualcosa in più! Non è quasi mai un male... però valutate bene, anche in relazione al tempo che avete a disposizione. L'offerta delle offerte è la "Domenica al Museo", ovvero la possibilità di entrare gratis nei musei statali italiani ogni prima domenica del mese. Controllate sul sito del Ministero della Cultura (cultura.gov.it) l'elenco dei musei e la modalità di accesso, che in alcuni casi prevede la prenotazione obbligatoria.

Al di là di questa offerta particolare, fate attenzione alle riduzioni per particolari categorie di persone: under 30, over 65, iscritti ad associazioni, o ad albi professionali, perfino clienti di banche e assicurazioni (che spesso figurano come sponsor). Niente di peggio che scoprire tardi che avreste avuto dritto a una riduzione e non l'avete sfruttata.

Anche nel caso degli ingressi ai musei, specie di quelli più frequentati, è meglio prenotare e acquistare i biglietti in anticipo. E qui, di nuovo, come per i concerti, dovete prestare attenzione durante la navigazione in Internet: seguite le indicazioni del sito ufficiale, e solo di quello. Se non state attenti, rischiate di pagare di più acquistando da agenzie e operatori turistici che fanno da intermediari.

**Visite virtuali**

Non possono certo essere un'alternativa alla visita di persona, ma se non posso permettermi il lusso di un weekend a Parigi, perché non concedermi qualche ora virtuale al Louvre? Molti musei hanno un tour online ospitato dal loro sito ufficiale, molti altri sono presenti sulla piattaforma Google Arts and Culture. Per un elenco in continuo aggiornamento consultate le pagine dedicate ai musei virtuali sul blog Didatticarte (www.didatticarte.it).

## IMPARA L'ARTE E METTILA DA PARTE

I corsi sono di moda. Dalla fotografia, alle lingue, al massaggio shiatsu, alla cucina molecolare: difficile resistere alla tentazione di diventare esperto in un campo per il quale coltivate da sempre un'attrazione segreta... Però attenzione! In questo caso dovete porvi alcune domande.

– Rispetto al mio grado di motivazione e al mio desiderio o necessità, il costo regge?
– Avrò il tempo di dedicarmi a questa nuova passione?
– Posso permettermi l'attrezzatura che eventualmente comporta? (Se è un corso di inglese, la risposta è probabilmente sì. Se è un corso di fotografia, andate al capitolo *Quando il tablet o la lavatrice ti abbandonano*).
– Quante probabilità ho di portare a termine il corso?
– Quanto mi divertirò?
– Quanto mi sarà utile per il mio lavoro? O per la vita quotidiana? E che prospettive per il futuro mi apre?
– Quali mondi mi farà conoscere?

Se le risposte sono confortanti, iscrivetevi e dimenticate la spending review. Ci sono spese che, rispetto ad altre, vale la pena fare! Se c'è l'opzione "lezione gratis", sfruttatela; se la prova gratuita non è prevista, chiedetela!

Come per tutto, considerate la possibilità di corsi online. Certo non sono la stessa cosa rispetto a quelli in presenza, ma a volte possono essere una valida alternativa, a costi decisamente abbordabili. Se il vostro budget è molto risicato, ma vi piace imparare cose nuove, esplorate i corsi offerti da Domestika (www.domestika.org), che coprono una smisurata varietà di campi. La maggioranza delle lezioni è tenuta in lingue straniere – per lo più inglese e spagnolo – con sottotitoli. Se poi quello che avete imparato vi entusiasma, cercherete un corso in presenza.

## QUALCHE CONSIGLIO IN PIÙ

- La scuola e la formazione non sono spese da ridurre: sono investimenti in vita e in futuro, che restano esclusi dalla spending review della vita quotidiana e che vanno scelti con la massima cura e attenzione.
- Che i libri si possono comprare usati, non ve l'abbiamo detto, perché è ovvio! Dove volete: nei mercatini dell'usato, sulle bancarelle, su Internet...
- Siete riusciti ad avere un biglietto per cinema o teatro a buon prezzo? Non dilapidate quanto avete risparmiato con l'aperitivo prima dello spettacolo o con una maxiconfezione di popcorn.
- L'ingresso alla National Gallery e al British Museum è gratis per tutti. Però dovete andare a Londra.
- Applicando tutte le regole apprese in questo libro, avete risparmiato 150 euro sull'acquisto di una lavastoviglie? Bravi! Ampliate il vostro budget per la cultura!
- Quante volte al giorno vi capita di consultare Wikipedia? Quante volte vi ha tratto d'impaccio a scuola o al lavoro? Quante volte vi ha dato le informazioni di cui proprio non potevate fare a meno? Wikipedia è gratis in quanto è frutto in gran parte del lavoro di volontari con la passione per la conoscenza e la divulgazione. Quando vi chiede un aiuto economico, non fate finta di niente! E lo stesso vale anche per Liberliber!

# *Flora e fauna*

# 19. L'UTILE PIACERE DI COLTIVARE

Il tempo è magnifico. Il sole di maggio accarezza la terra che sto vangando. Tre vecchi gatti ritrovano la giovinezza tra foglie di nasturzio e inseguono insieme topi immaginari. Qualche merlo diffidente canta a distanza. Éliane dorme sulla schiena con le zampe all'aria.
Accovacciata nell'orto finisco di mettere a dimora le piantine di pomodoro mentre ascolto una trasmissione su Fryderyk Chopin. Ho posato la radiolina a pile su una panchina di legno che ho preso qualche anno fa a un mercatino dell'usato. Ogni tanto la ridipingo di blu o di verde. Gli anni le hanno dato una bella patina. [...] Mi sono tolta la camicia di jersey grigia per liberare i fiori del mio vestito di cotone e mi sono messa i miei vecchi stivali.
Mi piace dare la vita. Seminare, innaffiare, raccogliere e farlo di nuovo ogni anno. Mi piace la vita com'è oggi, soleggiata. [...] Ho apparecchiato in giardino. Ho fatto un'insalata di pomodori di tutti colori e un'insalata di lenticchie, in più ho dei formaggi e una baguette fresca.

Valérie Perrin, *Cambiare l'acqua ai fiori*

Altro che chilometro zero! Se coltivate un orto, le vostre verdure saranno praticamente a metro zero: vi basterà fare un passo per mettere in tavola ortaggi freschissimi e dunque ben diversi da quelli dei supermercati, che spesso, dopo essere stati raccolti acerbi, sono maturati nei contenitori di un TIR.

Tenere un orto vi consentirà di risparmiare, di mangiare alimenti davvero bio, cioè cresciuti senza concimi aggressivi e senza antiparassitari chimici, e per di più avrete l'occasione di divertirvi con una appassionante attività all'aria aperta, in cui coinvolgere anche gli altri familiari, in particolare i bambini e i ragazzi di casa.

## L'ORTO: DOVE, COME, CHE COSA

### L'orto sul balcone: le erbe aromatiche

Non tutti, specialmente in città, hanno a disposizione un po' di terreno: anche un balcone, però, può diventare un prezioso mini-orto. Non c'è balcone, per piccolo che sia, che non possa ospitare le piante aromatiche: si coltivano bene in vaso, non richiedono grandi cure e consentono di insaporire molti piatti, a volte possono perfino sostituire il sale. Ecco le piante aromatiche più comuni:

**Il basilico** Non ho certo bisogno di ricordarvi le sue molteplici utilizzazioni, dal pesto alla genovese al minestrone. Purtroppo appassisce irrimediabilmente ai primi freddi, ma potete congelare le foglie ben lavate e asciugate.

**Il rosmarino** Ottimo negli arrosti e con le patate in padella o nel forno, per ricordarne l'uso più classico. Se gli date una collocazione ben riparata e non abitate in una località molto fredda, lo avrete a disposizione anche per tutto l'inverno.

**L'alloro** Insaporisce la carne e anche le verdure sott'olio. È un sempreverde, dunque lo potrete utilizzare fresco anche in inverno. Attenzione, però: è una "piantina" che ha l'ambizione di trasformarsi in un albero. In vaso si contiene, ma se è in terra vi ritrovate in un paio d'anni un albero di ragguardevoli dimensioni. Il che può essere positivo o negativo a seconda di come volete il vostro orto-giardino.

**La menta** Insaporisce molte verdure, dà un gusto particolare alla macedonia, può essere consumata come infuso o fare da ingrediente base per uno sciroppo. D'inverno sembra secca e morta, ma in primavera rispunta vigorosa. È molto invasiva: attenzione a non lasciarle soffocare le altre piante. Se la tenete su un terrazzo, può anche evadere dal vaso e andare a infilarsi sotto le piastrelle, rovinando la pavimentazione.

**La salvia** Può essere utilizzata con la carne, il pesce, i legumi. Il freddo la fa appassire, ma si riprende in primavera. Le foglie possono essere congelate o essiccate.

**Il prezzemolo** L'elenco dei piatti in cui può essere utilizzato è lunghissimo. Non per niente si dice "essere dappertutto come il prezzemolo". È biennale, cioè rinasce dopo il primo inverno. Le foglioline possono essere congelate.

**L'origano** Ingrediente tipico della cucina mediterranea, è ottimo con i pomodori, con il pesce, con molti formaggi. Sulla pizza dà il meglio di sé. Il freddo lo fa appassire, ma quasi sempre rispunta in primavera. Si può conservare essiccato.

**L'erba cipollina** Può essere usata al posto della cipolla, con il vantaggio di un sapore più delicato. Con il freddo sembra morire, invece rispunta in primavera, anche per molti anni. Non si presta bene alla conservazione, sia per congelamento, sia per essicazione.

**Il timo** Può insaporire minestre e stufati, pomodori crudi e cotti, anche in forma di sugo. È delizioso, per sapore e profumo, il timo limone che, come dice il nome, sa di limone. È assolutamente da provare con il pesce. Purtroppo non si trova in tutti i vivai.

**La borragine** Ha grandi foglie coperte da una morbida peluria e fiori azzurri molto graziosi. Cotta, con spinaci o erbette, dà al piatto un sapore particolare. I ravioli ripieni di borragine e toma sono la variante gourmet dei classici ravioli con ricotta e spinaci.

Io uso moltissimo le erbe aromatiche, e non solo per insaporire i vari piatti: metto spesso rami di salvia, menta e alloro in un vaso, come se fossero fiori, creando in casa una macchia verde molto gradevole da vedere e anche profumata. A Natale i rami di alloro possono servire per realizzare decorazioni e corone fai da te con arance, mandarini, palline di vetro colorate, pigne, candele, nastri.

### L'orto sul balcone: non solo le erbe aromatiche

Oltre alle erbe aromatiche, che cosa si può coltivare sul balcone? In teoria tutto ciò che è compatibile con il clima della zona in cui abitate. Dico "in teoria" perché su un balcone bisogna fare i conti con lo spazio. Dunque vi consiglio di scegliere ortaggi che si sviluppano e fruttificano in altezza, primi tra tutti i pomodori. In particolare sono adatti alla coltivazione in vaso quelli di piccole dimensioni, come i ciliegini e i datterini. Tra l'altro, i piccoli pomodori rossi tra le foglie verdi creano uno scenario che si guarda con piacere dall'interno della casa e fa la sua figura dalla strada.

Anche i cetrioli si prestano alla coltivazione in vaso, naturalmente facendoli arrampicare su un sostegno, invece di lasciarli strisciare a terra.

Un altro ortaggio molto adatto al balcone è la rucola: un vaso a forma di ciotola di medie/grandi dimensioni sarà sufficiente per avere per tutta l'estate le foglioline con cui insaporire insalate, piatti di pasta, bresaola con il limone.

Infine, un consiglio che forse vi sembrerà strano: dedicate un vaso alla coltivazione delle ortiche. Sono deliziose nelle frittate, nelle polpettine di carne o di patate e nel minestrone, aggiunte ben tritate negli ultimi minuti di cottura. È vero che si trovano facilmente lungo le strade in campagna e nelle aiuole di città, ma si tratta di piantine sporche, impolverate e soprattutto contaminate dalle emissioni delle auto. Invece le ortiche *made in casa* sono sicure. La coltivazione è più diffusa di quanto si possa pensare: infatti trovate le bustine di semi di ortica insieme a quelle degli altri ortaggi nei negozi di giardinaggio.

### L'orto in terra

Se poi disponete di un po' di terreno da destinare a orto, potrete coltivare tutti gli ortaggi e le piante aromatiche che desiderate (ortica compresa), naturalmente sempre tenendo conto del clima della zona in cui abitate.

E chi l'ha detto che nell'orto ci devono essere solo verdure e simili? Io in ogni aiuola metto anche qualche fiore, soprattutto tageti: sono belli per il loro colore giallo limone o arancio e inoltre sembra che scoraggino i parassiti grazie all'odore sgradevole che emanano. Sono adatte a far compagnia agli ortaggi anche le rustiche zinnie, sia quelle nane che quelle giganti.

Se nei periodi di punta della vostra produzione vi trovate ad avere più ortaggi di quanti riuscite a mangiarne, ricordate che possono essere congelati, crudi o cotti (avete letto il capitolo *Amico freezer*?).

E tenete presente anche che un cestino di ortaggi e qualche mazzetto di piantine aromatiche sono sempre un regalo molto gradito.

## GLI ACQUISTI E LE TECNICHE: QUALCHE SUGGERIMENTO

### Semi o piantine?

Dovrete decidere se comprare le piantine oppure seminarle. Quest'ultima soluzione è la più economica e anche quella che dà più soddisfazione. È davvero emozionante veder spuntare le piantine e poi seguirne la crescita di giorno in giorno. Naturalmente non bisogna essere troppo impazienti. Il prezzemolo, per esempio, ha tempi di germinazione molto lunghi: le piantine si vedono un mese dopo la semina, a meno che il tempo non sia eccezionalmente caldo e umido.

### Dove comprare?

Per l'acquisto delle piantine il top è il vivaio. Se ce n'è uno nella vostra zona, andateci, anche se non avete intenzione di coltivare neppure una piantina di basilico in una scatoletta riciclata del tonno. I vivai offrono uno spettacolo che non è esagerato definire affascinante, dimostrando che la bellezza non è solo dei fiori ma anche degli ortaggi, quando sono disposti in modo ordinato e gradevole, con foglie o foglioline sane e lucide in mille sfumature di verde. Si possono fare buoni acqui-

**Tre giorni per il giardino**

Ogni anno, in primavera e in autunno, il FAI organizza nel Parco del Castello di Masino, in provincia di Torino, una manifestazione della durata di tre giorni, detta appunto *Tre giorni per il giardino*. I più prestigiosi vivaisti d'Italia espongono e vendono la loro produzione, mentre esperti di giardinaggio e di botanica tengono conferenze e laboratori. La location è impagabile: un grandissimo parco secolare con il Castello di Masino sullo sfondo. E i fiori e gli ortaggi sono di qualità eccezionale. Se non abitate troppo lontano, andateci: sarà un'esperienza indimenticabile. E portateci bambini e nipotini.

sti anche nei grandi negozi di ortofloricoltura, che vendono inoltre tutta l'attrezzatura, dai vasi al rastrello, dalle palettine agli innaffiatoi. Merita una visita anche il consorzio agrario, sempre che ne abbiate uno non lontano da casa, ma non mi sento di incoraggiare troppo questa scelta: in base alla mia esperienza, il piccolo orticoltore dilettante non è molto ben visto in una struttura che tratta di solito con gli agricoltori professionisti che coltivano ettari di grano, granoturco o riso.

Mentre fate la spesa, date un'occhiata al reparto orto/giardino del supermercato o del mercato. Le piantine sono a basso costo e a volte non hanno niente da invidiare a quelle dei vivai (da cui del resto provengono). Dovete controllare però che non abbiano la terra troppo secca: se sono state lasciate a lungo senza acqua, è difficile che si riprendano.

Un'altra verifica da fare *sempre,* ovunque compriate le piantine, è quella delle radici. Capovolgete il vasetto su cui avete messo gli occhi: se dai fori di drenaggio escono barbe di radici molto lunghe e fitte vuol dire che la piantina è in sofferenza, perché il contenitore è ormai troppo piccolo. Anche in questo caso sarà difficile rimetterla in salute.

Infine, se siete associati a un GAS (gruppo di acquisto solidale), potete comprare le piantine tramite il vostro gruppo: le pagherete un prezzo contenuto e avrete la certezza che provengono da un vivaio che segue i principi dell'agricoltura biologica.

Per l'acquisto dei semi, non fatevi troppi problemi: il costo è minimo e un venditore vale l'altro, dato che ormai le bustine interne sono termosaldate e le confezioni esterne riportano ben chiara la scadenza della germinazione. Potete anche ordinarle online, se il prezzo vi sembra particolarmente buono o se volete semi di piante rare e strane, che non si trovano dai vari venditori.

Una curiosità: i grandi vivai sono stati forse tra i primi a vendere (stavo per scrivere online!) per posta o per corriere i loro prodotti. Ricordo ancora la trepidazione con cui la mia mamma, ogni ottobre, aspettava il grosso pacco di bulbi dai Fratelli Ingegnoli, ordinato per mezzo di un catalogo pieno di fotografie.

### L'acqua è preziosa

Un orto deve essere innaffiato e così ovviamente anche i vasi del terrazzo, ma sappiamo tutti che bisogna stare attenti a non sprecare l'acqua, e non solo per i costi che troveremo nella bolletta, ma soprattutto perché è un bene prezioso di cui si deve fare un uso attento e consapevole. Vi consiglio di:

– innaffiare a fine giornata: grazie alla temperatura più mite l'acqua non evapora e potrà dunque impregnare bene il terreno
– usare un innaffiatoio, bagnando le piante una per una; con la canna si fa più in fretta, ma si spreca acqua, si innaffiano anche le erbe infestanti e si bagnano le foglie, con il rischio di marciumi
– raccogliere l'acqua piovana in grossi barili; appena finita la pioggia, copriteli, sia per non far evaporare l'acqua raccolta sia per non attirare le zanzare; anche una sbarretta di rame nell'acqua contribuisce ad allontanare quegli insetti fastidiosi
– fare la pacciamatura (vedi paragrafo seguente).

### L'utilissima pacciamatura

La pacciamatura è la tecnica con cui si ricopre la superficie dell'aiuola o del vaso, a parte ovviamente il punto di uscita delle piantine. È molto utile, perché soffoca sul nascere le erbe infestanti, trattiene l'umidità dopo l'innaffiatura, in caso di pioggia torrenziale impedisce l'erosione del terreno e in inverno protegge il terreno dal gelo. Con che cosa realizzare la pacciamatura? Si può fare con lo sfalcio, cioè con l'erba seccata del taglio del prato. È un'ottima soluzione (ed è quella che adotto anch'io), a costo zero e gradevole da vedere. Quando l'erba marcisce si colloca sul terreno un altro strato di sfalcio, mentre quello vecchio si incorpora nel terreno, concimandolo. Oppure si può pacciamare con cartone o vecchi asciugamani: anche in questo caso siamo al costo zero, ma l'orto assume un aspetto un po' disordinato. Ci sono in vendita appositi teli di plastica nera pesante. Gli orticoltori professionali adottano di solito quest'ultima soluzione, che però a me non piace: preferisco una pacciamatura con materiali naturali.

### E i parassiti?

I parassiti sono un grosso problema, ma certamente non vorrete mai utilizzare i pesticidi: il piccolo orto domestico, oltre che farvi risparmiare, deve fornire prodotti sani, coltivati senza danni per l'ambiente e pericoli per la salute. Cosa fare, dunque? Vi consiglio un trucco e due antiparassitari naturali, ma non pensate che siano miracolosi.

Mettete nelle aiuole delle bottiglie di plastica tagliate all'altezza del collo e riempitele a metà di acqua e aceto, dolcificata con qualche cucchiaio di zucchero oppure di acqua con qualche acciuga, o altro pesce, in via di decomposizione. I parassiti, attirati dall'odore dei due preparati (sembra che siano entrambi di loro gradimento), dovrebbero entrare nelle bottiglie e restarci imprigionati. Il problema è che i parassiti, certamente più astuti di quel che si crede, spesso capiscono il trucco e non si fanno imbrogliare.

Fate una passeggiata in campagna e raccogliete tutte le ortiche che riuscite a trovare (mi raccomando: guanti!), poi mettetele a bagno e lasciatele macerare almeno una decina di giorni, coprendo il recipiente con un telo. Imbottigliate poi il liquido, verdastro e di odore repellente, in un flacone spray (riciclate quello, per esempio, di un detersivo, ben lavato, ovviamente) e spruzzate gli ortaggi. In alternativa, invece del macerato di ortiche, potreste usare acqua in cui avete sciolto sapone di Marsiglia (10-15

**Cinque bei libri**

I libri e i manuali di giardinaggio sono moltissimi. Qui ve ne consiglio cinque. Perché proprio questi? Perché mi sono sembrati particolarmente chiari e utili, poi anche perché uno degli autori è stato il mio maestro al corso di giardinaggio.

Enrico Accorsi, Francesco Beldì, *Il mio orto biologico*, Terra Nuova Edizioni, 2010.

Francesco Beldì, *Difendere l'orto con i rimedi naturali*, Terra Nuova Edizioni, 2015.

Francesco Beldì, *Biobalcone*, Terra Nuova Edizioni, 2013.

Sara Petrucci, Matteo Cereda, *Ortaggi insoliti*, Terra Nuova Edizioni, 2020.

Matteo Cereda, *Mettete orti sui vostri balconi*, Rizzoli, 2021.

grammi di sapone per ogni litro d'acqua). Se non avete tempo per preparare il macerato di ortiche e l'acqua saponata (eh, sì, le giornate sono di 24 ore!), li trovate in vendita con i nomi commerciali di "Estratto di ortica" e "Sapone molle" o simili. L'irrorazione degli ortaggi deve avvenire di sera per evitare che il prodotto acquoso, producendo un effetto specchio con il sole, bruci le foglie.

In alternativa, si può ricorrere a una procedura molto brutale: quando l'attacco dei parassiti si fa massiccio, in genere non prima della metà di agosto, raccogliete tutto quello che potete raccogliere e fate maturare gli ortaggi in casa, al sole che entra da una finestra. Anche gli ortaggi che comprate, del resto, sono maturati lontano dalla loro pianta.

### Concime fai da te

In vendita si trovano concimi di ogni tipo, però sono decisamente costosi e tendono quasi tutti a stimolare troppo la crescita della pianta, lasciandola presto esausta. Se volete risparmiare (il vostro obiettivo è un orto quasi a costo zero, giusto?) e al tempo stesso concimare gli ortaggi in modo "naturale", vi consiglio di utilizzare tre scarti di cucina che, altrimenti, buttereste nel sacchetto della frazione organica.

Doppio vantaggio, dunque: risparmio e riduzione dei rifiuti!

– Le bucce di banana: tagliate a pezzetti, vanno interrate nell'aiuola, a 5-10 centimetri di profondità.
– I gusci delle uova: passati in forno e ridotti quasi in polvere, vanno mescolati al terreno.
– I fondi di caffè: devono essere bolliti a lungo in molta acqua da usare per l'innaffiatura, ovviamente dopo che si sarà raffreddata.

Ma il miglior concime naturale è il compost. Il procedimento per ottenerlo richiede un certo spazio ed è purtroppo piuttosto lungo.

In primo luogo dovete avere un contenitore in cui produrre il compost. Nei negozi di giardinaggio sono in vendita compostiere di plastica rigida che però costano non meno di 50 euro e per di più sono piuttosto brutte. Perciò, tenendo d'occhio come al solito il risparmio, puntate sulla compostiera fai da te.

Create una base alta 10-15 cm di rami disposti in modo da formare una specie di griglia abbastanza fitta. La grandezza di questa base dipende da quanto compost intendete ottenere: solitamente è sufficiente un quadrato di circa 80 cm di lato. Circondate poi la base con tre pareti, formate da rami accostati, o da listelli di legno non trattato. Avrete così una specie di scatola rustica, aperta davanti e senza coperchio, in cui getterete tutti gli scarti di cucina (tranne le bucce degli agrumi), lo sfalcio dell'erba del giardino, foglie, rametti, cartone morbido come quello dei contenitori delle uova.

Per far crescere il vostro mucchio, potreste chiedere aiuto agli amici e farvi consegnare i loro rifiuti di cucina e lo sfalcio del loro giardino. Certo, sarà un po' buffo tornare a casa carichi di sacchetti di immondizia, ma il bravo ortolano deve pur affrontare qualche sacrificio.

Con un forcone, o un altro attrezzo adatto, anche un lungo ramo, rimescolate periodicamente il cumulo, aggiungendovi di tanto in tanto qualche manciata di terra. Dopo una decina di mesi, non aggiungete più niente al cumulo, ma continuate a rimescolarlo. Accanto alla prima compostiera realizzatene un'altra, in cui comincerete ad accumulare altri rifiuti. Quando il contenuto della compostiera n. 1 festeggerà il suo primo compleanno, potete cominciare a prelevare il compost per concimare i vostri ortaggi (e anche i fiori, ovviamente). Da questo momento avrete sempre due compostiere: una da cui prelevare e l'altra da rifornire. Vi stupirà notare che il volume del compost ottenuto è enormemente inferiore alla mole di rifiuti che avete accumulato: ma questo è proprio il segnale che il materiale di scarto si è rielaborato in modo corretto. Dove collocare la compostiera, anzi le compostiere? Avrete di certo la tentazione di cercare un angolo appartato dell'orto: non è bello mettere in primo piano il concime, sia pure nobilitato dal nome di compost. Ricordate, però, che non deve mancare il sole, necessario per attivare e accelerare i processi di decomposizione del materiale.

In molti comuni, chi ha nell'orto una compostiera (di solito basta una autocertificazione) ottiene una piccola riduzione della TARI, cioè della tassa sui rifiuti. Informatevi all'Ufficio Tributi della località in cui vivete. Insomma, l'orto non finisce mai di farvi risparmiare!

**Volete saperne di più?**
Ci sono moltissimi manuali (nel box a p. 228 trovate qualche titolo) che forniscono istruzioni precise su come coltivare i diversi ortaggi, sempre secondo i principi dell'agricoltura biologica: vi consiglio di consultarli e di seguirne i suggerimenti, fino a che sarete così bravi da poter introdurre variazioni basate sulla vostra esperienza personale.

Oltre ai manuali, ci sono anche numerosi siti che forniscono preziose indicazioni sulla coltivazione dell'orto, come per esempio quello del Giardino delle meraviglie (www.ilgiardinodellemeraviglie.it) che è il sito di un vivaio, ma può essere consultato anche se non si compra nulla. Oppure quello di Orto da coltivare (www.ortodacoltivare.it) o quello di Coltivazione biologica (www.coltivazionebiologica.it).

## QUALCHE CONSIGLIO IN PIÙ

- Dopo aver letto queste pagine, pensate che l'orto diventerà il vostro hobby preferito? Allora perché non seguire un corso, online o in presenza? Se sceglierete l'online, vi basterà immettere in un motore di ricerca "corsi coltivazione orto" e potrete scegliere tra numerose proposte, gratuite o comunque a basso costo. Se preferite i corsi in presenza, vi stupirete nello scoprire che quasi ovunque in Italia ogni anno vengono organizzati tantissimi corsi, da svariate associazioni. Io ne ho seguiti due: mi sono divertita, ho imparato tante cose e ho conosciuto nuovi amici che frequento tuttora.
- Un capitolo di questo libro è intitolato *Osare oltre la marmellata.* Qui vi invito invece a *osare oltre il pomodoro.* Provate a coltivare qualcosa di insolito, che difficilmente si trova nei balconi e negli orti. Io ho fatto la divertente esperienza di coltivare le arachidi. Bisogna comprare le arachidi da semina (si trovano anche online) oppure utilizzare qualche arachide, se ne trovate di non tostate. Le interrate a marzo-aprile,

nell'orto o in un vaso, in pieno sole, le bagnate regolarmente senza strafare e vedrete nascere una pianta con fiori di un bel giallo vivace. A fine settembre-metà ottobre togliete la pianta dal terreno (come si fa con le patate) e troverete i baccelli delle arachidi sulle radici. Tostatele in forno facendo attenzione a non bruciarle. Se l'idea di osare qualcosa di nuovo vi attrae, leggete *Ortaggi insoliti* (è nell'elenco del box *Cinque bei libri*) e mettete in pratica almeno qualcuno dei tanti utili suggerimenti. Vi farete subito la fama di giardiniere espertissimo.

# 20. L'ORTO IN UN BARATTOLO

E in attesa che Eveline potesse entrare nel sanatorio di Saint-Cyr, Domberlé le prescrisse un regime: le vietò formalmente la classica sovralimentazione, le carni crude, i ricostituenti tonici, il maiale, il pesce, le medicine e le iniezioni.

«Tutto questo contribuisce a intossicarvi e aggrava il vostro stato».

«Tuttavia» osservò Michel «nel sanatorio si consumano continuamente carni di maiale, carni crude, si pratica la sovralimentazione...».

«Oh, lo so bene, purtroppo lo so bene!» disse Domberlé.

Raccomandò caffè e latte con pane per la prima colazione, per mezzogiorno un po' di germogli di grano, insalata, una piccola quantità di verdure crude, come antipasto, poi un uovo e poca carne, uno o due farinacei leggeri, un po' di formaggio, qualche cosa di zuccherato, un po' di frutta dolce. Consigliò infine esercizio moderato, una leggera idroterapia, e riposo metodico da osservare durante il giorno.

Maxence Van der Meersch, *Corpi e anime*

C'è un tipo di coltivazione a cui potete dedicarvi anche se abitate in un monolocale e non avete neppure il più microscopico dei balconcini. È la coltivazione dei germogli, cioè di vegetali allo stadio di neonati. Infatti il titolo di questo capitolo era in origine un cinico *Neonati da mangiare*, ma il cuore tenero di Lia non reggeva di fronte a un'espressione così truculenta.

## I VANTAGGI

La coltivazione dei germogli presenta molti vantaggi ed è sempre più apprezzata. Oltre a richiedere pochissimo spazio, vi mette a disposizione un prodotto ricco di vitamine e sali minerali, che potete consumare subito, senza neppure il tempo di trasporto dei prodotti a chilometro zero. Per di più, è una coltivazione che non ha stagionalità, cioè può essere praticata indifferentemente in tutti i periodi dell'anno. E avere verdura fresca anche nel cuore dell'inverno senza neppure uscire di casa non è una cosa da poco.

## QUALI GERMOGLI?

Sì, germogli, ma quali, di che cosa? Si possono far germogliare i semi di quasi tutti vegetali, come, per esempio, ravanello, grano, porro, pisello, fagiolo, soia, lenticchie, broccoli, crescione... Nel sito di Fruttaweb (www.fruttaweb.com), digitando "germogli" troverete non solo un lungo elenco e foto molto accattivanti, ma anche informazioni sul valore nutritivo e i benefici di ciascuno.

È importante, nella lista dei vegetali che si possono far germogliare, distinguere tra quelli che sono in vendita come alimenti (per esempio lenticchie e fagioli) da quelli che sono in vendita invece come semi. I primi sono sottoposti a tutti i controlli previsti per gli alimenti, gli altri, invece, potrebbero avere tracce di pesticidi, diserbanti e simili. Dovete dunque comprare solo quelli di qualità certificata, provenienti da agricoltura biologica.

Per l'acquisto potete rivolgervi ai centri di giardinaggio, oppure ordinarli online.

I siti a cui potete rivolgervi sono moltissimi: cercate in rete *acquisto semi da germogliare* e avrete solo l'imbarazzo della scelta. Come dicevo prima, l'importante è la certificazione di agricoltura biologica.

## LE PROCEDURE

Dopo la materia prima, cioè i semi, dovete procurarvi il germogliatore, in cui far nascere e sviluppare i germogli. Ci sono in vendita germogliatori di ogni tipo, da quelli più semplici (una decina di euro) a quelli molto sofisticati (da 50 euro in su), ma (teniamo sempre d'occhio il risparmio) si può benissimo usare un qualsiasi barattolo di vetro, purché non sia troppo piccolo. Prima dell'uso è necessario lavarlo molto bene, con acqua bollente e detersivo, e poi sciacquarlo con cura.

Preparato a dovere il barattolo, riempitelo per circa un quarto dei semi che volete far germogliare, per esempio fagioli di soia, che avrete lavato accuratamente e, volendo, anche tenuto in ammollo per qualche ora. Versate sui semi acqua (non quella dell'ammollo, che avrete gettato) a temperatura ambiente fin quasi all'orlo e chiudete il barattolo con della garza pulita, tenendo ferma la copertura con un elastico stretto sull'imboccatura. Se avete familiarità con il trapano elettrico, potreste bucherellare il tappo originale del barattolo e usarlo, ovviamente ben lavato, al posto della garza. Come avrete capito, la chiusura deve consentire l'areazione del contenuto del barattolo. Dopo dodici ore, eliminate completamente l'acqua scolandola dalla garza o dal coperchio bucherellato, scuotete un po' i fagioli e riempite di nuovo il barattolo con acqua a temperatura ambiente, cambiando la garza. Ripetete questa operazione due, meglio tre, volte al giorno per tre-quattro giorni. Ogni volta controllate lo stato di salute dei semi ed eliminate quelli che non germogliano o sembrano danneggiati o marciti. Se, sventuratamente, la vostra germogliazione presenta delle muffe, dovete ahimè buttare tutto, cercando di capire la ragione del fallimento: barattolo non ben lavato? Semi scaduti? Acqua sporca? Operazioni di sostituzione dell'acqua non abbastanza frequenti? Non scoraggiatevi e ritentate prestando maggiore attenzione a tutti i passaggi.

Tenete il barattolo in un luogo caldo, ma senza esporlo direttamente a fonti di calore. Dopo altri tre o quattro giorni, i germogli saranno lunghi all'incirca cinque centimetri. A questo punto potete toglierli dal barattolo, lavarli con acqua corrente a temperatura ambiente e metterli ad asciugare su un foglio di carta da cucina. Sono pronti per essere mangiati: crudi nell'insalata, oppure passati rapidamente in padella o nel wok, se ne possedete uno, con pochissimo olio e sale. Oltre a questo uso, diciamo così basic, i germogli possono essere utilizzati in svariate preparazioni: per esempio, nel caso dei germogli di soia, uniti al ripieno degli involtini primavera, oppure con il pesce e così via. I ricettari tradizionali non vi saranno utili, perché i germogli sono una vera new entry nella cucina italiana. Per contro, troverete un gran numero di ricette nei libri di cucina più recenti e aggiornati oppure in rete, per esempio nel sito di Giallo Zafferano (www.giallozafferano.it), di Cucina Italiana (www.cucinaitaliana.it) o anche di Fruttaweb, ricordato prima.

Per alcune coltivazioni, per esempio quella del crescione (vegetale che personalmente apprezzo molto) e delle lenticchie, potete usare, invece del barattolo, un recipiente largo e con i bordi: potreste riciclare una vecchia tortiera, oppure usare i vassoietti di plastica (purché non forati sul fondo) su cui spesso viene presentata la frutta o la verdura nei supermercati. Se proprio non avete in casa niente di adatto, comprate una teglia usa e getta, di quelle con cui si infornano le lasagne o i cannelloni (ma voi non la getterete di certo dopo il primo uso!)

Sul fondo del vassoio mettete tre o quattro strati di carta da cucina oppure del cotone idrofilo, bagnate bene e spargeteci sopra i semi. Poi coprite con un telo o un altro foglio di carta da cucina. Di tanto in tanto controllate che il fondo di carta o di cotone idrofilo sia sempre umido, e se necessario aggiungete altra acqua, facendo attenzione a non smuovere i semi. Dopo tre-quattro giorni, o comunque quando i semi avranno prodotto germogli di circa un

**Un vademecum completo**

Se la coltivazione dei germogli vi ha incuriosito, vi consiglio il libro *Tutti i tipi di germogli* della nutrizionista Belda Sisso, Edizioni Il Punto d'Incontro, 2017. Vi troverete molte informazioni sul valore nutrizionale dei germogli, indicazioni sulle procedure di germinazione, chiarimenti sui semi che è più opportuno coltivare in casa, proposte per far germinare, anziché un unico tipo di semi, miscele ben calibrate in un unico germinatore. E poi tantissime ricette. Unico neo del libro, che mi è parso davvero ricco e interessante: il tono forse eccessivamente entusiastico dell'autrice, che vede nei germogli un rimedio quasi miracoloso per la salute.

centimetro, togliete la copertura e lasciate prendere luce alla vostra piccola piantagione, sempre facendo attenzione a mantenere umida la carta. Decidete voi quando procedere al raccolto: i germogli piccoli sono più teneri; lasciandoli crescere un po', ne avrete una maggior quantità. Il crescione ha un gusto particolare, un po' piccante. Io non faccio mai un'insalata di solo crescione, ma lo aggiungo ai cespi che ho a disposizione. Si può unire anche ai formaggi freschi e alla farcitura dei panini.

## QUALCHE CONSIGLIO IN PIÙ

- La coltivazione dei germogli ha un altro lato positivo, oltre a quello di fornire a costo molto contenuto un alimento sano e gustoso: piace molto ai bambini, che sono affascinati dalla crescita velocissima, quasi magica. Può essere dunque un modo per appassionarli al giardinaggio, o almeno per tenerli tranquilli con un gioco del tutto nuovo.
- Cercate di individuare per i vostri germogli una collocazione che non sia ingombrante e non renda necessari continui spostamenti dei barattoli. Io li metto sopra i mobiletti di cucina, dove non rischio di urtarli e sono inaccessibili agli animali di casa. L'aspetto negativo è che devo salire su una seggiola ogni volta che voglio raggiungerli, ma in fondo è un'utile forma di ginnastica.
- I germogli si possono conservare per un paio di giorni (non di più) in frigo: a volte noterete che continuano a crescere anche al buio e al freddo, a prova della loro grande vitalità.

# 21. AMICI A QUATTRO ZAMPE, NON COSTATECI TROPPO

> Tutti noi abbiamo bisogno di un amico del cuore. Uno che ci prenda per come siamo, che sia sempre a casa ad aspettarci e ci accolga con gioia, che ci ami di un amore incondizionato, che abbia sempre tempo per noi, che ci capisca senza bisogno di parole, che stia ad ascoltare le nostre pene senza caricarci delle sue, che sappia esprimere con teneri mugolii il piacere per le nostre carezze e dimostrarci riconoscenza ogni qual volta indovini le attenzioni di cui lo colmiamo.
>
> Shifra Horn, *Gatti. Una storia d'amore*

Non ricordo nessun periodo della mia vita in cui non abbia avuto un cane e/o un gatto. Anche negli anni dell'università, in abitazioni precarie e sovraffollate, non mi sono mai fatta mancare almeno un micio, più facile da gestire del cane. Vorrei invitarvi a prendere un animale domestico, se non altro per sottrarre al loro brutto destino tanti randagi, ma per onestà devo ricordarvi che un cane o un gatto danno molto affetto, ma comportano anche impegno e spese. E a volte anche delle rinunce: per esempio, non si può andare in vacanza se non è possibile portare il cane e non si sa a chi lasciarlo. Almeno per quanto riguarda le spese, vediamo in che modo si può riuscire a contenerle.

## IL CIBO

### Oltre le scatolette

A differenza di quanto si può credere, le scatolette non sono molto economiche. Un prodotto di marca medio-alta costa dai 12 ai 15 euro al kg, se la scatola ha come unico ingrediente la carne; un po' meno se nel contenuto ci sono anche riso e/o pasta e/o verdure. Inoltre, inevitabilmente, nella scatoletta sono presenti dei conservanti e spesso anche degli additivi, che insaporiscono il prodotto per fidelizzare l'animale. Inoltre, sarà un ingiusto e immotivato sospetto, condiviso per altro dal mio veterinario, ma non riesco a non pensare che nei prodotti per animali finiscano solo gli scarti.

Tra i prodotti industriali per i quattrozampe, oltre all'umido, cioè il cibo in scatola, ci sono le crocchette. Soprattutto se si scelgono quelle senza cereali, il costo equivale all'incirca a quello dell'umido. Le crocchette hanno il vantaggio di poter restare anche a lungo nella ciotola senza alterarsi (il che è importante, specialmente d'estate) e dunque fanno risparmiare in quanto si evita di gettare il prodotto andato a male o contaminato dalle mosche. Inoltre, le crocchette svolgono una importante funzione "spazzolino da denti". Però, essendo un cibo secco, richiedono che il cane (o il gatto) beva molto, cosa che magari l'animale non fa. Insomma, sarebbe sbagliata una dieta di sole crocchette.

Secondo me, la soluzione ideale è tenere nella dispensa qualche scatoletta e qualche sacchetto di crocchette per le emergenze, ma di routine dare al cane e al gatto una pappa preparata in casa, che presenta molti vantaggi: risparmio, ingredienti controllati, niente conservanti e additivi e, non ultimo, niente scatolette o bustine da smaltire. Per il cane mi sembrano ottime soluzioni:

– carne trita (quella per ragù, dunque non di scarto, si trova nella grande distribuzione a 8,00-8,50 euro al kg) bollita con riso o pasta di piccole dimensioni (2/3 di carne e 1/3 di riso, a crudo) senza dado né sale. Potete prepararne una buona quantità e tenerla in frigo;
– carne trita scottata in padella e poi mischiata con riso bollito o pasta piccola o polenta sminuzzata;
– ali di pollo (5,00-5,50 euro al kg) bollite a lungo e accuratamente private degli ossicini, sempre con riso o pasta piccola. È una pappa che i cani amano molto, ma disossare è un lavoro lungo.

Qualunque sia la ricetta scelta, aggiungete anche un po' di verdura ed eventualmente un cucchiaino di olio di semi o di lino. Carote e zucchine sono particolarmente adatte, mentre non vanno bene i pomodori. Alla pappa si può aggiungere un uovo, diminuendo un po' la quantità di trita o di pollo. L'uovo dovrebbe essere sodo, però molti cani non lo gradiscono, mentre amano quello crudo. Io mi oriento su una via di mezzo: l'uovo bazzotto, cioè con il tuorlo ancora molle.

Per il gatto potete preparare le stesse cose (magari qualche volta il nasello, quando lo trovate in offerta a 7 euro circa al kg), ma, mentre nella pappa del cane non dovete mettere il sale, potete aggiungerne un po' a quella del gatto.

Attenzione: i cani amano molto la pappa dei gatti, sia quella preparata in casa sia quella nelle scatolette. Ma fate in modo che non la mangino, perché per loro è troppo insaporita.

Non cedete alla tentazione di dare agli animali di casa, soprattutto al cane, gli avanzi del vostro pranzo: quasi tutti gli alimenti "umani" sono nocivi, in particolare formaggi grassi, salumi e dolci (la cioccolata è quasi un veleno per i cani). È vero che sarebbe un risparmio, ma solo apparente, perché poi dovreste pagare il veterinario e sentire i suoi rimproveri. Un tempo i cani mangiavano sempre e solo avanzi, non c'erano alimenti specifici per loro, ma di solito avevano una vita più breve.

E la quantità? Sia per il cane sia per il gatto si parla orientativamente di 35 g al giorno per kg di peso, ma bisogna tenere conto dell'età e della salute dell'animale e del suo stile di vita. Chiedetevi se è quasi sempre in appartamento, se viene portato a fare lunghe passeggiate, se ha modo di muoversi in un giardino. E seguite le relative indicazioni del veterinario.

### Grande è meglio

Le confezioni grandi sono sempre più vantaggiose di quelle piccole, perciò sì a sacchi extralarge di crocchette, ma non a scatole molto grandi di umido, a meno che abbiate più cani e/o più gatti. Il cibo nella scatola aperta è meno appetibile, e siccome va tenuto in frigo deve essere scaldato prima del passaggio nella ciotola. Piuttosto, cercate di risparmiare comprando le multiconfezioni, cioè pacchi di dieci-dodici scatole. Più che al supermercato o nel negozio per animali, le trovate in rete: immettendo in un motore di ricerca "cibo per cani", "cibo per gatti" o più genericamente "cibo per animali" troverete moltissimi siti o di singole marche o di rivenditori multimarca. Vi può essere utile anche il già citato sito Trovaprezzi. In ogni caso, potrete confrontare i prezzi ed essere informati di eventuali offerte speciali.

### I premietti

Questo termine un po' lezioso si usa per indicare quei biscottini, barrette e simili che vengono dati al cane e al gatto appunto come premio per il loro buon comportamento, o anche più semplicemente per farli contenti. Quelli a base di carne secca (di bue, di cervo, di maiale, ecc.) sono in genere molto costosi; costano relativamente poco, invece, quelli a base di farina. In ogni caso rappresentano una spesa inutile. Se proprio volete accontentare il vostro animale domestico, provate a preparare voi i biscotti premio. Ecco una ricetta a base di tonno che può piacere sia ai cani sia ai gatti.

Procuratevi 200 g di farina integrale, 200 g di tonno al naturale e 2 uova.
Scolate bene il tonno e frullatelo con il mixer a immersione, aggiungendo un po' di acqua tiepida se fosse necessario ammorbidire il purè così ottenuto.
Trasferite il purè in una ciotola e aggiungete la farina e le uova, rimestando fino a ottenere un impasto omogeneo. Se i biscotti sono destinati al gatto, aggiungete un cucchiaino di sale.
Stendete un foglio di carta da forno sulla leccarda e disponetevi sopra l'impasto, un cucchiaino alla volta, formando così molte piccolissime porzioni, da modellare con gli stampini, se li avete. Ma il vostro amico a quattro zampe mangerà di gusto anche biscotti dalla forma irregolare e poco soddisfacente sul piano estetico. Fate cuocere a 180 °C per pochi minuti. Conservate i biscotti in frigo per non più di una decina di giorni. Ricordate che non contengono conservanti!

Come è evidente dalla lista degli ingredienti, questi biscotti sono sostanziosi e ad alto contenuto proteico, e consentono dunque di ridurre un po' la razione di pappa. Le uniche barrette che vi consiglio di comprare sono quelle che servono a pulire i denti: una (o anche mezza) ogni sera è sufficiente.

## IGIENE E PULIZIA

### Il bagno, anche a secco

Il cane deve fare il bagno nel vero senso della parola solo due-tre volte l'anno, non di più, altrimenti si rischia di rendere troppo secca la sua pelle. Portare il cane a un dog wash non costa poco, perciò potete tranquillamente lavarlo in casa, in una grande bacinella o nella vasca da bagno, con acqua tiepida, shampoo antiparassitario specifico per cani o sapone di Marsiglia. Tenete un guanto di spugna e un grosso asciugamano riservati a lui e rassegnatevi a prendervi un po' di spruzzi quando il cane, inevitabilmente, si scuoterà di dosso l'acqua. Asciugatelo con il phon non troppo caldo. Se proprio non volete rischiare di bagnare, oltre a voi stessi, il pavimento e i mobili, potreste andare in un dog wash fai da te, che fornisce la vasca, il getto dell'acqua, il phon e a volte anche lo shampoo, lasciando la manovalanza dell'operazione al proprietario. A volte, però, il pelo appare sporco e opaco e il cane emana un cattivo odore, cosa sgradevole soprattutto in appartamento. In questo caso, invece di moltiplicare i bagni, pettinate il cane con un pettine fitto, eliminando il pelo ormai staccato, che soffoca la pelle e spesso provoca prurito. Poi:

– lavate il cane "a secco": prendete una abbondante manciata di bicarbonato e sfregatelo su tutto il pelo (attenzione agli occhi), lasciate agire qualche minuto, poi spazzolate bene e infine passate un guanto di spugna appena umido. Il pelo sarà lucido e ben pulito e il cane non avrà più un cattivo odore. Oppure
– riempite una bacinella con metà acqua tiepida e metà aceto di mele. Se il cane non è enorme, è sufficiente ½ litro di ciascuno dei due in-

gredienti. Imbevete un guanto di spugna e passatelo sul pelo del cane, senza bagnarlo eccessivamente (attenzione agli occhi), infine asciugatelo senza risciacquo.

Alcune razze necessitano la tosatura: anche questa operazione, che costa dai 30 agli 80 euro, può essere fatta in casa acquistando l'apposito rasoio. Attenzione: contrariamente a quello che si potrebbe pensare, la tosatura in estate non dà sollievo dal caldo, ma espone il cane al pericolo di scottature solari.

### Il problema della lettiera

I gatti necessitano di avere una lettiera per i loro bisogni, il che rappresenta un impegno non indifferente, perché la sabbietta deve essere cambiata molto spesso e la lettiera stessa va lavata con una certa frequenza. La sabbietta (che in realtà non è sabbia semplice ma sabbia con quarzo e calce, oppure bentonite bianca, oppure cristalli di silicio e così via) è costosa, anche in considerazione della frequenza con cui va sostituita. Inoltre produce un rifiuto da smaltire che pesa molto nel sacco dell'indifferenziata; esistono sabbiette biologiche e biodegradabili a base di mais, ma sono costose e l'odore del mais non è gradevole. Una alternativa può essere la carta da giornale tagliata a strisce sottili. Se in ufficio avete un tritadocumenti, approfittatene. Questo tipo di sabbietta è a costo zero, non inquina e non pesa nel sacco dell'indifferenziata, ma richiede tempo e lavoro, per cui potreste alternarla a quella tradizionale.

A volte la lettiera, anche se svuotata e lavata con la giusta fre-

**Gli indispensabili sacchettini**

Per le uscite dei cani è necessario munirsi degli appositi sacchettini per raccoglierne le deiezioni. Per la verità non sono costosi, ma contribuiscono all'invasione della plastica. Se volete essere green anche per quanto riguarda i vostri animali, potreste scegliere sacchettini-paletta in carta riciclata completamente biodegradabili, come quelli prodotti dalla Sumus, che è all'avanguardia nella produzione di sacchetti di tutti i tipi rigorosamente plastic-free. Per conoscere i punti vendita consultate il sito dell'azienda (sumusitalia.it).

quenza, emana un cattivo odore. Ancora una volta, non date retta alle pubblicità che vi consigliano romantiche profumazioni alla lavanda o al gelsomino. Il gatto spesso non le gradisce, e (dal suo punto di vista giustamente) si mette a sporcare in giro per la casa. Piuttosto mettete sotto la sabbietta, di carta o di minerali che sia, un velo di bicarbonato di sodio.

### Il problema della lavatrice

La fodera del materassino del cane e/o del gatto, il telo con cui coprite il divano quando gli animali di casa ci dormono sopra, gli asciugamani e il guanto di spugna per il bagno, insomma tutta l'attrezzatura dei quattrozampe richiede di essere lavata. Per risparmiare, potreste usare un detersivo più scadente di quello dedicato al vostro bucato, rinforzandolo con qualche cucchiaiata di candeggina o di aceto. Ma, soprattutto, come evitare di ritrovarvi la lavatrice piena di peli? Che dovrete necessariamente togliere, se non volete ritrovarveli sulle lenzuola o sui jeans al prossimo bucato. Senza ricorrere alla soluzione estrema di una mia amica che ha una lavatrice riservata *unicamente* al corredo dei suoi cani e gatti (ne ha molti), potreste o passare l'aspirapolvere sui capi prima di metterli in lavatrice, oppure chiuderli in vecchie federe che tratterranno i peli.

## PREVENIRE I GUAI

### Visite veterinarie e vaccinazioni

Questa è una spesa che non si può evitare, se si vogliono tenere il cane e il gatto in buona salute. I gatti, maschi e femmine, devono anche essere sterilizzati. Per i cani si può decidere in base alle occasioni che hanno di frequentare esponenti dell'altro sesso. Quello che dovete fare è rivolgervi a più veterinari e mettere a confronto le tariffe. In alcuni comuni, nell'intento di ridurre il randagismo, viene dato un contributo per la sterilizzazione. Informatevi presso la ASL locale e/o presso il canile e il gattile, se ce ne sono nella vostra zona.

### L'assicurazione

Anche il cane più mite, in particolari circostanze, può morsicare, oppure far cadere qualcuno o provocare un tamponamento, se si scioglie dal guinzaglio e attraversa la strada all'improvviso. In quel caso, vi trovereste nell'obbligo di pagare risarcimenti anche pesanti. Per questo vi consiglio assolutamente di stipulare una assicurazione: è una spesa, è vero, ma può risparmiarvene una molto, molto maggiore.

L'assicurazione RC (responsabilità civile) per i danni provocati dal cane costa all'incirca 60-70 euro all'anno, qualcosa di meno se vi rivolgete a una assicurazione online. Probabilmente, però, vi verrà proposta, invece della semplice assicurazione per il cane, quella cosiddetta "del capofamiglia" (espressione non politicamente corretta, ma lasciamo perdere, in questa sede!), che copre i danni del cane ma anche quelli dei bambini (sassi contro i vetri, pallonate e così via) e talvolta anche i danni provocati dalla casa, cioè tegole cadute dal tetto su un passante o su un'auto e simili. Le assicurazioni di questo tipo costano sui 100 euro all'anno, qualcosa di meno se vi rivolgete a una assicurazione online.

C'è poi l'assicurazione sanitaria, che interviene se l'animale assicurato necessita di cure veterinarie costose, interventi chirurgici e così via. Questa assicurazione, che a volte, ma non sempre, copre anche la responsabilità civile, cioè i danni eventualmente provocati dall'animale, è costosa (sui 300 euro all'anno): a seconda del tipo di contratto, variano, anche di molto, le situazioni per cui è previsto il rimborso e in quale misura. Perciò, se pensate che vi convenga stipulare una assicurazione sanitaria, confrontate le proposte di più compagnie e poi, a costo di apparire noiosi e pignoli, fatevi illustrare molto bene le varie clausole.

Infine, attenzione: se vi troverete nella condizione di chiedere un intervento dell'assicurazione, per prima cosa vi chiederanno di esibire il certificato di proprietà dell'animale assicurato. Senza di quello, l'assicurazione non interviene in nessun modo. Perciò, se avete preso dalla strada un cane randagio o un amico vi ha dato un cucciolo della sua cagna, non vi venga in mente di tenere l'animale per così dire "in nero"! Andate subito dai vigili o alla ASL a chiedere quali sono le procedure per ufficializzare il possesso dell'animale (possono variare da regione a regione). Se invece avete preso un cane da un canile o da un allevamento, vi verrà consegnata tutta la documentazione e non dovrete fare altro che andare alla ASL a far registrare il passaggio di proprietà.

## QUALCHE CONSIGLIO IN PIÙ

- La carne trita, essendo facilmente deperibile, è uno dei prodotti che più spesso sono proposti in offerta. Quando ne trovate una vantaggiosa, approfittatene: in attesa di utilizzarla, dividete la trita in più panetti e congelatela.
- I negozi per animali sono pieni di giocattoli per i quattrozampe, ma vi consiglio di ricorrere al fai da te. Escluse le scarpe vecchie (se il cane le trova divertenti, prenderà a morsi anche le Manolo Blahnik che avete comprato grazie a mesi di sanguinose economie), potete per esempio fare una grossa treccia con strisce di vecchi asciugamani, un rotolo con il cartone di una scatola, una pallina riempendo di stracci un vecchio calzino.
- Il cane è un animale da guardia e da compagnia, ma è anche un prezioso alleato per mantenersi in forma. Appena ne avete la possibilità, fate insieme a lui lunghe passeggiate, se è il caso sfidando il freddo, come vi consiglia anche Lia nel capitolo *Non solo palestra.* Quante persone nel periodo del lockdown hanno evitato la nevrosi da claustrofobia portando a spasso il loro cane!

## *E per finire*

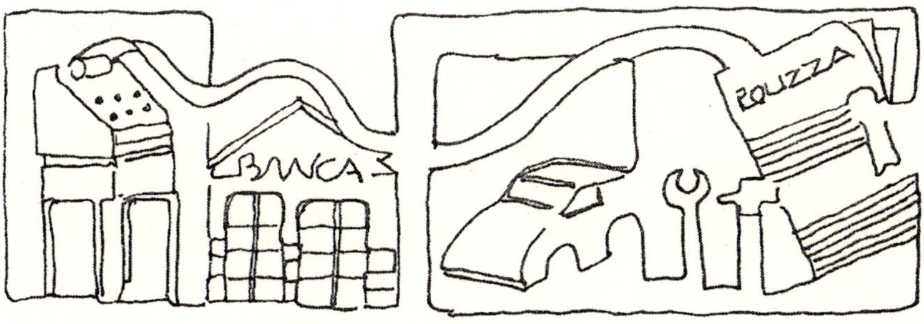

# A. UNA QUESTIONE DI METODO

> Poco dopo le tre del pomeriggio di venerdì 24 aprile, Louise Akerblom, di professione agente immobiliare, uscì dalla Cassa di Risparmio di Skurup. [...] Per strada incontrò la giovane coppia di Malmo alla quale aveva venduto una casa poche ore prima. Insieme erano stati in banca, dove avevano firmato i documenti per l'acquisto e per il mutuo e trasferito la somma pattuita al proprietario della casa. La gioia della coppia l'aveva commossa. Ma allo stesso tempo l'aveva preoccupata. Sarebbero riusciti a pagare rate e gli interessi del mutuo? I tempi erano difficili, e ormai erano poche le persone sicure di riuscire a conservare il proprio posto di lavoro. Che cosa sarebbe accaduto se uno dei due avesse perso il posto? Louise Akerblom, aveva controllato il rendiconto delle loro risorse finanziarie con attenzione. A differenza di tante altre coppie di giovani, i due non si erano lasciati andare a spese insensate. Inoltre, la giovane sposa le aveva dato l'impressione di essere una persona attenta al denaro. Spero proprio di non rivedere l'annuncio di vendita di quella casa in futuro e di non doverla rivendere, pensò. Negli ultimi tempi le era capitato più volte di dover rivendere la stessa casa due e persino tre volte nel giro di pochi anni.
>
> Henning Mankell, *La leonessa bianca*

E la casa, e l'auto, con le relative assicurazioni? Per non parlare di elettricità, gas, Internet, telefono? E la banca? Direte voi. Anche queste sono spese, e non da poco. Avete ragione, però questo libro vuole aiutarvi a non sprecare denaro nei piccoli (o più grandi) acquisti di tutti i giorni.

Non è che quotidianamente si cambia casa o auto o banca. In più non abbiamo l'ardire di parlare di questioni squisitamente finanziarie, usciremmo dal nostro campo.

Però due o tre idee di metodo possiamo ugualmente darvele. Le applicherete per tutte le necessità che sono restate fuori dalla nostra analisi. Se avete letto i ventuno capitoli, o anche solo quelli che vi interessano di più, ormai intuite che cosa vi suggeriremo. In aggiunta, aspettatevi qualche esempio in campi non ancora esplorati.

## METTERE A FUOCO I PROPRI BISOGNI

Di fronte a ogni spesa, piccola o grande che sia, la prima regola è sapere bene di che cosa si ha bisogno. Sembra ovvio, ma non lo è. Chiedetevi sempre che cosa state cercando. Scegliete davvero. Non accontentatevi di quello che la pubblicità, la moda o persino gli amici vi suggeriscono. Interrogatevi sempre sui vostri desideri e sulle vostre necessità. Non dateli per scontati. Sia che vogliate cambiare casa, sia che vogliate spostare il conto corrente, sia che abbiate bisogno di rinnovare il guardaroba, pensate bene alle vostre reali esigenze. Siamo sicure che per la casa ci avete pensato o ci penserete su per bene, ma anche per spese meno impegnative vale la pena di porre a sé stessi tante domande.

Facciamo un esempio. Scegliere la banca, per fortuna, è molto più semplice e meno coinvolgente che scegliere una casa. Ma anche per un conto corrente potete chiedervi che cosa vi serve davvero. Se avete bisogno della cassetta di sicurezza, dovete per forza rivolgervi a una filiale "vera", con muri e tutto quanto. Diversamente non è che vi basta un conto corrente online? È tanto più economico!

A proposito di bisogni stringenti e no, ricordatevi sempre la doppietta eliminare/sostituire. E se siete alle strette, a volte è necessario usare le forbici. Stando in tema trasporti, se abitate in una grande città, forse potete evitare l'acquisto della seconda auto di famiglia. Se abitate in provincia è più difficile, a volte impossibile. Consolatevi pensando che, rispetto alla metropoli, avete risparmiato o risparmierete sulla casa. Un altro esempio: state stipulando una polizza? Chiedetevi se le protezioni che vi stanno offrendo sono irrinunciabili. Non ci si può cautelare su *tutto*. In una polizza infortuni, assicurarvi contro la rottura del tendine, se non siete amanti degli sforzi estremi, può anche essere superfluo. In una polizza auto, l'assicurazione del conducente – che paradossalmente va aggiunta al pacchetto base – non può mancare.

## INFORMARSI

Una volta che avete fatto questo lavorio di consapevolezza e avete stabilito che cosa esattamente vi serve, informatevi! Leggete tutto quello che trovate sull'argomento. Essere informati è la base per scegliere bene. Restiamo sul tema "casa": per risolvere il dilemma affitto o acquisto, non considerate solo la vostra disponibilità economica, ma analizzate bene tutte le questioni connesse. Diritti dell'inquilino e tasse di proprietà, spese di agenzia e sgravi fiscali, canone concordato e mutuo, caparra e compromesso: ci sono un mucchio di cose da sapere. Credete che l'unica alternativa sia acquisto o affitto? No! Ci sono altre formule. Ci sono le cooperative e l'affitto a riscatto, tanto per fare degli esempi. Insomma, l'esperienza di una vita ci dice che essere informati è la prima condizione per non fare errori, e non solo per le scelte più importanti e costose.

Tenete presente che ogni campo ha le sue specificità. Nel caso delle assicurazioni, dovete impratichirvi con una terminologia altamente settoriale. Sapete che cosa sono una polizza infortuni, una polizza sulla salute, una polizza vita? Siete sicuri di sapere in che cosa consistono la franchigia, il premio, il massimale, la legge Bersani, il bonus malus, l'RC? Incominciate pure da Wikipedia, dove potete trovare informazioni chiare, complete, verificate, corrette. Informazioni ugualmente utili e sintetiche sono sui siti che permettono di comparare prezzi e servizi non solo delle assicurazioni, ma anche di banche, operatori telefonici, fornitori di luce e gas, per esempio Facile (www.facile.it) o Comparasemplice (www.comparasemplice.it). Attraverso questi siti potrete avere anche per telefono una quantità di informazioni utilissime.

State cambiando l'auto? Ecco un nuovo mondo da scoprire, a partire dai diversi tipi di motore e alimentazione. Benzina, diesel, ibrido, elettrico: la tecnologia è in continua evoluzione. È necessaria un'attenzione doppia. Attenti alle idee del momento che a volte creano false illusioni, specie nel campo dei motori elettrici. Meritano qualche ora di vero e proprio studio anche le formule alternative all'acquisto, che stanno conquistando sempre più la fiducia dei consumatori: si paga subito una certa cifra, nell'ordine di qualche migliaio di euro; si continua con una rata mensile; dopo qualche anno si deve decidere se "riscattare" l'auto e tenerla oppure prenderne una nuova, ricominciando il ciclo. Spesso nella quota mensile sono comprese anche le spese di assicurazione e i "tagliandi" della manutenzione ordinaria. Una bella comodità!

## CERCARE

Questo lo sapete già. Siete alla fine della lettura, non abbiamo bisogno di ripeterlo. Esplorate tutte le vie possibili: vagliando le alternative che sapete esistono e scoprendo quelle che ignoravate (e si torna al punto precedente!). Cercare cosa? Tutto! Sia negozi e canali di vendita, sia metodi alternativi per poter godere del bene o del servizio di cui avete bisogno.

### Nuovo o usato?

È la classica domanda da porsi per l'auto, e anche, per citare una categoria di cui abbiamo parlato poco, per i mobili. Quanti mobili usati, magari in buono stato, sono in attesa nei mercatini o sui siti come Subito (www.subito.it) o Bakeca (www.bakeca.it)!

### Condivisione

Potrebbe essere un'alternativa per la casa delle vacanze. Potrebbe essere un modo per evitare l'acquisto – per esempio – dell'auto, sperimentando il car sharing. Se c'è un nonno o una vecchia zia che usano poco l'auto, perché non proporre un uso condiviso?

### Prestito

Se decidete di andare in campeggio qualche giorno, non è necessario comprare tenda, fornello, doccia da campo e tutto quanto l'ansia da comodità suggerisce. E lo stesso vale nel caso non resistiate alla tentazione di provare le ciaspole! Trovate un amico che le ha comprate e le ha usate tre volte. Sarà felice di prestarvele, visto che dopo l'entusiasmo del primo momento ha rinunciato alle avventure da grande Nord.

### Noleggio

Se il vostro amico, dopo che gliele avete chieste in prestito, ha deciso che sì, verrà anche lui e che quindi no, non ve le può proprio prestare… non vi resta che il noleggio. Che è sempre una bella opportunità per lo sport, e per un mucchio di altre cose. Avete idea di quanti oggetti utilissimi si possono noleggiare in un magazzino di bricolage, in un laboratorio fotografico, in un centro per il giardinaggio?

### Online

Banche e assicurazioni auto sono tra i primi servizi a essersi spostati sul web. E anche i fornitori di luce e gas ormai sono contattabili essenzialmente online. E su Internet potete comprare anche l'auto. I siti cui rivolgervi sono tanti e alcune case automobilistiche hanno una propria piattaforma di vendita che vi segnala se, non troppo distante da voi, c'è un'auto in pronta consegna che fa al caso vostro, possibilmente scontata di due o tremila euro.

Attenzione al rovescio della medaglia: la facilità con cui si può acquistare in Internet non deve mai trascinarvi nel gorgo degli acquisti inutili, neppure se quello che vi tenta costa pochi euro! Nulla di peggio, dal punto di vista della spending review, che comprare stupidaggini perché tanto costano poco o nulla. Certi siti sono dei veri trabocchetti: rischiate di farvi arrivare dall'altra parte del globo un oggetto, magari un chiudi-ravioli o un arriccia-burro, di cui potete senza dubbio fare a meno. Soldi buttati e CO2 inutilmente disseminata nell'atmosfera!

## COGLIERE L'ATTIMO

L'abbiamo detto tante volte: parlando di viaggi e voli, di spese importanti, persino della frutta e della verdura. Scegliere il momento più adatto per il proprio acquisto è un'arte preziosa. Certe congiunzioni astrali non si possono prevedere, ma potete facilmente intuire che acquistare in fuori stagione può tradursi in un vantaggio: il condizionatore in settembre o il piumino in febbraio, con il più classico dei saldi di fine inverno…

## CHIEDERE PIÙ PREVENTIVI E CONFRONTARLI

Chiedete preventivi diversi e affidatevi a chi vi offre il migliore rapporto qualità/prezzo. Ponete sempre tutte le domande che vi vengono in mente, dando voce a ogni vostro dubbio. Non siate timidi! E se avete l'impressione che non vi ascoltino, andate via. Cercate un altro venditore o un altro canale. Strategia, questa, che dovete rigorosamente utilizzare per qualsiasi merce o servizio, per esempio nel caso in cui dobbiate far eseguire dei lavori in casa. Chiedete a idraulici, elettricisti, imbianchini, piastrellisti e via dicendo quanto vi costerà quello che chiedete. Non fidatevi di chi vi fa un prezzo forfettario: significa tutto e niente. Esigete costi dettagliati di materiali, mano d'opera, lavorazioni varie. Siate incontentabili.

Un discorso a parte meritano la luce e il gas. Particolarmente difficile, se non impossibile, confrontare i prezzi dei fornitori. Il prezzo (per unità, kilowattora o metrocubo di gas che sia) pesa sulla bolletta solo per una certa percentuale, di solito attorno al 50%. La parte restante sono imposte, costi di trasporto, oneri vari. Qualcosa pesano anche le spese di commercializzazione, ovvero le spese della pubblicità, che sono pagate dal consumatore. Ne risulta che, nonostante le martellanti promozioni, sono davvero esigui i risparmi che si riescono a ottenere. Il nostro consiglio è quello di affidarvi a un fornitore che vi dia informazioni chiare e con cui comunicare sia agevole, in modo che possiate rivolgere tutte le domande possibili prima della firma del contratto. Poi cercate di risparmiare con le vostre forze, per esempio abbattendo le spese postali di invio della bolletta cartacea o tramite il metodo di pagamento. E soprattutto rileggete il capitolo *Illùminati di meno* con attenzione religiosa e risparmiate il più possibile sui consumi.

## LEGGERE BENE I CONTRATTI E LE CONDIZIONI DI VENDITA

Tassativo. Alla base di ogni scambio c'è sempre un contratto. Anche quando comprate un vestito in saldo vi chiedete se potete cambiarlo, entro quanto tempo e con che cosa. Non è scritto ma è come se lo fosse, ed è un aspetto di cui probabilmente tenete conto. A maggior ragione questo vale per gli acquisti più corposi o per la fornitura di servizi. E quanto più una clausola è scritta in piccolo tanto più deve essere letta con cura. Nel caso di abbonamenti o prestazioni di servizio, particolare attenzione va riservata alla durata e al diritto di recesso. Per esempio, in molti contratti dell'energia chi si impegna a garantire determinate condizioni per un certo arco di tempo – in genere due anni – è il fornitore; il cliente, invece, può andarsene quando vuole, senza pagare penali. Diverso è il caso degli abbonamenti Internet o telefonici, che vincolano per un certo numero di mesi.

State comprando mobili o elettrodomestici? Attenti ai costi di consegna, montaggio, installazione ed eventuale smaltimento dell'usato. Nel caso delle apparecchiature elettriche ed elettroniche, il contributo RAEE di solito è incluso nel prezzo. Verificatelo! Abitate in una casa senza ascensore? Controllate che non vi si chieda qualche euro in più per la consegna.

Naturalmente i costi di trasporto sono una variabile decisiva per gli acquisti online. A volte l'offerta "consegna gratis" è quella che vi può far preferire un fornitore rispetto all'altro, insieme alla indicazione chiara di "quando" vi sarà consegnato l'oggetto! Non rischiate di ricevere il frullatore quando la stagione delle fragole sarà terminata.

E se proprio l'oggetto comprato non vi soddisfa, ricordatevi che per gli acquisti online – come per la maggioranza di quelli on store – avete sempre il diritto al reso. Le condizioni del diritto di reso possono cambiare da un venditore all'altro: verificate sempre con attenzione prima di confermare il pagamento. Per le forniture e i contratti, il diritto al reso prende il nome di diritto al ripensamento. Se è necessario, utilizzatelo!

## SCEGLIERE COME PAGARE

Un tempo pagare era solo doloroso. Era il momento finale dell'acquisto. Ci si arrivava dopo aver fatto la propria scelta ed ecco: mano al portafogli, o al massimo al libretto degli assegni! Ora sono talmente variegati i metodi di pagamento che anche per l'ultimo passo ci vuole oculatezza e informazione. Contante, bancomat, carta di credito, bonifico, pagamento digitale, bonifico con domiciliazione bancaria? Ci sono decisioni da prendere e ci sono tante cose da sapere. Eccovi qualche consiglio lampo. Per consigli più approfonditi vi rimandiamo a chi ne sa più di noi a cominciare da *Salviamoci!*, un utile manuale di Vincenzo Imperatore (Chiarelettere, 2021).

### Spese sotto controllo

Per le spese minute di tutti i giorni, la cifra da sborsare non cambia se usate bancomat, contanti, portafogli elettronico. Scegliete allora un metodo che vi permetta di tenere le spese sotto controllo.

Da questo punto di vista, il pagamento da smartphone, a nostro parere, è imbattibile: non ha bisogno neppure di una carta, basta una app collegata al vostro conto corrente. Uno dei primi servizi di questo genere è stato Satispay, poi sono arrivati tutti gli altri. In questo caso, è necessario che anche il vostro esercente sia attrezzato per ricevere questo tipo di pagamento. Inizialmente erano pochi; d'ora in poi saranno sempre più, vista la rapidità con cui questo tipo di pagamento si sta diffondendo. Ma la stessa cosa vale anche per un sistema ora accettato ovunque come il bancomat.

Le carte di credito, invece, restano insostituibili per gli acquisti online. Hanno un costo annuo, quindi informatevi bene e ovviamente confrontate le diverse offerte. Gratuito e molto utilizzato per l'online è PayPal, che è un sistema simile al pagamento elettronico. Altamente consigliate le app del conto corrente bancario che vi permettono di visualizzare in ogni momento saldo e movimenti.

I contanti hanno la pericolosa abitudine di scivolare via senza che ve ne accorgiate: un euro qui, cinque euro là e siete di nuovo a dover prelevare. Per di più, se pagate in banconote e monetine perdete il *cashback*, cioè lo sconto sugli acquisti successivi che alcuni esercizi concedono proprio in virtù del fatto che vi siete serviti di un pagamento elettronico.

Attenzione alla carta di credito, che per il suo stesso meccanismo permette di rimandare al mese successivo l'esborso e quindi può indurre in tentazione!

### Domiciliazione bancaria

Per i pagamenti ricorrenti, sottoscrivere la domiciliazione bancaria di solito è un buon affare. Innanzitutto risparmiate il tempo e il costo necessari per l'operazione. In più non rischiate di dimenticare un pagamento, incorrendo in interruzioni di servizio o in more. E semplicemente evitate di innervosire qualcuno: il proprietario dell'appartamento in cui siete in affitto, per esempio! Ma il vero vantaggio è che optare per la domiciliazione bancaria – in termini tecnici RID (Rapporto Interbancario Diretto) – spesso fa ottenere uno sconto vero e proprio. È una opportunità offerta da molti fornitori luce e gas, per esempio, che con questa modalità di pagamento sono tenuti a non chiedervi alcuna cauzione. Perfino il bollo auto, in alcune regioni, costa meno se attivate il servizio di rinnovo automatico.

### Pagare a rate

Pagare a rate o con un finanziamento ha sempre un costo. Il tasso zero non esiste: se ve lo promettono, andate con i piedi di piombo. Non fidatevi. Quello che dovete tenere d'occhio è un indice chiamato Taeg (Tasso Annuo Effettivo Globale), che compendia tutti i costi di un finanziamento, compresi quelli nascosti. Ricorrete al pagamento a rate solo quando non potete proprio farne a meno. Siete sicuri che volete acquistare la lavastoviglie, se siete costretti a pagarla in tre anni? Meglio allora giocare la carta eliminare/sostituire. Fa eccezione la casa. In questo caso il mutuo è d'obbligo quasi per tutti, o per lo meno per quasi tutti quelli che stanno leggendo questo libro. Se i tassi d'interesse – negli ultimi anni è successo – sono particolarmente favorevoli, può essere non solo l'unica via possibile, ma anche la più redditizia.

Quando siete sul punto di firmare un contratto con pagamento a rate, controllate bene quanti ne avete già sottoscritti in passato. Una rata da pagare si può sopportare bene. Due o tre possono diventare un incubo.

## ESSERE ORDINATI, ATTENTI, PUNTUALI

Che cosa c'entrano l'ordine, l'attenzione e la puntualità con la spending review? C'entrano e tanto. Dimenticare la scadenza di un pagamento, perdere una fattura o uno scontrino, invertire due cifre in un bonifico o peggio ancora in un F24 può costare davvero caro! Le scadenze appuntate con precisione su un'agenda, sul calendario o su una app, come preferite; gli scontrini in una cartelletta per essere sicuri di poter godere della garanzia degli elettrodomestici; la calma necessaria quando fate un pagamento online: tutte buone abitudini che vi faranno risparmiare un bel po' di soldi. A questo scopo ritagliatevi una zona ufficio in casa, con i documenti importanti ben divisi e classificati e sempre a portata di mano: assicurazioni, contratti, tasse, abbonamenti vari, bollette, documenti e spese mediche, documenti degli animali di casa, manutenzione auto, e così via. L'ordine fa risparmiare! Investite in cartellette e raccoglitori. E in fotocopie, come vi suggerisce il capitolo seguente: *I conti di casa*.

# B. I CONTI DI CASA

> Lei conosceva il reddito del marito ed era orgogliosa della fiducia che questi le dimostrava affidandole non solo la sua felicità, ma anche qualcosa a cui alcuni sembrano dare ancora maggior valore: il suo denaro. Lei sapeva dove lo teneva ed era libera di attingervi: John esigeva solo che lei tenesse nota di ogni soldo speso, pagasse i conti alla fine del mese, e si ricordasse che non aveva sposato un uomo ricco. Fino allora Meg si era comportata benissimo, molto precisa e oculata, tenendo il libro dei conti in perfetto ordine. [...]. Ma quell'autunno nel paradiso di Meg entrò il serpente che la tentò, moderna Eva, non con una mela ma con un vestito.
>
> Louisa May Alcott, *Piccole donne crescono*

### Tenere i conti di casa: perché?

Tenere i conti di casa, inutile negarlo, è un'operazione noiosa, che richiede tempo e impegno. Ma si tratta anche di un'operazione doppiamente necessaria: da una parte per essere consapevoli delle entrate, cioè della somma di cui potete disporre, dall'altra, per avere un quadro delle uscite, cioè di quanto spendete e per che cosa. Solo così è possibile fare una diagnosi della vostra situazione economica, valutando se le spese sono eccessive rispetto alle entrate, e in tal caso quali strategie sarà opportuno adottare.

Che cosa vuol dire "spese eccessive rispetto alle entrate"? Non solo, come ovvio, spese superiori ai guadagni, con l'effetto inevitabile di trovarvi indebitati, ma anche spese così pericolosamente vicine alle entrate da non consentire un margine di accantonamento né per far fronte a eventuali imprevisti, né per avere la gioia di realizzare sogni e desideri. Del resto, avrete certamente capito che il risparmio di cui si parla in questo libro non è una forma di taccagneria fine a se stessa, ma lo strumento per migliorare la qualità della vita.

### Il bilancio preventivo: le uscite

Il primo strumento per la gestione delle spese è il bilancio preventivo annuale. Primo per cronologia, perché andrebbe fatto all'inizio dell'anno, e almeno a nostro parere primo anche per importanza, perché servirà a guidare i vostri comportamenti economici nei mesi a venire.

In una scheda come quella che trovate a conclusione del capitolo (**Scheda A**) vi suggeriamo di riportare le vostre spese fisse e inevitabili, cioè le spese di gestione, su cui non avete alcuna possibilità di applicare strategie di risparmio, come l'affitto o la tassa sui rifiuti.

Le spese per gas, luce, acqua e carburante sono le sole, tra quelle elencate in questa scheda, che, se non possono essere eliminate, possono però essere ridotte. Per determinare la cifra da inserire, fate il calcolo in base alle fatture di acqua, luce e gas dell'anno precedente, con un incremento (10%? 20%? o anche di più?) da stabilire in base all'andamento economico del momento. Vedere la spesa complessiva dell'anno potrà essere un incentivo a contenere i consumi, a vantaggio del vostro portafogli e dell'ambiente (ricordate il capitolo *Illùminati di meno?*).

Abbiamo considerato "spesa fissa" anche il carburante, in quanto probabilmente non potete fare a meno dell'auto. Elaborate un preventivo di spesa, in particolare per il percorso casa/luogo di lavoro. Come per l'acqua e i consumi energetici, prendere consapevolezza della spesa complessiva per andare in auto al lavoro potrà sollecitarvi a considerare se davvero non esistano soluzioni alternative. Il capitolo *Riciclare, riparare, condividere vs usa e getta* può darvi qualche idea.

Stabilito che questi sono i criteri per cui abbiamo inserito alcune voci e non altre, ognuno di voi cancellerà quelle che non lo riguardano e aggiungerà quelle eventualmente non elencate ma presenti nel suo bilancio. Nella scheda trovate compilato qualche campo in funzione di esempio.

La maggior parte delle spese fisse si pagano annualmente, oppure ogni due o tre mesi. Chi ha da poco la responsabilità di gestire un bilancio di casa, sia familiare che da single, spesso commette l'errore di spendere in modo spensierato tutto o quasi quanto ha a disposizione in un determinato mese, non tenendo conto che, il mese successivo, dovrà far fronte, per esempio, a una pesante fattura della luce elettrica o al bollo dell'auto e così via. Sommare tutte le spese fisse annuali e suddividerle per 12 è il modo per aver ben presente che una parte del reddito mensile è già virtualmente impegnato, anche se l'esborso non deve essere fatto immediatamente.

### Il bilancio preventivo: le entrate

Nella **Scheda B** vi consigliamo di riportare tutte le entrate previste per l'anno che sta iniziando. Anche in questo caso abbiamo elencato alcune voci, ma ognuno di voi cancellerà quelle che non lo riguardano e aggiungerà quelle non elencate ma presenti nel suo bilancio.

Purtroppo ben difficilmente capita che le spese fisse siano oggetto di una liberatoria: per esempio, nel periodo peggiore della pandemia alcuni comuni non hanno abolito o ridotto, ma semplicemente posposto di alcuni mesi il pagamento di IMU e TARI. Invece, può capitare di vedere annullate o ridotte le entrate previste, specialmente se il vostro è un lavoro autonomo: un altro motivo per avere sempre un piccolo accantonamento.

La comparazione delle spese fisse e delle entrate previste evidenzia di quanto potete disporre per tutte le altre uscite, nell'anno e in ciascun mese. Ovviamente è una cifra da tenere ben presente nella gestione delle spese. A questo scopo potete usare la **Scheda C**.

### La registrazione delle spese

Il bilancio preventivo delle spese fisse e delle entrate va fatto, come si diceva prima, una volta l'anno. È invece da fare ogni giorno, vincendo la comprensibile e prevedibile pigrizia, la registrazione delle spese di volta in volta sostenute. Potete usare un'agenda, un quaderno, Excel o qualunque altro strumento vi sembri comodo e adeguato. Esistono anche numerose app, per esempio *Le mie spese di casa free*, gratuita e dall'uso facile e intuitivo. Da parte nostra vi proponiamo la **Scheda D** per registrare le spese giornaliere di ogni genere e la **Scheda E** per sintetizzare le spese mensili di ciascuna tipologia. Tra queste rientreranno sia quelle che abbiamo definito fisse o irrinunciabili, sia quelle variabili. La scheda vi aiuterà a evidenziarle e a distinguerle.

Gli acquisti per il cibo e le pulizie di casa spesso vengono fatti al supermercato e dunque con uno scontrino complessivo, che sarebbe faticoso oltre che inutile scorporare nelle due voci. Dunque proponiamo di registrare entrambe le tipologie di spesa alla voce "alimentari".

Pagare tutto in modo tracciabile, riducendo al minimo indispensabile gli acquisti in contanti, come vi viene raccomandato nel capitolo *Una questione di metodo*, è molto utile anche per la registrazione delle spese: in caso abbiate trascurato di annotare un'uscita, avrete la documentazione per rimediare alla dimenticanza.

È molto importante, poi, scaricare la app della vostra banca che registra e visualizza in tempo reale saldo e movimenti. In tal modo sarete sempre consapevoli della vostra situazione contabile, cioè di quanto avete a disposizione in quel momento.

### Il bilancio consuntivo dell'anno

In base alle schede mensili potrete stendere il bilancio consuntivo dell'anno. A questo scopo vi proponiamo la **Scheda F**. Tutta questa fatica culminerà nella **Scheda G**, che vi permette di confrontare le vostre previsioni con quello che è successo veramente. Avrete così sotto gli occhi in modo chiaro e lampante com'è andato l'intero anno. Se avete speso più del previsto e/o avete incassato di meno e questo vi preoccupa, cercate di individuare le spese che in futuro potranno essere eliminate o ridotte. In questa operazione di spending review vi saranno utili (speriamo!) le indicazioni che trovate nel nostro manuale.

### Nei prossimi anni

Cercate di non perdere più l'abitudine di tenere in ordine i conti di casa. Di anno in anno potrete mettere a confronto i risultati delle vostre strategie economiche, per esempio usando la **Scheda H**.

### Riflettere sulle spese

Alcune delle schede sono seguite da qualche domanda che vi invita a riflettere sui dati che avete registrato: cercate di trovare il tempo per rispondere.

### Un consiglio

Un consiglio per concludere. Se vivete con altri, familiari o amici che siano, dovete assolutamente coinvolgerli in tutte le operazioni dei conti di casa, a partire dal bilancio preventivo, e anche nella spending review, sollecitando proposte per migliorare la gestione del budget di casa.

### In sintesi

Le schede per i conti di casa che vi proponiamo sono:

– Scheda A > Bilancio preventivo annuale – Uscite fisse
– Scheda B > Bilancio preventivo annuale – Entrate
– Scheda C > Bilancio preventivo annuale – Confronto entrate/spese fisse
– Scheda D > Registrazione giornaliera spese per categoria
– Scheda E > Calcolo spese mensili per categoria e importo totale del mese
– Scheda F > Calcolo spese annuali per categoria e importo totale dell'anno
– Scheda G > Confronto bilancio preventivo/bilancio consuntivo dell'anno
– Scheda H > Confronto bilancio ultimo anno/bilancio anno precedente

| **SCHEDA A** – Bilancio preventivo anno ______________ – Uscite fisse | | | | |
|---|---|---|---|---|
| | | CADENZA | IMPORTO UNITARIO | IMPORTO ANNUO |
| Casa | Affitto / Mutuo casa | *mensile* | *500,00* | *6.000,00* |
| | Spese condominiali | *trimestrale* | *450,00* | *1.800,00* |
| | IMU | | | |
| | TARI | | | |
| | Tasse sui redditi | | | |
| | *altro* | | | |
| Auto | Rata auto | | | |
| | Assicurazione auto | | | |
| | Bollo auto | | | |
| | *altro* | | | |
| Assicurazioni | 1) Assicurazione per ___________ *incendio / agenti atmosferici* | *annuale* | *250,00* | *250,00* |
| | 2) Assicurazione per ___________ | | | |
| Finanziamenti | 1) Rate per ________ | | | |
| | 2) Rate per ________ | | | |
| Utenze | Energia elettrica | | | |
| | Riscaldamento | | | |
| | Acqua | | | |
| | Telefono / Internet | | | |
| Trasporti | Mezzi pubblici | | | |
| Figli | Scuola (retta/tasse) | | | |
| | Scuola (libri/materiali) | | | |
| | Baby sitter | | | |
| | *altro* | | | |
| Altro | | | | |
| | | | | |
| | | | | |
| **Totale annuo** | | | | |
| **Totale mensile (totale annuo/12)** | | | | |

| SCHEDA B – Bilancio preventivo anno ______________ – Entrate | | | | |
|---|---|---|---|---|
| | | CADENZA | IMPORTO UNITARIO | IMPORTO ANNUO |
| Entrate | | | | |
| Affitti percepiti | | | | |
| Lavoro autonomo | | | | |
| Altro | | | | |
| | | | | |
| | | | | |
| **Totale annuo** | | | | |
| **Totale mensile (totale annuo/12)** | | | | |

– Ritenete possibile/probabile che verrà a mancare una delle entrate previste?
– Che strategia intendete adottare nel caso venisse veramente a mancare una delle entrate previste?

| SCHEDA C – Bilancio preventivo – Confronto entrate/spese fisse anno ______________ | | | |
|---|---|---|---|
| Preventivo Entrate annuali | Preventivo Uscite fisse annuali | Differenza = disponibilità annuale per le altre spese | Disponibilità mensile per le altre spese |
| | | | |

– Quali considerazioni vi suggerisce il confronto tra entrate e spese fisse?
– In base alla disponibilità per le spese diverse da quelle fisse che avete calcolato, pensate che nel corso dell'anno riuscirete ad accantonare una certa cifra, e in tal caso di quale entità?
– Oppure la disponibilità per le altre spese evidenzia la necessità di un rigido controllo delle spese?

**SCHEDA D** – Registrazione giornaliera spese mese di ______________

| GIORNO | IMPORTO | MODALITÀ PAGAMENTO | MOTIVO | CATEGORIA |
|---|---|---|---|---|
| *01* | *125,80* | *Bancomat* | *Spesa supermercato* | *Alimetari* |
| *03* | *500,00* | *Bonifico* | *Affitto mese* | *Casa* |
| | | | | |
| | | | | |
| | | | | |
| | | | | |
| | | | | |
| | | | | |
| | | | | |
| | | | | |
| | | | | |
| | | | | |
| | | | | |
| | | | | |
| | | | | |
| | | | | |
| | | | | |
| | | | | |
| | | | | |
| | | | | |
| | | | | |
| | | | | |
| | | | | |
| | | | | |
| | | | | |
| | | | | |

| **SCHEDA E** – Spese mese di _______________<br>Sintesi per categoria e importo totale | | |
|---|---|---|
| | Importi | Totali |
| **Spese variabili** | | |
| Alimentari | | |
| Auto (riparazioni) | | |
| Salute | | |
| Igiene e cura della persona | | |
| Casa (aiuti come colf / baby sitter) | | |
| Bar / Ristorante | | |
| Cultura | | |
| Tempo libero | | |
| Regali / Donazioni | | |
| Abbigliamento | | |
| Altro _______________ | | |
| **Totale spese variabili** | | |
| **Spese fisse** | | |
| Casa | | |
| Auto | | |
| Assicurazioni | | |
| Finanziamenti | | |
| Utenze | | |
| Trasporti | | |
| Figli | | |
| Altro _______________ | | |
| **Totale spese fisse** | | |
| **Totale complessivo spese** | | |

– Le spese fisse si discostano dalle previsioni della Tabella A?
– L'ammontare complessivo delle altre spese in che rapporto è con la disponibilità mensile che avete calcolato nella Sceda C?
– In base alla Scheda D e alla Scheda A, quali sono i vostri propositi per il mese prossimo?

| **SCHEDA F** – Spese anno ________ – Sintesi per categoria e importo totale | | |
|---|---|---|
| | Importi | Totali |
| **Spese variabili** | | |
| Alimentari | | |
| Auto (riparazioni) | | |
| Salute | | |
| Igiene e cura della persona | | |
| Casa (aiuti come colf / baby sitter) | | |
| Bar / Ristorante | | |
| Cultura | | |
| Tempo libero | | |
| Regali / Donazioni | | |
| Abbigliamento | | |
| **Totale spese variabili** | | |
| **Spese fisse** | | |
| Casa | | |
| Auto | | |
| Assicurazioni | | |
| Finanziamenti | | |
| Utenze | | |
| Trasporti | | |
| Figli | | |
| **Totale spese fisse** | | |
| **Totale complessivo spese** | | |

| **SCHEDA G** – Anno ________<br>Confronto bilancio preventivo / bilancio consuntivo | | | | |
|---|---|---|---|---|
| Bilancio preventivo | | Bilancio consuntivo | | Scostamento |
| Entrate | | Entrate | | |
| Spese fisse | | Spese fisse | | |
| Altre spese | | Altre spese | | |
| Totale spese | | Totale spese | | |
| Differenza entrate/spese | | Differenza entrate/spese | | |

– Ci sono differenze tra le entrate previste e le entrate effettive?

– Avete speso all'incirca quanto previsto?

– Siete riusciti ad avere un margine di accantonamento?

– In tal caso, come pensate di utilizzare il surplus?

– Oppure avete sforato le previsioni, intaccando i risparmi e magari arrivando addirittura a indebitarvi?

– In tal caso, quali spese pensate di comprimere nell'anno a venire? In che modo?

– In generale, quali sono i vostri "buoni propositi economici" per l'anno a venire?

| **SCHEDA H** – Confronto bilancio anno _______ / anno _______ | | | | |
|---|---|---|---|---|
| Anno _______ | | Anno _______ | | Differenze |
| Entrate | | Entrate | | |
| | | | | |
| Spese fisse | | Spese fisse | | |
| | | | | |
| Altre spese | | Altre spese | | |
| | | | | |
| Totale | | Totale | | |
| | | | | |

– Quali considerazioni potete fare nel confronto trai due bilanci?

– Pensate che tenere i conti di casa abbia contribuito a farvi spendere in modo più attento e consapevole?

# C. APP E SITI IN BREVE

Finalmente il rumore di chiavi che girano, la porta che si apre e Genny la vede: la signora sarà alta non più di un metro e sessanta, ha i capelli bianchi e lo sguardo malinconico di chi ultimamente ha guardato troppa tv da sola, senza nessuno con cui chiacchierare.
«Buonasera, signora. Ecco la sua pizza».
«Buonasera, grazie. Spero sia ancora calda, fuori deve fare freddo».
«Sì, in effetti si gela».
«Lo avevano detto al telegiornale che stava arrivando».
Genny ha imparato a riconoscere i clienti che hanno voglia di socializzare. È evidente che la signora appartiene a quella categoria.
«La pizza Bismarck piaceva tantissimo a mio marito. Andavamo a mangiarla ogni martedì. Quando è mancato ho provato a mantenere la tradizione, ma dopo un po' di andarci da sola non avevo più tanta voglia, sa... Poi mia figlia mi ha fatto scoprire questa cosa dell'ordine... *onlain*. Si dice così, vero?».
«Sì, signora: lo ha detto benissimo».
«A lei piace la Bismarck?».
Lo guarda negli occhi mentre gli porge una moneta da due euro. [...]
«Sì, signora. È la mia pizza preferita».

Rosario Pellecchia, *Le balene mangiano da sole*

Vi diamo qui di seguito una scelta di siti e di app utili per il risparmio. Alcuni sono già citati nel manuale; altri compaiono per la prima volta. In entrambi i casi vi aiuteranno a risparmiare e a spendere in modo più critico e consapevole. L'offerta è sterminata e mutevole, pertanto non abbiamo la pretesa di presentarvi *tutto* quello che il web offre in tema. Alcuni siti o app offrono servizi simili. Sceglierete voi quelli più adatti.

| Denominazione del sito o della app | Capitolo cui si riferisce | App o Sito | A che cosa serve | Note |
|---|---|---|---|---|
| **Altroconsumo** | Tutti | Sito | Per avere informazioni utili su consumi e risparmi. I suoi test di confronto hanno fatto scuola e sono ripresi anche dalla stampa. Notiziario online per chi si registra gratuitamente. | Le informazioni più complete sono riservate ai soci. |
| **Amazon** | Tutti | Sito e app | Per comprare online. Di tutto e di più. Una potenza economica che non ha precedenti al mondo, nel bene e nel male. | Prezzi competitivi e ottimo servizio. |
| **Bakeca** | 11, 15, 16 | Sito e app | Per comprare e vendere usato. | |
| **Bla bla car** | 17 | Sito | Per trovare passaggi in auto senza gli imprevisti dell'autostop. | Anche servizio autobus. |
| **Bring** | 1 | App | Per scrivere rapidamente la lista della spesa. Può essere usata per creare una lista della spesa condivisa. | |
| **Catima** | Tutti | App | Per avere sempre con sé tutte le carte fedeltà. | |
| **Centrovolantini** | Tutti | Sito e app | Per avere Informazioni sulle promozioni e offerte di supermercati e store. | |

| | | | | |
|---|---|---|---|---|
| **Comparasemplice** | 15, 18, A | Sito | Per ricevere informazioni e aggiornamenti su fornitori luce/gas, Internet, mobile, pay tv, mutui, assicurazioni. | |
| **Doveconviene** | Tutti | Sito e app | Per avere informazioni aggiornate sulle promozioni e offerte di supermercati e store. Servizio alert nella versione app che permette di essere avvisati in caso di promozione su un certo prodotto | |
| **Dressyoucan** | 11 | Sito | Per noleggiare abiti per tutte le occasioni o abbigliamento sportivo. | A Milano c'è anche il negozio fisico. |
| **Drexcode** | 11 | Sito | Per noleggiare abiti per tutte le occasioni, per acquistare a fine stagione gli abiti del noleggio. | A Milano c'è anche il negozio fisico. |
| **Easypark** | 17 | App | Per pagare online il parcheggio e non rischiare di pagare né di più né di meno. | |
| **eBay** | Tutti | Sito e app | Per comprare e vendere sia prodotti nuovi che, soprattutto, usati. Trattiene una percentuale sulle vendite. | Servizi completi per chi vende online. |
| **Facile** | 15, 18, A | Sito | Per ricevere informazioni e aggiornamenti su fornitori luce/gas, Internet, telefonia mobile, pay tv, mutui, assicurazioni, conti correnti. | |

| | | | | |
|---|---|---|---|---|
| **Fidme** | Tutti | App | Per avere sempre con sé tutte le carte fedeltà. | |
| **Fixfit** | 10 | Sito | Per mantenersi in forma. Tanti allenamenti facili da trovare e da calibrare sulle proprie aspirazioni e sulla propria forma fisica. | La app è integrata nel sito. |
| **Freeletics** | 10 | Sito e app | Per mantenersi in forma. | Impegnativo! |
| **Groupon** | 6, 9, 16, 17, 18 | Sito e app | Una sorta di enorme gruppo di acquisto di beni e servizi. Ottimo per viaggi e ristoranti. | |
| **Idealo** | Tutti | Sito e app | Per comparare i prezzi online. Ha una sezione anche per i voli. | Non perdetevi il Magazine. |
| **Il fatto alimentare** | 1, 2, 3 | Sito | Per sapere tutto su alimenti e sicurezza alimentare. Vi trovate informazioni su etichette, nutrizione, consumi. | |
| **Lastminute sotto casa** | 1, 2,15 | App | Per ricevere informazioni sugli invenduti nei supermercati vicino a casa. | |
| **Le mie spese di casa free** | Tutti | App | Per registrare e tenere sotto controllo le spese di casa. | |
| **Liber liber** | 17, A | Sito | Per leggere una notevole scelta di libri gratuitamente. | |
| **Marketplace di Facebook** | Tutti | Sito e app | Per vendere, comperare, regalare di tutto. | Solo per gli iscritti a Facebook. |
| **MLOL** | 17 | Sito | Per leggere quotidiani, riviste e libri gratuitamente. | Per chi è iscritto a una biblioteca pubblica. |

| | | | | |
|---|---|---|---|---|
| **Myfoody** | 1,15 | App | Per ricevere informazioni sugli invenduti nei supermercati vicino a casa. | |
| **Non sprecare** | Tutti | Sito | Per avere informazioni sugli stili di vita sostenibili. | Attenti alla pubblicità! |
| **Nutrizionismi** | 1, 2, 3, 10 | Sito | Per avere consigli su dieta e salute, con un occhio di riguardo per gli sportivi. | |
| **Phenix** | 1, 2, 15 | App | Per comprare l'invenduto a fine giornata nei negozi di alimentari. | |
| **Promoqui** | Tutti | Sito e app | Per avere informazioni sulle promozioni e offerte di supermercati e store. Nella versione app permette di fare una lista della spesa in modalità vocale. | |
| **Promozioni24** | Tutti | Sito e app | Per avere informazioni sulle promozioni e offerte di supermercati e store. | |
| **Satispay** | Tutti | App | Per pagare in modo veloce, sicuro, e anche igienico. | Ottimo per pagare i bollettini PagoPa. |
| **Salute.gov.it (Linee guida per la corretta preparazione delle conserve alimentari in ambito domestico)** | 5 | Sito | Per scoprire tutto sulla conservazione dei cibi in sicurezza. Da stampare e tenere a portata di mano in cucina | Tassativo se volete preparare conserve alimentari. |
| **Smartbox** | 6, 9, 10, 17 | Sito e app | Per comprare e regalare soggiorni, esperienze di sport e tempo libero, degustazioni e cene. | |

| | | | | |
|---|---|---|---|---|
| **Skyscanner** | 17 | Sito e app | Per cercare i voli più economici. | |
| **Subito** | Tutti | Sito e app | Per vendere e comprare oggetti usati online, rivolto soprattutto ai privati. | |
| **Stocard** | Tutti | App | Per avere sempre con sé tutte le carte fedeltà. | |
| **TheFork** | 6 | Sito e app | Per prenotare e accedere a sconti e promozioni nei ristoranti convenzionati. | |
| **Toogoodtogo** | 1, 15 | App | Per comprare l'invenduto dei negozi di alimentari a fine giornata | |
| **Tripadvisor** | 6, 17, 18 | Sito e app | Per avere informazioni su ristoranti, alberghi, tempo libero, con particolare attenzione alle mete di viaggi e vacanze. | Cauti con le recensioni! |
| **Trovaprezzi** | Tutti | Sito e app | Per comparare i prezzi. Offre anche guide all'acquisto e informazioni sulle offerte giorno per giorno. | |
| **Unione Nazionale Consumatori** | Tutti | Sito | Per essere informati sui diritti del consumatore. | |
| **Vinted** | 11, 16 | App | Per vendere e comprare soprattutto abiti usati vintage, ma anche mobili e complementi di arredo. | |
| **Volantinofacile** | Tutti | Sito e app | Per avere informazioni sulle promozioni e offerte di supermercati e store. | |
| **Wallapop** | Tutti | App | Per vendere e comprare abiti e oggetti di seconda mano. | |

| | | | | |
|---|---|---|---|---|
| **WWF www.wwf.it/cosa-puoi-fare-tu/ecotips/mangia-sostenibile** | 2 | Sito | Per avere regole chiare sull'alimentazione sostenibile: 8 regole d'oro facili da memorizzare. | E già che ci siete, date un'occhiata a tutto il sito! |
| **Zalando** | 11 | Sito e app | Per comprare online abbigliamento e accessori per donna, uomo, bambino e sfruttare sconti, offerte, promozioni, gift card. | Anche reparto seconda mano e scambi. |

Puntoweb
Via Variante di Cancelliera snc
Ariccia (Rm)

per conto di Lit Edizioni s.a.s.